新訂版

ガイドブック
教育法

姉崎洋一・荒牧重人・小川正人・金子征史
喜多明人・戸波江二・廣澤　明・吉岡直子

編

はしがき

　本書旧版『ガイドブック教育法』の刊行は、教育基本法および教育三法の改正など戦後日本の教育法制度が大きく変わろうとしているときでした。旧版は、『解説　教育六法』(三省堂)の編修委員が中心になって、これまでの教育法の研究や実践をもとに教育法制度の現状やあり方を理解してもらいたいという願いから出版したものです。『解説　教育六法』に収録されている数多くの法令や資料を解釈・運用するうえでも、本書のようなガイドブックが必要であると考えたのです。

　旧版は幸いにも、多くの大学でテキストとして採用され、また学校・教育行政等の現場でも参考にされるなど、好評をもって迎え入れていただきました。

　旧版刊行以降も、教育「改革」の動きはとどまることはなく、急速かつ大幅な改変に教育現場や教育行政の現場のみならず、研究者・専門家ですら十分に対応することが困難な状況にあります。

　2014年には、教育行政の基幹法である「地方教育行政の組織及び運営に関する法律」(地教行法)が改正され、戦後70年間続いた教育委員会制度も大きく変わりました。さらに、学校教育法などをはじめ教育・福祉関連の制度変革が続いています。それらは、日本の戦後教育および社会のあり方を根底から覆す内容と規模を有しています。

　これらの動きに対応するため、われわれ編修委員としては、戦後70年にあたる2015年中に、旧版を全面的に改訂し、内容をリニューアルしなければならないと判断しました。

　この新訂版では、旧版の基本的な構成は維持しました。つまり、第1部では教育法の理論や制度にかかわる基本的な知識について論じ、第2部では主要な教育法・条例のしくみおよび解釈ならびに教育法をめぐる今日的課題について検討し、第3部では教育法の事例をQ&Aで解説しています。そのなかで、旧版の内容を一新するとともに、新たにいじめ、体罰、教育と福祉にかかわる今日的な動きや課題をフォローする節を設けたり、Q&Aの項目と内

容を刷新したり、新たな執筆者を加えたりして、内容をいっそう充実させています。

　本書が教育法令や制度の理解に資し、教育にかかわる研究や実践の進展に寄与することを願っています。そのためにも本書にいろいろなご意見・ご要望をお寄せください。読者のみなさんとご一緒に『ガイドブック教育法』および姉妹書である『解説　教育六法』を育ててまいります。

　　　2015年10月

　　　　　　　　　　　　　　　　　　　　　　　　　　　　　編修委員一同

目　次

はしがき　　i

第1部　教育法と教育法学の基礎知識

Ⅰ　教育法の理念と構造 ………………………………………廣澤　明　　2
Ⅱ　教育法の「改正」動向—戦後教育法制の展開— ………小川正人　27

第2部　主要な教育法のしくみと読み方

Ⅰ　国の立法
　　1　憲法・教育基本法 ……………………………………戸波江二　46
　　2　学校教育法 ……………………………………………吉岡直子　55
　　3　地方教育行政法 ………………………………………小川正人　62
　　4　地方公務員法・教育公務員特例法 …………………金子征史　79
　　5　私立学校法 ……………………………………………廣澤　明　90
　　6　社会教育法・生涯学習振興法 ………………………姉崎洋一　99
　　7　教育職員免許法 ………………………………………吉岡直子　105
Ⅱ　自治立法・条例
　　1　教育関係条例・規則 …………………………………小川正人　110
　　2　子ども条例 ……………………………………………喜多明人　118
Ⅲ　国際教育法と日本 ………………………………………………荒牧重人　123
Ⅳ　教育法の展開と課題
　　1　情報公開と教育 ………………………………………野村武司　149
　　2　参加と合意形成 ………………………………………喜多明人　153
　　3　学校安全 ………………………………………………堀井雅道　157
　　4　NPOとの連携・協働 ………………………………宮盛邦友　161
　　5　教育裁判・判例のもつ意味 …………………………吉岡直子　164
　　6　いじめ防止対策推進法 ………………………………荒牧重人　168
　　7　体　罰 …………………………………………………半田勝久　174
　　8　教育と福祉 ……………………………………………望月　彰　178

目　次

第3部　事例で学ぶ教育法

＜子ども問題＞

Q 1　校則と自主規範　〔喜多明人〕／184

Q 2　校則と裁判　〔枦山茂樹〕／186

Q 3　不登校　〔喜多明人〕／188

Q 4　所持品検査〔枦山茂樹〕／190

Q 5　通学区域と統廃合　〔吉岡直子〕／192

Q 6　学校選択制　〔吉岡直子〕／194

Q 7　進級判定　〔永田裕之〕／196

Q 8　内申書・指導要録の開示　〔斎藤一久〕／198

Q 9　障害のある子どもの就学　〔堀井雅道〕／200

Q10　外国籍の子どもの就学　〔斎藤一久〕／202

Q11　信教の自由と学校　〔枦山茂樹〕／204

Q12　スクール・セクハラ　〔安原陽平〕／206

Q13　スクールカウンセラーとスクールソーシャルワーカー　〔堀井雅道〕／208

＜教育と福祉＞

Q14　児童養護施設の子どもと進学・就学問題　〔望月　彰〕／210

Q15　子どもの貧困対策と教育支援　〔小川正人〕／212

Q16　幼保一元化　〔望月　彰〕／214

Q17　学童保育　〔石原剛志〕／216

Q18　非行問題と少年法　〔石井小夜子〕／218

＜教育活動＞

Q19　教科書検定　〔村元宏行〕／220

Q20　教科書の使用と採択　〔村元宏行〕／222

Q21　全国学力テスト　〔村元宏行〕／224

Q22　学習指導要領の法的拘束力　〔村元宏行〕／226

Q23　特別支援教育　〔安原陽平〕／228

Q24　少人数教育と習熟度別指導　〔山森光陽〕／230

Q25　学力と教育課程　〔勝野正章〕／232

Q26　日の丸・君が代問題　〔枦山茂樹〕／234

Q27　教育評価　〔永田裕之〕／236

Q28　教師の教育活動と校長　〔永田裕之〕／238

目 次

Q29　職員会議と校長のリーダーシップ　〔吉岡直子〕／240

＜学校運営・教育措置＞

Q30　開かれた学校づくりと学校評議員、学校運営協議会　〔堀井雅道〕／242

Q31　開かれた学校づくりと学校評価　〔堀井雅道〕／244

Q32　学校運営と子ども参加　〔喜多明人〕／246

Q33　学校の人事組織　〔吉岡直子〕／248

Q34　PTA　〔吉岡直子〕／250

Q35　出席停止　〔吉岡直子〕／252

Q36　子どもの懲戒　〔吉岡直子〕／254

Q37　学級担任の人事　〔吉岡直子〕／256

Q38　学校施設・環境　〔喜多明人〕／258

＜教職員＞

Q39　教師の研修権　〔村元宏行〕／260

Q40　学校の組合活動　〔金子征史〕／262

Q41　教職員の人事　〔金子征史〕／264

Q42　教員評価問題　〔勝野正章〕／266

Q43　教職員の多忙化と勤務条件　〔金子征史〕／268

Q44　指導力不足教員への対応　〔金子征史〕／270

Q45　学校事務の共同実施　〔堀井雅道〕／272

Q46　学校給食　〔永田裕之〕／274

Q47　学校図書館司書教諭の設置　〔山口真也〕／276

＜教育行財政＞

Q48　子どもの権利救済と教育委員会　〔半田勝久〕／278

Q49　学校教育における私費負担と学校予算　〔小川正人〕／280

Q50　学級編制と教育委員会　〔小川正人〕／282

＜教員養成・採用＞

Q51　教員養成　〔吉岡直子〕／284

Q52　教員の条件附採用　〔吉岡直子〕／286

Q53　教員の臨時採用　〔吉岡直子〕／288

Q54　教員免許の更新制　〔吉岡直子〕／290

＜社会教育＞

Q55　生涯学習と住民の学習権　〔姉崎洋一〕／292

Q56　学校支援、コミュニティ・スクール　〔尾崎正峰〕／294

目 次

Q57　子どもの居場所・文化活動　〔宮盛邦友〕／296

Q58　社会教育職員問題（臨時職員化）〔姉崎洋一〕／298

Q59　指定管理者と施設の運営管理　〔姉崎洋一〕／300

＜大学ほか＞

Q60　学生の奨学金制度　〔小川正人〕／302

Q61　大学の自治と大学改革　〔斎藤一久〕／304

Q62　株式会社と学校　〔金子征史〕／306

装丁＝志岐デザイン事務所（黒田陽子）

組版＝木精舎

凡　例

◆主要法令の略称表

憲法	日本国憲法
教基法	教育基本法
子どもの権利条約	子ども（児童）の権利に関する条約
学教法	学校教育法
学教施令	学校教育法施行令
学教施規	学校教育法施行規則
義務標準法	公立義務教育諸学校の学級編制及び教職員定数の標準に関する法律
教科書無償法	義務教育諸学校の教科用図書の無償に関する法律
教科書無償措置法	義務教育諸学校の教科用図書の無償措置に関する法律
私学法	私立学校法
社教法	社会教育法
生涯学習振興整備法	生涯学習の振興のための施策の推進体制等の整備に関する法律
地教行法	地方教育行政の組織及び運営に関する法律
行組法	国家行政組織法
地自法	地方自治法
施設費負担法	義務教育諸学校等の施設費の国庫負担等に関する法律
学図法	学校図書館法
就学奨励法	就学困難な児童及び生徒に係る就学奨励についての国の援助に関する法律
教特法	教育公務員特例法
教員人材確保法	学校教育の水準の維持向上のための義務教育諸学校の教育職員の人材確保に関する特別措置法
国公法	国家公務員法
地公法	地方公務員法
給特法	公立の義務教育諸学校等の教育職員の給与等に関する特別措置法
労組法	労働組合法
労基法	労働基準法
男女雇用機会均等法	雇用の分野における男女の均等な機会及び待遇の確保等に関する法律
育児・介護休業法	育児休業、介護休業等育児又は家族介護を行う労働者の福祉に関する法律
免許法	教育職員免許法
介護等体験特例法	小学校及び中学校の教諭の普通免許状授与に係る教育職員免許法の特例等に関する法律
児福法	児童福祉法
児童虐待防止法	児童虐待の防止等に関する法律

凡　例

いじめ対策法	いじめ防止対策推進法
自由権規約	市民的及び政治的権利に関する国際規約
社会権規約	社会的及び経済的権利に関する国際規約
労働契約	労働契約法
NPO法	特定非営利活動促進法
社福法	社会福祉法
子ども子育て法	子ども・子育て支援法
認定こども園法	就学前の子どもに関する教育、保育等の総合的な提供の推進に関する法律

編修委員・執筆者一覧

【編修委員】(50音順)

姉崎　洋一（あねざき・よういち）　　北海道大学名誉教授

荒牧　重人（あらまき・しげと）　　　山梨学院大学教授

小川　正人（おがわ・まさひと）　　　放送大学特任教授

金子　征史（かねこ・まさふみ）　　　法政大学名誉教授

喜多　明人（きた・あきと）　　　　　早稲田大学名誉教授

戸波　江二（となみ・こうじ）　　　　早稲田大学名誉教授

廣澤　　明（ひろさわ・あきら）　　　明治大学教授

吉岡　直子（故人）（よしおか・なおこ）　前・西南学院大学教授

【執筆者】(50音順)

石井小夜子（いしい・さよこ）　　　　弁護士

石原　剛志（いしはら・つよし）　　　静岡大学教授

尾崎　正峰（おざき・まさたか）　　　一橋大学教授

勝野　正章（かつの・まさあき）　　　東京大学教授

斎藤　一久（さいとう・かずひさ）　　名古屋大学准教授

永田　裕之（ながた・ひろゆき）　　　元・神奈川県高校教師

野村　武司（のむら・たけし）　　　　東京経済大学教授

柷山　茂樹（はぜやま・しげき）　　　元・熊本学園大学特任助教
　　　　　　　　　　　　　　　　　　（2021年4月から名寄市立大学准教授）

半田　勝久（はんだ・かつひさ）　　　日本体育大学准教授

堀井　雅道（ほりい・まさみち）　　　国士舘大学准教授

宮盛　邦友（みやもり・くにとも）　　学習院大学准教授

村元　宏行（むらもと・ひろゆき）　　活水女子大学准教授

望月　　彰（もちづき・あきら）　　　名古屋経済大学教授

安原　陽平（やすはら・ようへい）　　獨協大学准教授

山口　真也（やまぐち・しんや）　　　沖縄国際大学教授

山森　光陽（やまもり・こうよう）　　国立教育政策研究所総括研究官

第1部
教育法と教育法学の基礎知識

Ⅰ　教育法の理念と構造

1　教育法とは何か

(1)　教育法の定義
教育法の定義の方法には、概ね2つの考え方がある。1つは、教育および教育制度に関する法の総体とする定義である。形式的定義であり、そこでは教育法に固有の特徴は特に明らかにされない。これに対して、教育法学では、特定の特徴・内容をもった法を「教育法」と定義する試みがなされてきた。代表例として、兼子仁、永井憲一、牧柾名の見解をあげることができる。

　兼子仁は、教育法を「教育制度に特有な法論理の体系」と定義する（兼子仁『教育法〔新版〕』〔有斐閣、1978〕7頁）。これは法解釈の方法論に関わる定義づけであり、教育法の行政法からの分離を自覚して提言された。「教育に特有」ではなく、「教育制度に特有」としているところに、教育それ自体は法の規制対象にすべきでないとする自由主義教育法学の立場が示されている。

　永井憲一は、教育法を「教育基本権（教育人権）を保障するための法の総体とその体系」と定義する（永井憲一「教育法概説」永井憲一編『基本法コンメンタール教育関係法』〔日本評論社、1992〕4頁）。これは法の目的に着目した定義づけであり、その特徴は、国際人権法を含む教育基本権の実現に重点を置き、その保障を現代法としての教育法に期待する点にある。

　牧柾名は、教育法を「人間の学習過程の条件を社会的に統制し、人間の発達を保障する法体系」と定義する（牧柾名「教育法の意義」平原春好＝牧柾名編『教育法』〔学陽書房、1994〕20頁）。これは社会科学の認識の対象を明確化するための定義づけであり、そこには、教育法現象の緊張・矛盾を教育科学的に追究しようとする問題意識が示されている。

　これらの定義づけには、各論者のもつ目的意識や方法論の違いが表れているといえるが、その後、定義についての議論が十分深められてきたとは言い難い。教育法学の課題として残されているテーマである。

(2)　教育法の位置づけ
教育法は、一般に公法（行政法）の1つに位置づけられ、憲法・行政法の一般法理が適用されると考えられている。また、民

法や労働法も一般法として妥当する。しかし、教育にはその特性があり、教育の本質に則った適用が必要である。そこから、教育法は、現代社会の各分野ごとに成立している「特殊法」の1つに位置づけられ、教育法固有の法理の究明が教育法学の課題とされるのである（兼子・前掲『教育法［新版］』9〜15頁）。

19世紀末以降形成された「社会法」は、子どもに関わる領域にも法的規律を及ぼし、児童福祉法をはじめとする「子ども法」の成立をみたといわれる。教育を受ける権利の保障を目的とする教育法もまた、この子ども法の一翼を成す、という性格を備えている。子ども法の国際標準を示す文書として、子ども（児童）の権利条約（1989年国連採択、1994年日本批准）がある（本書139〜141頁［荒牧重人］参照）。子どもは、大人と同様な「人権」と、子どもに固有な「子どもの権利」の双方を必要とする存在であり、両者の適正な調整と実現は、教育法の課題となる。

2 教育法の法源

(1) 成文法源　国法秩序は、形式的効力の面で、憲法、法律、命令、処分という順序で段階構造を成しており、上位法は下位法により具体化され、下位法は上位法に有効性の根拠をもつという関係が成り立っている。

(a) 日本国憲法　憲法の最高法規性（98条1項）の実質的根拠は、人権保障を目的とする規範であることに求められる。教育法もまた、憲法のもとにある法体系であることはもとより、特に人権保障の理念の実現が要請される分野であることからいって、憲法の趣旨精神に則った理解が肝要である（本書46〜52頁［戸波江二］参照）。憲法理念を実現するために教育の果たす役割は大きい。

(b) 条約　教育に関連する条約としては、国際人権規約、子どもの権利条約、女子差別撤廃条約、障害者権利条約等の教育条項をあげることができる。これらは、国内教育法を補完・発展させる役割を担っている（本書124〜127頁［荒牧重人］参照）。条約の効力は、通説によれば、憲法と法律の中間にあるものと解されているので、条約に抵触する国内教育法令は改正が必要となる。

(c) 教育法律　教育法律主義の原則（憲法26条）に照らし、教育法律は重要な法源である。代表的な法律として、教育基本法、学校教育法、地方教育行政法、教育公務員特例法、私立学校法、社会教育法、教育職員免許法等

をあげることができる（本書第2部Ⅰ「国の立法」の各法の解説参照）。このうち、特殊な地位に立つのが教育基本法（以下「教基法」）である。

1947年旧教基法は、「準憲法的性格」を有するとされ、①憲法の精神を具体化し、憲法と個別法を架橋する役割を果たしている、②他の教育法律に対し上位法的機能を有し、「後法優先の原則」や「特別法優先の原則」は妥当しない、と解されていた。裁判上も、この上位法的機能を前提として、学教法旧21条（教科書検定、現34条）が旧教基法10条（不当な支配の禁止、現16条）に違反するか、といった争点が存在していた。

旭川学力テスト事件最高裁判決（1976・5・21判時814号33頁、以下「学テ最高裁判決」）は、教基法の定めは、形式的には通常の法律として、これと矛盾する他の教育法律を無効にする効力をもつものではないが、一般に教育法令の解釈・運用については、別段の規定がない限り、できるだけ教基法の規定・趣旨・目的に沿うように考慮が払われなければならないと判示し、教基法は他の教育法律の解釈基準となることを明らかにした。

この準憲法的性格は、2006年教基法改正後も、形式的には維持されているとみられる。まず、憲法との関係については、旧法と同様、前文3項が「日本国憲法の精神にのっとり」と定めている。教基法改正を提言した中央教育審議会答申（2003年3月20日）によると、「教育基本法は、日本国憲法に基づく戦後の新しい教育理念を宣明するとともに、その後に続く教育関係諸法令制定の根拠となる教育の基本を確立する重要な法律であり」、「このような教育基本法の教育法体系における位置付けは、今後とも維持していく必要があり、その重要性は変わるものではない」とされる。次に、他の教育法律との関係についても、18条が、旧法11条と同じく、教基法が施行「法令」に対する本法としての地位に立つことを定めており、法律に対する上位法的機能も継続されているといえる。

もっとも、最高裁は、旧法の法的性格を論じるに当たり、その制定経緯に着目し、基本理念の憲法との一体性や戦後教育改革における中心的役割を重視したのであるから、2006年改正により、教基法の基本理念が憲法に違背する疑いが生じたと解されるならば、準憲法的性格も実質的には変質したとみる余地が生ずる。特に、改正法2条5号の「我が国を愛する態度の養成」については、国家の正当性は、民族や共同体それ自体がもつ価値からではなく、

個人の権利・利益から導かれる、という日本国憲法の拠って立つ近代立憲主義の国家観に違背しているおそれがある。よって、改正法の解釈運用に当たっては、憲法の趣旨・精神に則った憲法適合的解釈（場合によっては合憲限定解釈）を行うことが重要となる（参照、本書53～55頁［戸波江二］、荒牧重人ほか編『新基本法コンメンタール教育関係法』〔日本評論社、2015〕95～96頁［廣澤明]）。

(d) 教育行政立法 行政機関が制定する命令には、内閣が制定する政令（憲法73条6号）、各省大臣が制定する省令（行組法12条）等がある。学校教育法の詳細は、政令である学校教育法施行令、さらにその下位の省令である学校教育法施行規則で定められることが多い。ただし、命令は執行命令か委任命令でなければならず、このうち委任命令については法律の個別具体的な委任を要する。

次に、行政機関が公示を必要とするときに発する「告示」（行組法14条1項）がある。その法的性質は告示の内容によって決まり、上位の法規の委任を受けた法規命令もあれば、ただ国民に知らせているだけのものもある。

文部省（現文科省）告示である学習指導要領の法的拘束力をめぐっては、教育裁判において永年争われた。学説上は、法規性肯定説、大綱的基準説、学校制度的基準説、外的教育条件説等が主張されたが、伝習館事件最高裁判決（1990・1・18判時1337号3頁）は、全体としての法規性を承認した。もっとも、全体としての法規性と個々の内容の法的拘束力とは異なる問題であるから（法律にも訓示規定は存在する）、学習指導要領の記述内容のなかに法的拘束力のない部分が含まれていることは当然予想される（本書226～227頁［村元宏行］、市川須美子『学校教育裁判と教育法』〔三省堂、2007〕255～259頁）。

この他、「通達」（行組法14条2項）は、行政機関が所管の諸機関・職員に対し発する文書（行政規則）である。国民に対する拘束力は有しないが、その多くは法令の有権解釈を示したものとして、実務上重視されている。

(e) 教育条例・教育委員会規則 地方公共団体は、その自治立法権に基づき、法令に違反しない限りで、議会の議決により条例を制定することができる（憲法94条、地方自治法14・96条）。教育における地方自治原則に則るならば、今後は、憲法26条の「教育法律主義」を「教育条例主義」に読み替え、条例に基づく政策決定を基本に据える必要があろう。なお、近時は、子どもの権利条約を具体化した「子ども条例」も制定されている（本書118～122頁［喜多

明人］参照）。

　教育委員会は、法令・条例に違反しない限りで、教育委員会規則を制定できる（地教行法15条）。これは、独立行政委員会の1つである教育委員会に対し、首長の定める規則と同一効力の規則制定権を付与したものである。学校管理規則が代表例である。

　1990代末以降、分権改革による自治体への権限委譲が進行しており、公正性・透明性の高い地域的ルールを確立するために、条例・規則の果たす役割は増大しているといえる（本書110〜118頁［小川正人］参照）。

(2) 不文法源

(a) 教育慣習法　公序良俗に反しない慣習で、法令がその効力を認めたものまたは法令に規定のない事項に関するものは、法律と同一の効力を有するとされる（法適用通則法3条）。これが慣習法である。行政法においては、一般に、「法律による行政の原理」のゆえに慣習法の成立する余地は少ないといわれる。一方、教育法学においては、教育社会の自律的規範形成を重視し、「教育慣習法」は法律と並んで教育法の原始的法源をなす、と積極的に捉える傾向が強い（兼子・前掲『教育法［新版］』37〜40頁）。ただし、これに対しては、「従来の教育慣行が温存され、教育の発展が見込まれないことになろう」という批判もある（戸波江二「国民教育権論の展開」日本教育法学会編『講座現代教育法1』〔三省堂、2001〕111〜112頁）。

(b) 教育判例法　判例とは、裁判の先例であるが、通常、判決の結論を導く上で直接の論拠となっている部分、すなわち「判決理由」のことをいう。判例の法源性については争いがあるが、成文法主義に立つ日本では、後の裁判を事実上拘束するにとどまると解するのが通説である。教育法学では、教育法論理を一定程度採用している判決例を「教育判例」と呼ぶことも多い（兼子・前掲『教育法［新版］』43〜45頁。参照、本書164〜168頁［吉岡直子］）。

(c) 教育条理　条理とは、「物事の筋道」の意味であり、社会通念、社会一般の正義の観念、公序良俗、信義誠実の原則と同義である。太政官布告「裁判事務心得」（1875年）3条は、「民事ノ裁判ニ成文ノ法律ナキモノハ習慣ニ依リ習慣ナキモノハ条理ヲ推考シテ裁判スヘシ」と定めており、成文法も慣習もないときに裁判の基準となりうる。教育法学では、教育の性質に即した原理・法則としての「教育条理」が、法源として重視されている（兼子仁『教

育権の理論』〔勁草書房、1976〕287～305頁)。

　ただし、「教育条理」については、次の3点が留意される必要があろう。第1に、法の適用順位は、成文法—慣習法—条理の順であるから、すでに成文法が存在している場合には、条理は適用されないと解すべきである。第2に、「条理」は社会通念、正義と同義であるから、見解の対立が際立つ事柄について「条理」を持ち出すことは適切ではないと考えられる。第3に、「法源としての条理」と「条理解釈」を混同してはならない。条理解釈は、論理解釈、目的論的解釈と同趣旨のものとみられることから、もとより妥当な解釈方法といってよい。

3　教育法の基本原理

(1)　教育を受ける権利

憲法26条1項の教育を受ける権利を保障する意義づけについては、生存権説、公民権説、学習権説の三説があり、このうち学習権説が多数説である。

　学習権説によれば、子どもの権利とは、「子どもが将来にわたって、その可能性を開花させ、人間的に成長する権利」であり、それは、「子どもが学習の権利を充足させるとき初めて現実的な意味をもつ」とされ、「教育を受ける権利」は、この学習権の実定法的表現であると把握される（堀尾輝久『現代教育の思想と構造』〔岩波書店、1971〕297・340頁)。

　学習権説の意義は、①教育を「受ける」権利を学習者側の能動的権利として捉え直したこと、②「子ども」の権利の固有性を明らかにしたこと、③教育のもつ経済的・政治的・文化的側面を包括的に捉えていること、にある。ただし、学習権説に対しては、「『教育を受ける権利』ではなく学習権を主張することによってはじめて裁判において救済されうるものがあるのか」、「学習権の内容が広汎に及び、抽象的であるために、結局、学習権の内容が各論者の学習観に左右されてしまわないか」、といった検討課題があると指摘されている（横田守弘「子どもの学習権の権利性」日本教育法学会編『教育法の現代的争点』〔法律文化社、2014〕40・41頁)。

　学テ最高裁判決は、「この規定（憲法26条）の背後には、国民各自が、一個の人間として、また、一市民として、成長、発達し、自己の人格を完成、実現するために必要な学習をする固有の権利を有すること、特に、みずから学習することのできない子どもは、その学習要求を充足するための教育を自己

に施すことを大人一般に対して要求する権利を有するとの観念が存在していると考えられる」と判示している。この判決については、一般に学習権説を採用したものと理解されているが、次の2点に留意する必要がある。

第1に、この判決は憲法26条の解釈論を展開しているのではなく、あくまでも憲法規定の背後に存在する観念・理念を語っているということである。そこから、内野正幸は、「これは学習権を法的権利として認めたものとはいいがたい」と述べている（内野正幸「みんなが生きてゆくために」樋口陽一編『ホーンブック憲法［改訂版］』〔北樹出版、2000〕221頁。同旨、横田・前掲『教育法の現代的争点』39頁。戸波・前掲『講座現代教育法1』109～110頁も参照）。第2に、判決は、「福祉国家の理念」にも言及していることから、憲法26条の生存権的理解を排除しておらず、また、「一個の人間」としてだけでなく「一市民」としての「人格の完成」にも触れているとともに、教育は、「共同社会の存続と発展のためにも欠くことのできないものである」と述べていることから、公民権的理解をも含んでいるとみられることである。

生存権説がいうように、社会権の1つとしての教育を受ける権利は、憲法25条と深く関連しており、経済的に劣位な環境にある子どもに対し手厚い保障を及ぼすことで、実質的平等を実現しようとする趣旨が含まれている。教基法4条は、憲法14条には定められていない「経済的地位」を差別禁止事由の1つとして明記し（1項）、また、経済的修学困難者への支援規定（3項）を設けているが、これは、教育を受ける権利の生存権的性質の表れとみることができる。生存権説を支持する学説は、就学援助を求める困窮者の権利は、教育を受ける権利の「中核部分」に位置する「具体的権利」である、と解している（内野・前掲『ホーンブック憲法［改訂版］』221頁）。今日、教育が格差を再生産する機能を有することが問題視されている。そのような状況下では、特に生存権的理解が重要となる。

次に、公民権説が述べるように、教育の普及は民主主義社会の維持発展のための不可欠の前提である。教基法1条は、「平和で民主的な国家及び社会の形成者」の育成を教育目的として掲げ、また、同法14条1項は、「良識ある公民として必要な政治的教養」の尊重を定めているが、これは、教育を受ける権利の公民権的性質を実現するための規定と捉えられる。

教育の社会的意義を重視する見解は、欧米では民主教育論（米）、共和主義

教育論（仏）、教育の統合機能論（独）として有力な理論の1つに位置づけられているが、日本では永井憲一の「主権者教育権」論（永井憲一『主権者教育権の理論』〔三省堂、1991〕等）がこれに当たる。今日の憲法学説においては〈憲法価値教育の意義や教育と民主主義との密接関連性を重視する見解が多く出されている（戸波・前掲『講座現代教育法1』113〜117頁、竹内俊子「教育制度と民主主義」全国憲法研究会編『憲法問題15』〔三省堂、2004〕87〜97頁、植野妙実子「憲法価値と公教育」前掲『教育法の現代的争点』26〜31頁等）。2015年に18歳選挙権が実現したが、今後、公民権説（主権者教育権論）の意義はますます大きくなるに違いない。

　長谷部恭男は、「当該社会に近代立憲主義と整合しない思想や通念が普及している場合に、公権力によるいわば強制的な教育が、近代立憲主義を担う将来の市民を育てるうえで効果的」であると指摘する（長谷部恭男『憲法［第6版］』〔新世社、2014〕284頁）。1947年旧教基法前文は、民主的・文化的国家の建設と世界平和・人類福祉への貢献を日本国憲法の理想として掲げ、「この理想の実現は、根本において教育の力にまつべきものである」と定めていた。ここには、反立憲主義的な戦前の思想を払拭し、教育を通じて民主主義・平和主義を確立しようとする戦後改革期の決意が込められているといえよう。

　さらに、教育を受ける権利には、自由権的側面すなわち「教育を受ける自由」という意味も含まれている。内野正幸は、自由権的側面の内容として、「①停退学を受けない権利、②妨げられずに教育を受ける自由、③就学や出席を拒む権利、および④著しく不適切な内容の教育からの自由」の4つをあげている（内野正幸『表現・教育・宗教と人権』〔弘文堂、2010〕113頁）。学テ最高裁判決が、「子どもが自由かつ独立の人格として成長すること」を妨げる国家的介入は、「憲法26条、13条の規定上からも許されない」と判示しているのも、自由権的側面を語ったものとみることができる。

　憲法26条1項に関しては、このほか、①「能力に応じてひとしく」の意味をどう解釈するか、②障害児教育のあり方をどう位置づけるか（本書200〜201頁［堀井雅道］、同228〜229頁［安原陽平］参照）、③憲法26条1項・2項は外国人に適用されるか（本書202〜203頁［斎藤一久］参照）、といった論点がある（なお、筆者の見解については、①につき、荒牧重人ほか編・前掲『新基本法コンメンタール教育関係法』17〜18頁、②につき、同書19〜20頁、③につき、同書23〜24頁をそれぞれ参照されたい）。

第1部　Ⅰ　教育法の理念と構造

(2)　普通教育を受けさせる義務　　憲法26条2項の「普通教育を受けさせる義務」は、従来、保護者の就学義務（学教法17条）と同義である、と解される傾向があった（なお、「普通教育」とは、「身分・職業にかかわりなく一般に必要な基礎的教育」を意味し、職業教育・専門教育に対置される概念である（平原春好＝寺崎昌男編『新版教育小辞典［第3版］』〔学陽書房、2011〕280頁［寺崎昌男］））。けれども、今日では、「普通教育を受けさせる義務」と「就学義務」を区別し、親は、教育の自由を根拠に、家庭教育等「学校」以外において「普通教育を受けさせる義務」を履行することが認められる、と解する見解が支持を広げている（中村睦男「通学の義務」奥平康弘＝杉原泰雄編『憲法学(2)』〔有斐閣、1976〕190〜191頁、中川明「教育を受ける権利と『学校』」自由と正義38巻6号（1987）37〜42頁、西原博史『良心の自由と子どもたち』〔岩波書店、2006〕58〜65頁、190〜192頁、松井茂記『日本国憲法（第3版）』〔有斐閣、2007〕501頁、米沢広一『憲法と教育15講［第3版］』〔北樹出版、2011〕179頁等）。

家庭義務教育を認めるべきだとする根拠につき、先駆的学説は、「子どもの教育を受ける権利の保障は画一的な教育ではなく、子どもの個性に合った教育を要請し、また親の思想信条にもとづく教育の自由が重要であることを考えると、学校教育には一定の限界がある」（中村・前掲『憲法学(2)』191頁）と指摘している。ヨーロッパ諸国において、家庭義務教育を認める国が主流を占めていること（結城忠『日本国憲法と義務教育』〔青山社、2012〕34〜35頁）や諸外国におけるホームスクーリングの成功例は、就学義務の強制（違反者に対する罰則の適用、学教法144条）に重大な疑義を投げかける。

就学義務は、親の教育の自由や子どもの教育を受ける自由の制約を意味しているから、第1に、学校の主たる任務とされる知識の伝達という側面についていえば、家庭教育等によって子どもに必要な知識の伝達がなされる限りは、就学義務の強制は正当化されないといえる。ただし、欧米諸国に見られるように、知識の獲得についてチェックするしくみは必要となろう。

第2に、子どもの世界観の形成という側面に関しては、それが歴史的に親の教育の自由の中核に位置づけられてきたこと（宗教教育の自由がその典型）や、国には信条的中立性（憲法19条・20条3項）が要請されていることに鑑みると、国ではなく親が第一義的責任を有することは明らかであるから、就学義務を強制する正当性はより乏しい。

第3に、社会の民主過程に参加する市民の育成という教育目的（教基法1条参照）については、検討を要する。自己と異なる思想に対する寛容の精神や、少数者が自己の信念を貫く意義等については、学校の集団教育を通じて効果的に獲得できるとも考えられるからである（今野健一「教育を受ける権利」杉原泰雄編『新版体系憲法事典』〔青林書院、2008〕638頁は、公民権説と家庭義務教育承認説は両立し難いという）。けれども、民主社会への参加能力についても、学校以外の教育において、学校外諸活動への積極的参加や定期的な社会との接触を通じて獲得可能であるとみることもできるので、必然的に就学義務が要請されるわけではなかろう。ただし、閉鎖的な社会への隔離など、親が子どもの福祉を阻害する場合には、個別的ケースにおいて就学の義務付けが正当化される可能性がある。

以上述べた、「就学義務」と区別された家庭義務教育とは別に、「就学義務」の枠内での家庭義務教育も想定できる。近年の不登校への対応策として、不登校児童生徒が学校外施設で相談・指導を受けるとき、または、自宅においてIT等を活用した学習活動を行うとき、学校への復帰を前提として、校長は指導要録上出席扱いにできることとされた（平15・5・16文科初255号初中局長通知、平17・7・6文科初437号初中局長通知）。自治体のなかには、不登校児の家庭へ教員を派遣するホームスタディ制度（学教法81条3項の援用）を実施している例もみられる（埼玉県志木市。渡部昭男ほか編『市民と創る教育改革』〔日本標準、2006〕74〜90頁参照）。これらの施策は、「就学」を「通学・登校」と区別する観点（渡部昭男「子どものニーズと就学義務制」平原春好編『概説教育行政学』〔東京大学出版会、2009〕141〜145頁）に立った場合、就学義務の枠内での家庭義務教育の履行と位置づけることができる。また、構造改革特別区域法等に基づき、フリースクール・ホームスクールを母体とする「不登校児の学校」も存在するが、これは、学校設置の緩和により「就学」の範囲が広がった例である（不登校問題につき、本書188〜189頁〔喜多明人〕参照）。

中川明が指摘するように、戦前の小学校令（明治33年勅令344号）でさえ、「家庭又ハ其ノ他ニ於テ尋常小学校ノ教科ヲ修メシムルコトヲ得」（36条）と定め、家庭義務教育の余地を認めていたのであり、日本国憲法がこの自由を否定したとは考えられないのである（中川・前掲自由と正義40頁）。

(3)　義務教育の無償　　憲法26条2項後段は「義務教育は、これを無償と

する」と定めているが、この「無償」の範囲に関する学説は、授業料無償説と就学必需費（修学費）無償説に大別される。前説が多数説・判例（最大判1964・2・26判時363号9頁［教科書費国庫負担事件］）である。

授業料無償説から就学必需費無償説に対して出されている批判は3点ある。第1は、「親の権利・責任（教育の私事性）を軽視」している（奥平康弘「教育を受ける権利」芦部信喜編『憲法Ⅲ』〔有斐閣、1981〕378～379頁）という批判である。これに対しては、棟居快行が指摘するように、「26条2項1文が国民（親）に子どもに対する公教育を受忍すべきことを命じていることの反面として、当該義務は親に経済的な負担を課すことまで含んでいるわけではないことを同項2文が述べていると解するのが、無理のない文理解釈であろうと思われる…。親の義務を精神的な受忍義務にとどめ、経済的な負担を含まないとするのが同文の意味であれば、授業料と教科書代などの必要的な費用とを区別する理由は存在しないであろう」（棟居快行「〈書評〉内野正幸著『教育の権利と自由』」国際人権5号（1995）89頁）と反論することができる（同旨、永井編・前掲『基本法コンメンタール教育関係法』37頁［成嶋隆］）。

また、「修学に必要な費用を国家が全額負担するということと教育の自由が果たして両立しうるか」（中村睦男「判例批評」教育判例百選17頁）という疑問も出されているが、無償と引き替えに親の教育の自由を制約することが不当であることはいうまでもない（永井憲一『憲法と教育基本権［新版］』〔勁草書房、1985〕94～95頁、参照）。これが許されるならば、経済力の高い親のみが、学校に対する強い発言権・自由を行使しうる結果になりかねないからである。

義務教育の成果は、本人だけに帰属するのではない。「基本的教育が広く普及することは、社会全体の経済的・文化的発展の前提であり、何よりも民主政治が成り立つための前提でもある」（長谷部・前掲『憲法［第6版］』283頁）と捉えた場合、多くの人は対価を支払うことなく教育がもたらす便益を享受することになるので、社会構成員全員が租税によって教育費を負担する方が公平である、という考え方が導き出される。

第2は、「普通教育の無償性という憲法の要請と、教育の機会均等を保障するという憲法における社会保障の要請とを混同」しており、「経済上の理由による未就学児童・生徒の問題は、教育扶助・生活扶助の手段によって解決すべきである」（奥平・前掲『憲法Ⅲ』378頁）という批判である。これに対し

ては、福祉とは異なり教育においては、生活保護のような選別主義的アプロ
ーチよりも無償制のような普遍主義的アプローチの方が、一般的かつ適合的
であるとの反論が可能である。

　社会保障（所得の再配分）には、①労働インセンティブを損なうという危険
（「貧困の罠」）があること（山森亮『ベーシック・インカム入門』〔光文社、2009〕198〜
200頁）、②福祉受給に伴う差別やスティグマ（恥辱感）が存在すること（同51・
56頁）、③一部の人しか利用できない制度は、政治的実行可能性が低くなる
こと（同44〜45頁）、④「再配分の基準設定や運営のコストが、再配分によっ
て得られる利益の多くを費やしてしまうリスク」（長谷部・前掲『憲法［第6版］』
274頁）があること、等の問題点が存在する。憲法26条2項が無条件で無償制
を明示しているにもかかわらず、あえて選別主義的システムの必要性を強調
する意味は乏しいように思う。国際人権規約（社会権規約）13条2項が、初等
教育のみならず中等教育・高等教育の無償性を定めていることも、教育にお
ける普遍主義的アプローチが国際的に確認されていることを示しているとい
えよう。

　第3は、「どこまでが修学に必要な費用といえるのか、その外延が必ずし
も明確ではない」（米沢・前掲『憲法と教育15講［第3版］』119頁）という批判である。
これに対して、就学必需費無償説の側からは、「原則無償でありながらそれ
でもなお強制的な徴収が妥当とされる親の教育費用負担につき、その具体的
な費用を例外的に控除することで、義務教育無償の憲法原則の裁判規範とし
ての範囲を画定する」という理論的作業の必要性が提言されている（今野・
前掲『新版体系憲法事典』639頁）。この点、自治体のなかには、教育費の父母負
担の軽減を図る目的で、学校標準運営費を作成し「公費・私費の区分基準」
を設けている例（東京都学校運営費基準等）がみられる（本書280〜281頁［小川正人］、
内沢達「義務教育費無償をめぐる諸問題」季刊教育法67号（1987）47〜49頁。内沢46〜47
頁は、無償措置の第1次的責任は国ではなく市町村にあると指摘する）。これらの「公
費・私費の区分基準」の根拠・内容の妥当性を検討すること等により、憲法
解釈論として、無償原則のもとでも私費負担が例外的に許容される費目を一
定程度理論的に画定することは可能であると指摘できる。

　また、一律に強制的に徴収される費目（教材費・給食費・制服代等）については、
それが義務教育にとって必要なものならば無償の対象とすべきであり、必要

がなければ強制すること自体が問題とされなければならないであろう（新井隆一「教育財政をめぐる法律問題」有倉遼吉編『教育と法律［第2版（増訂）］』〔新評論、1964〕299～300頁、今橋盛勝『学校教育紛争と法』〔エイデル研究所、1984〕265～270頁）。

結局、①授業料無償説は、「授業料以外の教育費負担のすべてが裁判規範たりえない（立法裁量の次元の問題となる）ことの理論的説明が必要だと思われるが、それは十分に行われていない」こと（今野・前掲『新版体系憲法事典』638頁）、②憲法26条2項を授業料無償に限定せずに読むのが自然な文理解釈であること、からいって、基本的に就学必需費無償説が妥当であると解される（なお、義務教育の無償が私学にも適用されるか、という論点につき、本書98頁［廣澤明］参照）。

(4) 教育権の所在　1960年代から70年代にかけて、教科書裁判、学力テスト裁判等において、いわゆる国家の教育権説と国民の教育権説が対立した。国家の教育権説は、国民の教育意思は議会制民主主義を通じて国政に反映されるとして、国は教育内容に関する決定権を有するとした。一方、国民の教育権説は、親をはじめとする国民の教育意思は教師に信託されるとして、国の法的拘束力ある決定は、教育の外的条件整備（外的事項）に関しては認められるが、教育内容・方法（内的事項）については原則的に否定されるとした（内的事項・外的事項区分論につき、兼子・前掲『教育権の理論』251～272頁、兼子・前掲『教育法［新版］』350～354頁、参照）。

学テ最高裁判決は、上記二説をいずれも極端な見解として排斥した上で、親・教師・私学の教育の自由はそれぞれ「限られた一定の範囲」で肯定されるが、それ以外の領域においては、国は子ども自身および社会公共の利益のため「必要かつ相当と認められる範囲」において、教育内容について決定する権能を有する、と判示した（全国学力テストにつき、本書224～225頁［村元宏行］参照）。また、教科書検定に関しては、国民の教育権説に立って適用違憲判決を下した教科書裁判第2次訴訟・杉本判決（東京地判1970・7・17判時604号29頁）も存在したが、第1次訴訟最高裁判決は、学テ判決の枠組みに沿って教科書検定を合憲とした（1993・3・16判時1456号62頁）。ただし、第3次訴訟最高裁判決（1997・8・29判時1623号49頁）では、「看過し難い過誤」の基準に則り4か所につき違法判断を下し、「必要かつ相当と認められる範囲」を超えた国家的介入があったことを認定した（教科書裁判につき、本書220～221頁［村元宏行］参照）。

学説の多くは、学テ最高裁判決のとった「範囲確定のアプローチ」を基本

的に支持している。もっとも、親の教育の自由等を限定的にしか肯定せず、国の教育権能を広汎に容認したことについては批判が強い（たとえば、竹内俊子「最高裁学テ判決の今日的意義」前掲『教育法の現代的争点』356〜359頁）。

　国民の教育権説に対しては、1981年の奥平康弘による批判（奥平・前掲『憲法Ⅲ』411〜420頁）以降、理論の妥当性・有用性についての疑問が多く出されてきた。樋口陽一は、欧米諸国と比較して日本の「国民の教育権」の特殊性を指摘する。すなわち、欧米で「教育」が憲法問題となるときの一般的構図は、「公権力が正当な国家介入としての教育の担い手となり、それに対抗して、親（ないし親を代位するものとしての教師、私立学校）が自分の宗教的信条に従って教育する自由を主張する」という形のものになるのに対して、日本の「国民の教育権」は、「公教育がその掲げる理念から逸脱するのに対し、あるべき国家介入＝公教育を代位するものとして、教師の『自由』が『国民の教育権』の名のもとに主張されている」と述べている（樋口陽一『憲法［第3版］』〔創文社、2007〕283〜284頁）。

　また、米沢広一は、国民の教育権説に対する疑問点につき、「①学校や教師を選ぶことのできない義務教育法制の下では親による信託論は成り立たない、②子ども、親、教師を一体として捉えているため、『国民』内部での対立、たとえば、親と教師との対立を看過している、③『国家』内部での行政部と立法部との違いを軽視している」、と3点にまとめている（米沢・前掲『憲法と教育15講［第3版］』14頁）。以下、この①に関連して(a)国民の教育意思の反映について、②に関連して(b)教師の「教育の自由」について、③に関連して(c)教育法律主義の原則について、それぞれ論述する。

　(a)　国民の教育意思の反映　　最高裁は、前述したように、教育内容決定権が文部省（当時）にあるとする見解（国家の教育権説）も教師にあるとする見解（国民の教育権説）も極端な見解であるとしている。そこで、国民の教育意思を反映させるための多様なしくみを構想し、比較検討することが有益となる。

　高橋和之は、そのようなしくみとして、①さまざまな教育内容を提供する多くの学校が存在し競争することを前提として、親が教育内容を自由に選択しうる「自由競争モデル」と、②親（国民）が学校教育の内容を共同決定する「参加モデル」の2つのモデルを提示する（高橋和之『立憲主義と日本国憲法［第3版］』〔有斐閣、2013〕306頁）。その際、②の共同決定のレベルについては、学校

単位、市町村単位、都道府県単位、全国単位があるが、共同決定の通常のルートは「選挙→議会→行政」であるとする。

戦後当初に存在した教育委員の公選制（旧教育委員会法7条2項、1956年に廃止）は、②の自治体参加モデルの代表例である。これは、憲法93条2項（その他の吏員の直接選挙）および旧教基法10条1項（国民全体に対する直接責任）に則り、直接選挙によって住民の共同決定を実現しようとする試みであった。教育委員会擁護論は、政治の教育への不介入を強調する傾向にあるが、元来の教委制度が「選挙を通じての民意の反映」を前提とするしくみであった点には注意を要する（教育委員会制度につき、本書62〜79頁［小川正人］参照）。

また、外国の例であるが、ドイツの多くの州においては、生徒代表・親代表が学校運営に参加する「学校会議」(Schulkonferenz) が法律により設置されているが（ヘルマン・アベナリウス（結城忠監訳）『ドイツの学校と教育法制』〔教育開発研究所、2004〕63〜65頁）、これは②の学校参加モデルに該当するといえる。日本のコミュニティスクール（地教行法47条の5）も、学校参加モデルの1つに位置づけることができるが、委員選出の不透明性、学校との権限関係の曖昧性などの問題点があると指摘される（参照、本書244〜245頁［堀井雅道］）。なお、自治体参加モデルを採用した場合、教育内容決定のレベルを都道府県、市町村、学校のいずれの単位にするかが重要な検討課題となる（戸波江二「教育法の基礎概念の批判的検討」戸波江二＝西原博史編『子ども中心の教育法理論に向けて』〔エイデル研究所、2006〕50〜51頁は、道州制の採用と道州レベルでの決定を提唱する）。

一方、①の自由競争モデルとしては、1997年に「通学区域制度の弾力的運用」（平9・1・27文初小78号初中局長通知）が認められて以降、若干の自治体で実施されている公立小中学校の「学校選択制」をあげることができる。学校選択制に対する評価については、いくつかの立場があり得る（参照、本書194〜195頁［吉岡直子］）。

1つの見方は、「学校教育において最も重要な要素は、機会均等ではなく、自由な選択である（学校教育というサーヴィス供給も、スーパーマーケットと同様の多様性が望まれる）」と考え、「学校は、最低基準を守りながらも、多様なサーヴィスを供給するなかで競争し、教育の質を高めなければならない。全国どこの学校にいっても同じ教育内容・水準であることこそ、選択の自由を狭め、子どもたちの知的進歩を阻害する要因である」と捉えることである（阪本昌

成『憲法理論Ⅲ』〔成文堂、1995〕346～347頁)。この見解に立てば、義務教育においても学校選択制が本来のあるべき姿であり、逆に小学区制こそ親の選択権を侵害する違憲の制度とみなされる。

別の見方は、公立義務教育の提供には「公共財の供給」という側面があるとして、「ユニバーサル・サービスであるべき公営の義務教育が画一性を要求する以上、そのような選択の自由を公営教育の枠内で実現することは困難である」とみなすことである (長谷部恭男『憲法の理性』〔東京大学出版会、2006〕142～144頁)。その場合、公立学校に代わるものとして、「各自の思想に適った私立学校へ子女を通学させる自由」が重視され、私学保護者の経済的負担を軽減する方策の1つとして、バウチャー制検討の必要性が指摘される (教育と公共財の関係につき、森村進「公権力の民営化」西原博史編『岩波講座・憲法2人権論の新展開』〔岩波書店、2007〕91～105頁参照。また、私学助成につき、本書96～98頁 [廣澤明] 参照)。

自由競争モデルがその機能を果たすためには、市場原理が効率的かつ公正な結果をもたらすことが求められ、それには一定の条件の充足が必要となろう。外国の例を見ると、オランダにおいては、義務教育についても公立私立を含む親の学校選択の自由が保障されているとされるが、各公立学校が教育課程編成権・財政自律権・教員選任権を有していることと、私立学校の無償が実現していることが、この選択の自由を実質化する上で重要な役割を果たしているとみられる (結城忠『教育の自治・分権と学校法制』〔東信堂、2009〕338～344頁、347～351頁、太田和敬「オランダ教育制度における自由権と社会権の結合」人間科学研究〔文教大学人間科学部〕31号 (2009) 16頁、22～25頁)。

(b) 教師の「教育の自由」　　国民の教育権説は、教師の「教育の自由」を憲法上の人権として構成したが、憲法上の根拠条文としては、憲法23条、26条、13条等があげられた。また、兼子仁は、教師の教育権の教育条理的根拠として、①教育の人間的主体性、②真理教育の自由性、③教育の専門的自律性、④教育の自主的責任性の4つを指摘した (兼子・前掲『教育法 [新版]』274～278頁)。

憲法23条説は、教師は真理の代理者として権力者の統制を受けることなく真理を教育する自由があるとし、憲法23条の学問の自由は大学教授が享有するのと同様に小学校教諭も享有すると主張した (この見解は、兼子説②を主

たる根拠としているといえる）。これに対し、学テ最高裁判決は、憲法23条に基づく一定範囲の教授の自由を肯定しながらも、普通教育においては、児童生徒に教授内容を批判する能力がなく、教師が児童生徒に対して強い影響力・支配力を有すること、子どもの側に学校や教師を選択する余地が乏しいこと、教育の機会均等をはかる上からも全国的に一定の水準を確保すべき強い要請があること、等に照らし、「完全な自由は到底認められない」と判示している。なお、憲法23条説に立つ教科書裁判第2次訴訟・杉本判決は、下級教育機関の教育を「教育学」の学問的実践と捉え、学問と教育の不可分一体性を導き出している点に特徴がみられる。

　次に、憲法26条説は、教師の教育の自由を学問の自由と区別し、「教育の本質こそ教育の自由を要請する」として、教師の専門性に基づく教育の自由の根拠を憲法26条の「教育を受ける権利」に求めるべきだと主張した（この見解は、兼子説③を中核的根拠として、付随的に①④をも根拠としているといえる）。これに対し、学テ最高裁判決は、「子どもの教育が、専ら子どもの利益のために、教育を与える者の責務として行われるべきものであるということからは、このような教育の内容及び方法を、誰がいかにして決定することができるかという問題に対する一定の結論は導き出されない」としている。つまり、子どもの教育を受ける権利（学習権）の主張は、必ずしも教師の自由を導くとは限らず、場合によっては、教師による子どもの権利侵害を防止するために国家の教育関与を正当化する論拠にもなり得るとみている。

　学テ最高裁判決以降の学説は、子ども・親との関係における教師の「権力」性を意識するようになった。「教育学の中の思想領域では、教育が権力的な営みであり、学校が権力的な装置であることは、もはや常識になっている」（広田照幸『《愛国心》のゆくえ』〔世織書房、2005〕32頁）といわれる。教師の「教育の自由」についても、現在では、公務遂行に関わる「職務権限」性を基本としながら、教職の特殊性に基づく「人権」性も肯定する併存説が有力であるとされている（内野・前掲『表現・教育・宗教と人権』111頁、米沢・前掲『憲法と教育15講［第3版］』188頁。なお参照、本書47～48頁［戸波江二］）。最高裁は、教授の自由の具体例として、①特定の意見のみの教授を強制されないこと、②教授の具体的内容・方法につきある程度自由な裁量が認められること、をあげているが、①は「人権」性に、②は「職務権限」性に、主として対応していると

考えられる。

　教師の自由の人権的側面につき、奥平康弘は、「教師は、実定法制度のかぎりにおいて『教育権』を有するにすぎないが、当該実定法制度そのものの内部で、統治機関が違憲な行為を行った場合には、ある種の教師は、これを自己の市民的自由（教育の自由と呼ぼうと、思想・信条の自由、表現の自由、学問の自由と呼ぼうと、大差ない）の名において、違憲無効の挑戦を行う権利を有する場合がある」と指摘する（奥平・前掲『憲法Ⅲ』418頁）。また、西原博史は、「教育行政官庁や学校管理職によってイデオロギー的教化を強制されない権利として教師の学問の自由が主張される場合、これは教師の個人的利益を実現するための権利」ではなく、「むしろ、子どもに対する直接的害悪を防ぐために、教師の権利が道具的なものとして便宜的に認められる、という枠組みのもの」であるとし、これは「公共の福祉のために基本的人権が保障された例」と捉えている（西原博史「演習憲法」法学教室325号（2007）211頁）。

　教師の自由にかかわる近時の事例に、君が代不起立訴訟がある（本書234～235頁［栫山茂樹］参照）。一連の最高裁判決（最2小判2011・5・30判時2123号3頁等）は、①職務命令は、歴史観それ自体を否定するものではなく、また、特定の思想の強制・禁止・告白強要でもないので、思想・良心の自由を直ちに制約するものではない、②もっとも、個人の歴史観・世界観に由来する行動（敬意の表明の拒否）と異なる外部的行為（敬意の表明を含む行為）を求められる限りにおいて、思想・良心の自由の間接的な制約となる、③間接的制約の許容性は、職務命令の目的・内容・制約の態様等を総合的に考量して、必要性・合理性が認められるか、により判断される、④職務命令は、教育上の行事にふさわしい秩序の確保と式典の円滑な進行を図るものであり、必要性・合理性が認められる、と判示した（ただし、停職処分を裁量の逸脱とした判決（最1小判2012・1・16判時2147号127頁）もある）。

　これに対して、最1小判2011・6・6判決（判時2123号18頁）の宮川光治裁判官反対意見は、「職員を派遣し式の状況を監視していることや、その後の戒告処分の状況をみると、本件通達は、式典の円滑な進行を図るという価値中立的な意図で発せられたものではなく、前記歴史観ないし世界観及び教育上の信念を有する教職員を念頭に置き、その歴史観等に対する強い否定的評価を背景に、不利益処分をもってその歴史観等に反する行為を強制するところ

にある」としている。都教委の10.23通達の真の意図が、日の丸・君が代に反対する教師を教育現場から排除しようとした点にあるとするならば、本件は、思想を狙い撃ちした「直接的規制」に該当するものとみることができる。

愛国心教育の最大の問題は、それが、実践場面において、個々人の「同調―非同調」を可視化させる、さまざまな儀式・儀礼と結びつきやすく、「権威への服従」が身振りによって強制され、監視されるために利用される可能性が高いことにある（広田・前掲『《愛国心》のゆくえ』48～50頁）。君が代不起立訴訟においても、「公教育ひいては国家が個人の価値観の根幹にかかわる論点につき、未熟な生徒に対して、儀式などの肯定的雰囲気を利用して、一定の解答を刷り込むことが許されるのか」という点が問われているというべきであろう（棟居快行『憲法学の可能性』〔信山社、2012〕329頁）。

(c) 教育法律主義の原則　法治主義の原則は、憲法・行政法の基本原理の1つである。ドイツにおいては、連邦憲法裁判所により、法律の留保に関する「本質性理論」（Wesentlichkeitstheorie）が教育分野においても確立している。その内容は、「法治国家原則及び民主主義原則は、立法者に対して、学校制度における本質的な決定は立法者自らがなし、教育行政機関に委任してはならないことを義務づける」（連邦憲法裁判所1977・6・22判決）というものである。

日本においても、一般に、憲法26条の「法律の定めるところにより」は、「教育法律主義」、すなわち、教育の基本的事項は法律で定めることを意味し、この原則は、戦前の教育勅令主義を転換した日本国憲法・教育基本法制の重要原則の1つである、といわれてきた（神田修「教育における『勅令主義』と『法律主義』」季刊教育法1号（1971）234頁、平原春好「教育行政における勅令主義と法律主義」国民教育42号（1979）84～85頁）。この原則の基底には、憲法41条「国会の唯一の立法機関性」に基づき、民主的基盤を有し、決定過程の多元性・公開性が保障されている議会の役割（民主的コントロール）を重視すべきとする考え方がある。なお、教育法律主義の原則は、教育事項の法定が無限定であることを意味するものではない。憲法上の限界は当然にあり、違憲の法律は無効となる。

教育法律主義を重視する戸波江二は、法律で定めるべき事項の具体例につき、「教育の目的」（戸波・前掲『子ども中心の教育法理論に向けて』41～44頁）、「教育内容の基本的部分」（同44～53頁）のほか、「中高一貫教育などの学校制度改

革、職員会議などの学校運営、学校評議員などの住民の学校参加など、学校の運営や教育の基本的しくみに関する事項」(戸波・前掲『講座現代教育法1』124頁注㉔)をあげている。

① 教科書検定　学教法34条1項は、「小学校においては、文部科学大臣の検定を経た教科用図書又は文部科学省が著作の名義を有する教科用図書を使用しなければならない」と定めているが、検定の手続は、「教科用図書検定規則」(文科省令)、検定の基準は「義務教育諸学校教科用図書検定基準」(文科省告示)および「高等学校教科用図書検定基準」(文科省告示)によって定められている。教科書検定制度が法治主義に違反するかは、教科書裁判における争点の1つであった。第1次訴訟最高裁判決は、学教法旧21条1項(現34条1項)が検定の根拠規定であるとした上で、検定規則・検定基準は教基法・学教法の関係条文から明らかな教科書の要件を審査の内容・基準として具体化したものにすぎないので、法律の委任を欠くとまではいえない、と判示した。

しかし、これに対しては、①学教法34条1項は教科書使用義務を定めたものであり、文科大臣の検定権限を定めたものではない、②検定の定義・内容・手続・基準等の教科書検定の最も重要な法的しくみ自体が法規命令に委ねられることでは、法治主義の要請に応えない、③検定制度は、国民の表現の自由の制約に関わる重要な法的しくみであるから、行政への委任が許される事項についても詳細な授権の明確性が要求される、という厳しい批判が出されている(山下淳「教科書検定における行政裁量」ジュリスト863号(1986)18〜20頁、塩野宏『行政法Ⅰ[第5版補訂版]』[有斐閣、2013]98頁。参照、本書220頁[村元宏行])。

② 学習指導要領　学教法33条は教育課程事項を文科大臣に委任し、これを受けた学教法施行規則52条は、教育課程の基準を学習指導要領に再委任している。文科省告示として作成されている学習指導要領の法的性質につき、伝習館事件最高裁判決は、全体としての法規性を承認した。ただし、部分的に法的拘束力のない箇所が含まれている可能性は残されている(本書226〜227頁[村元宏行])。

戸波江二は、「教育の内的事項についても法律で定めることができることを率直に認め、学習指導要領という文部省の一方的決定ではなく、法律で定めるのがむしろ妥当である。その法律の定めは、あるべき教育の内容につい

て教育の専門家集団の審議を前提として、国民的な議論に基づいて決定されるべき」であると提言する（戸波・前掲『講座現代教育法1』116頁。参照、戸波・前掲『子ども中心の教育法理論に向けて』44～49頁）。

この点、ドイツにおいては、基本的な教育目的は法律によって定められなければならない、とされているが、これに対して、日本の学習指導要領に当たる「教授計画」(Lehrplaene) の制定は、高度の専門性および柔軟性という理由から、学校行政に委ねられるべきであるとされ、行政規則という法形式が合目的的であるといわれる。ただし、たとえば性教育・倫理教育のように、親の権利（基本法6条2項）や生徒の人格権（基本法2条1項）と特別に関連性をもつ授業科目や教育領域に関しては、法律による規範化が必要であるとされる（アベナリウス・前掲『ドイツの学校と教育法制』74～75頁）。

このようなドイツの考え方を参照した場合、学習指導要領の内容一般については、必ずしも法律事項である必要はないと考えられる。ただし、学習指導要領のなかでも、君が代不起立訴訟で争点となった「国旗国歌条項」や、教科化が問題視されている「道徳」に関する部分などは、子どもの思想形成の自由や親の教育の自由に密接に関連しており、また、高度な専門技術的事項ともみなされない。よって、ドイツの理論に依拠した場合は、法律による規範化が必要であるという見解が成り立ちうるであろう。

③　就学校の指定　　保護者の就学義務を定める学教法17条は、義務履行に関する事項を政令に委任しているが（3項）、そこには、就学校の指定処分（学教施令5条）が含まれている。これに対しては、就学校の指定は重大な事柄であるから本来法律事項であり、委任立法の限界を超えている、との指摘がある（中川明「障害のある子どもの教育を受ける権利について」高見勝利ほか編『日本国憲法解釈の再検討』〔有斐閣、2004〕41頁）。

また、就学校指定処分は行政手続法の適用除外とされる（学教法138条）。その理由については、就学すべき学校の指定等は、憲法26条の教育を受ける権利の具体化という性格を有しており、他の一般的な不利益処分と同様の不利益性をもつものではないため、聴聞等の事前手続を設ける法的な必要性を欠くからであると説明される（鈴木勲『逐条学校教育法［第7次改訂版］』（学陽書房、2009）1096頁）。この見解に立てば、就学義務の本質は通常の「義務」ではなく、「権利の具体化」であると捉えられることになる。

けれども、障害児の就学に関しては、2007年に保護者の意見聴取が義務づけられたが（学教施令18の2）、これは、障害児の就学校指定は不利益処分性をもつ、という認識に基づくものと解される。また、学校選択制にかかわる事前意見聴取制度（学教施規32条1項）についても同様の指摘ができる。そうであれば、本来は、就学校指定処分自体が不利益性を有することを率直に認め、聴聞等の事前手続を保障するのが筋であろう。

④　職員会議　　職員会議については、長年法令上の根拠規定がなかったため、その法的性質をめぐり、校長の補助機関説と最高決議機関説が対立してきた（本書240～241頁［吉岡直子］参照）。その後、2000年学教法施行規則改正により、「設置者の定めるところにより、校長の職務の円滑な執行に資するため、職員会議を置くことができる」「職員会議は、校長が主催する」と定めた規定（48条）が新設され、職員会議の性質は校長の補助機関である旨が明示された。しかし、この文科省令の定めに対しては、「多くの事件で激しく争われてきた職員会議と校長との関係を、法律ではなく施行規則で定めたことには、憲法26条の教育法律主義からみて、問題が残る」（米沢・前掲『憲法と教育15講［第3版］』192頁）との批判が妥当するといえる。

⑤　懲戒処分　　校長・教員の懲戒権を規定する学教法11条は、懲戒の要件につき「教育上必要があると認めるとき」と抽象的に定めるのみであり、また、懲戒の種類については全く法定せず、「文科大臣の定め」（学教施規26条）にすべてを委任している。しかし、懲戒は生徒の権利を制約する措置であるから、法治主義に則り、本来、その要件・種類は法律自体に定めることが原則であると解される。特に、退学処分は生徒の身分を剥奪する重大措置であり、法治主義の要請はより強く妥当する。出席停止については、その要件・手続等が法律（学教法35条）で定められているが（出席停止につき、本書252～253頁［吉岡直子］参照）、これと比較しても、権利制約性のより大きい退学処分の要件が省令事項であることは均衡を失していると指摘できる。

　また、懲戒処分における適正手続規定の欠如も問題である。学教法35条のように、告知・聴聞を学校に義務づける規定を法定すべきである。より根本的には、行政手続法3条1項7号が、学校における処分等につき、教育の特殊性を理由に適正手続を適用除外にしていることが問題視されよう。

　学教法施行規則26条2項が、処分の種類を退学、停学、訓告の3種類のみ

列挙していることに関連して、家庭謹慎措置や自主退学勧告の法的性質をど
う捉えるか、という論点がある（大橋洋一「判例批評」判例評論365号（1989）43〜
44頁、本書255頁［吉岡直子］、参照）。有力な学説は、3種類の列挙を限定列挙と
解し、「家庭謹慎」の措置は生徒の同意を要する生活指導措置とみるべきで
あり、実質的な停学処分措置を停学処分の手続なしに行うことは違法である、
とする（兼子・前掲『教育法［新版］』446、450〜451頁）。一方、判例においては、
家庭謹慎措置や自主退学勧告を学教法施行規則26条に基づく懲戒の一種と
捉えるものが少なくない（高知地判1988・6・6判時1295号50頁、千葉地判1987・10・
30判時1266頁81頁、東京地判1991・6・21判時1388号3頁）。

　⑥　校則　　懲戒権とは異なり、校長の校則制定権には法律上の根拠規定
が存在しない。教育委員会の学校管理権（学教法5条、地教行法21条）や校長の
校務掌理権（学教法37条4号）の規定は、組織規範であり根拠規範とは解され
ず、また、一般的・概括的な定めであるから、生徒の権利を制約する校則制
定権の具体的な根拠規定とみなすことはできない。

　校則裁判の下級審諸判決は、校長は法令の規定に依拠することなく、校則
制定の包括的権能を有すると語る傾向にあるが、校則の法的性質については、
特別権力関係論（営造物規則）で説明するもの（京都地判1985・6・5判地自31号50頁、
高知地判1988・6・6前掲）と部分社会論（団体の内部規律権）で説明するもの（東京
地判1991・5・27判時1387号25頁、東京地判1991・6・21前掲）に分かれている（下村
哲夫「校則をめぐる諸問題と今後の展開」ジュリスト991号（1991）90〜92頁、横田守弘「判
例批評」長谷部恭男ほか編『憲法判例百選Ⅰ［第6版］』〔有斐閣、2013〕55頁。なお、校則
の法的性質論一般につき、本書184〜185頁［喜多明人］、同186〜187頁［栌山茂樹］、市川
須美子「校則裁判の論点」前掲『教育法の現代的争点』328〜331頁、市川・前掲『学校教
育裁判と教育法』118〜119頁、162〜163頁、参照）。

　特別権力関係論については、今日の学説は、日本国憲法の法治主義原理に
抵触するものとして否定的に捉えている。部分社会論に対しても、特別権力
関係論に代わって、再び、学校を「法から自由」な領域、すなわち、議会の
民主的コントロールの及ばない法治主義の例外領域に位置づけている、と批
判することができる。土井真一が指摘するように、「当該法理の要は、一般
市民法秩序における権利・義務と特殊な部分社会の内部的関係の区別にある
が、しかし、学校関係の基底には、『教育を受ける権利』という憲法上の基

本権が存在し、公立学校の教育活動が当該基本権の実現である点に留意が必要である。憲法の基本権が公の営造物における継続的な生活関係を通じて実現される場合に、これを特殊な部分社会の『内部』関係として概括し、法の支配の例外とすることには、問題が多い」（土井真一「判例批評」判例評論454号(1996) 26頁）、というべきであろう。

　また、憲法学説上一般に、「自律的法規範を有する特殊な部分社会」であるか否かは、自律性を支える憲法上の根拠や団体の性質等を検討して個別具体的に判定すべきことである、とされていることからいって、「学校」を一律に部分社会とみなすことは妥当ではない。学校のうち、私立学校については憲法21条（結社の自由）によって、大学については憲法23条（大学の自治）によって、それぞれ自律的団体であることが憲法上認められていると解されるが、公立小中高校については、憲法上の根拠を見いだすことは困難であろう。特に、「結社の自由の保障が及ぶ私立学校に関しては、宗教教育や小中学校における退学処分の存否など、国公立学校との間に重要な差異があること」（土井・前掲判例評論454号26頁）を看過してはならないと思われる（参照、佐藤幸治『現代国家と司法権』〔有斐閣、1988〕182頁。なお、私学の自主性と公共性につき、本書90〜94頁［廣澤明］参照）。

　次に、有力な教育法学説は、校則の法的性質につき、①在学関係は在学契約関係である、②校則の規律は、生徒・父母の基本的合意に根ざして慣習法的になされなければならない、③生徒に対する禁止命令・許可制は、さしたる強制力を備えておらず、禁止・許可制違反を形式的に懲戒処分事由にはしがたい、と捉えている（兼子・前掲『教育法［新版］』405〜407、410〜411、415頁）。ただし、この見解に対しては、①公立義務教育学校の在学関係を契約関係とみるのは無理があること（学教施令5条2項参照）、②基本的合意・慣習法の成立要件はなお不明確であり、また、強制を伴うという校則の実態にそぐわないこと、③生徒の予見可能性を確保し、学校の懲戒権濫用を防止するためには、ルール（校則）に基づく処分の方が生徒の権利保障に資すること、等の問題点が指摘される（塩野宏発言「座談会・校則問題を考える」ジュリスト912号(1988) 5〜6頁、大橋・前掲判例評論365号44〜45頁、戸波江二「校則と生徒の人権」法学セミナー460号（1993）78頁等）。

　このように、判例・学説ともに、校則制定を法治主義の例外とみなす論拠

に乏しいとみられることから、結局、人権の制約にかかわる校則の制定について、法律が何らの根拠も用意していないのは問題であり、法律上何らかの根拠を置くべきである（塩野・前掲ジュリスト912号7頁）、と結論づけることができよう。

なお、小野中学校事件最高裁判決（最1小判1996・2・22判時1560号72頁）は、校則の定めは、「個々の生徒に対する具体的な権利義務を形成するなどの法的効果を生ずるものではない」と述べているが、これを校則の法規性を一般的に否認した判決と捉えるのは早計であろう。同事件の第1審判決（神戸地判1994・4・27判タ868号159頁）は、①小学生の原告には、中学校校則の無効確認の訴えおよび取消しの訴えについて訴えの利益がないこと、②校則に基づく学校の具体的行為がなされていない段階では、裁判所は校則制定行為自体の抽象的審査は行わないこと、等を理由に訴えを却下しているとみられるが、最高裁も、法律上の争訟性の有無という論点に関して同旨の判断を下したとみるのが妥当なように思われる。仮に在学生が校則違反を理由に不利益措置（高校の場合は懲戒処分、自主退学勧告、家庭謹慎措置等、中学校の場合は事実上の懲戒、出席停止、成績評価等）を受けた場合にも、校則の合憲性・適法性の審査を拒否する趣旨とは解し得ないのである。実際、最高裁は、本判決後も、校則の法規性を前提としてその適法性審査を行っている（最1小判1996・7・18判時1599号53頁）。

【廣澤　明】

Ⅱ 教育法の「改正」動向
―戦後教育法制の展開―

はじめに

　ここでは、戦後教育法制の改正動向を概観しながら、今日の教育法制の特徴と基本的課題を明らかにする。戦後教育法制の特徴やその動態をどのように捉えるかは論者の立場によって多様であるが、戦後教育法制の展開とそれを巡るこれまでの論点をふまえたとき、教育法制のあり方や課題を集権―分権、統合（一般法指向）―分立（特別法指向）という2つの軸で整理することは基本的に賛同を得られるように思われる。

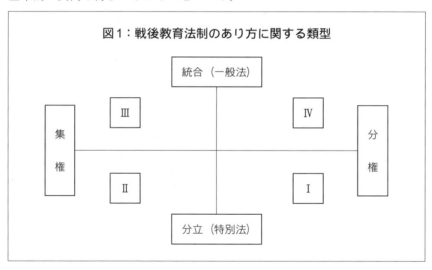

　図1は、集権―分権、統合―分立の2つの軸で教育法制のあり方を考える際の立場を類型化したものである。何をもって集権（あるいは分権）と判断するのかという明確な基準を設定することは難しくあくまで相対的なものにすぎないが、権限・財源等の法的・行政的資源が国と地方自治体のどちらにより多く配分されているかを評価する指標が集権―分権の軸である。統合―分立の軸は、一般法制に対して教育法制の特殊性、独自性をどれだけ主張するか（できるか）という評価の指標である。

図1からも分かるように、事象Ⅰは分権を指向しつつ教育法制の特殊性、独自性を強調する立場、事象Ⅱは集権を指向しつつ教育法制の特殊性、独自性を強調する立場、事象Ⅲは集権を指向しつつ教育法制の特殊性、独自性を否定する立場、事象Ⅳは分権を指向しつつ教育法制の特殊性、独自性を否定する立場の4つの類型に分けることができる。少し単純化のきらいはあるが、この各事象の特徴は、以下のような戦後の時期区分に対応した各時期における教育法制の改正方向や法制改正に影響を及ぼした主要な主張の特徴とほぼ符合するように思う。

　事象Ⅰは、分権型で教育法制の特殊性、独自性を尊重することで構想され一部創設された戦後改革期の教育法制とその原則である。事象Ⅱは、戦後改革期に一部創設された教育法制が集権的に「改編」されるが、教育法制の特殊性、独自性の論理は維持されながら整備・拡大した1950年代〜1970年代教育法制の特徴である。そして、教育法制の特殊性、独自性が集権化を基盤に硬い「閉鎖的」なシステムに変容した時期でもあった。1950年代〜1970年代に構築されたこの硬い「閉鎖的」教育法制をどのように改革していくかをめぐって、1980年代以降、さまざまな立場から教育改革が論議、展開されていく。特に1980年代以降は、世界的潮流となった構造改革の考え方から自由化、規制改革等を基調とした教育法制の見直しが図られた時期であるが、強い国家像（新保守主義）の主張と連動した新自由主義的な教育改革の動きは事象Ⅲの特徴に近い。事象Ⅳは、"聖域無き構造改革"として教育法制の特殊性、独自性を否定しつつ、教育行政手法を従来の平等主義的な入口管理型から成果重視の出口管理型に変えていくために、教育行政権限の再配分と「公」・「私」関係の再編を通して教育統治（ガバナンス）の再構築を図ることを目指した時期である。

　集権―分権、統合―分立という2つの軸を基盤に、1970年代以降は、公教育制度における統一（共通）性と多様性、1980年代以降は「公」・「私」関係の再編という新たな視点も加わり教育法制のあり方をめぐる政策と論議は錯綜して展開されていく。以下、紙幅の関係もあるため、義務教育段階における教育行財政、学校教育、教職員の法制を中心にその展開を概観し、教育法制の今日的位相と基本的課題を明らかにする。

1 戦後改革期の教育法制 （1945年～1950年代前半）

　戦後改革は、日本の新しい教育法制の創設にとって大きな意味をもった。国民主権と基本的人権の保障を原理とする日本国憲法と一体的に制定された教育基本法は、戦後教育制度の原則を謳った根本理念法であった。憲法・教育基本法の下に、各領域の基本法ともいうべき学校教育法、教育委員会法、教育公務員特例法等が制定された。学校教育法（1947〔昭和22〕年）では、児童・生徒の心身の発達と能力に応じた適切な教育保障を目的として、教育の機会均等保障と単線型学校体系により全ての子どもの就学機会の平等保障が謳われた。文部省は、「従来の中央集権的監督行政の色彩を一新」し、「教育、学術、文化のあらゆる面について指導助言を与える」機関（文部省設置法提案理由）として、地方自治体の教育事業を支援し平等な教育機会保障のための条件整備を担う役割が期待された。教育の第一義的な責任と権限は地方自治体が担うこととされ、教育（行政）における地方自治、一般行政からの独立、住民統制（自治）という戦後教育改革の理念を具体化する象徴的制度として公選制教育委員会が創設された。そして、教員法制の上でも一般公務員法制とは異なるしくみが制度化された。国家公務員法や地方公務員法の特別法として「教育公務員特例法」（1949〔昭和24〕年）が制定され、また、教育行政や教職員の法制に遅れてその構想と整備が進められた教育財政制度においても、一時、一般財政制度である平衡交付金制度に統合されていた義務教育費国庫負担制度も1953年から「復活」し、身分は地方公務員である公立義務教育学校教員の給与を国と都道府県が負担し合うという一般公務員の給与制度には見られない県費負担教職員制度が始まった。こうして戦後教育改革によって創設された教育法制は一般法制からの分立指向を特徴としたが、その創設過程には、「近代私教育法の原理（教育の自由）と現代教育法の原理（教育を受ける権利の積極的保障）とを同時的に実現していくという課題」（兼子1978：156頁）を担わざるをえなかったこともあり、「教育の自由」と教育を受ける権利保障のための国＝教育行政の役割をめぐる調整をどのように図るかという教育法制上の重要な争点が孕まれていた。そうした争点が、1950年代以降に顕在化し、「教育権」論争として展開されていくことになる。

2 戦後改革の「集権的改編」時期の教育法制 （1950年代～1970年代）

　戦後改革の終焉とともに、戦後教育改革の見直しが政府主導で進められた

時期である。

第1に、分権型を原則として創設された教育行政が集権的に改編されたことである。戦後教育改革の象徴的制度でもあった公選制教育委員会制度が国と地方との連携協力を謳って集権的に改編された（1956年「地教行法」の成立）。第2に、学校教育法が連続的に改正され、単線型学校体系の「複線」化が始動したことや教育課程行政における国（文部省）の役割が徐々に強められていった（1953年学校教育法一部改正＝文部大臣の教科書検定権の明示、1956年文部省設置法施行規則一部改正＝教科書調査官新設、等）。そして、第3には、地方の教育需要の拡大を背景に、国の教育振興・補助金が多くつくられ国と地方自治体の連携・共同の教育事業が格段に増大したことである。この時期における教育施策上の主要課題は、児童生徒数の増加や高校進学率の上昇等を背景にした地方の教育需要の拡大に応えて学校の整備・拡充＝地方間格差の是正やナショナルミニマムを確保することであった。これらの課題では大きな政治対立を孕んだ政策課題は少なかったこともあり、文部省―教育委員会と教育（行政）関係団体・機関が一丸となって教育予算の増額や教育条件の整備・拡充に取り組んだ（1953年「学校図書館法」「理科教育振興法」「公立学校施設費国庫負担法」、1955年「学校給食法」、1958年「公立義務教育学校の学級編制及び教職員定数の標準に関する法律」（以下、義務標準法）、1961年「公立高等学校の適正配置及び教職員定数の標準等に関する法律」、1963年「義務教育諸学校の教科用図書無償に関する法律」等）。

教育行政の集権的改編や国・地方の連携・共同事業が増大する一方で、教育行政の特殊性、独自性が謳われ一般行政からの分立を強める法制の見直しもさらに進んだ。第1に、1953年義務教育費国庫負担制度の「復活」のもとで、地方の公立学校教員の給与表は国立学校給与表に準拠することが求められ、1958年成立の義務標準法と連動して国（文部省）の公立義務教育学校教員の給与と定数管理の重要なしくみとなった。第2は、教員法制では、戦後初期の公務員労働基本権容認方針が転換され公務員の労働基本権と政治活動が制限されたが、公務員に対する労働基本権と政治活動の制限のなかでも公立学校教員は更に教職の「特殊性」を理由に、一般地方公務員より厳しい制限を受けた（1954年「義務教育諸学校における教育の政治的中立の確保に関する臨時措置法」、「教育公務員特例法の一部改正」等）。第3には、そうした教員の権利を制限する一方で、その処遇では一般公務員より優遇措置を図り（1974年「教員人材

確保法」)、労働基準法からの適用除外として時間外勤務手当を支給しない代替措置として一律本給4％の教職調整額を支給するしくみも導入される（1971年「国立及び公立の義務教育諸学校等の教育職員の給与等に関する特別措置法」）等、教職の「特殊性」を謳った諸施策が進められた。

　以上のように、この時期には、高度成長による国の財政拡大にも支えられて、教育関係負担金・補助金の増大による漸進主義的な行政手法が文部省と教育委員会の関連事業担当部局を直接結びつけるとともに、その中央―地方の財源・定数管理の水路を基盤に圧力団体である全国レベルの専門的教育関係組織・団体の凝集とそのネットワーク化が促された。教育委員会に目を転じれば、教育長や事務局の中核的職員には多くの学校教員が出向し、それら事務局出向教員は次に管理職等の学校リーダーとして学校現場に戻っていくという人事管理システムも整えられていく。（市町村）教育長をはじめ教育委員会事務局職員や学校管理職の多くを教員集団の人材プールから学校現場の教育活動の延長として任用する「閉じられた」人事管理システム等に基礎づけられて、県教育委員会事務局―市町村教育委員会事務局―学校という教育行政系列は、ある意味で同業者の同じ利害を共有する政策共同体を構成することになり、文部省もそれら教育政策共同体のネットワークの頂点に君臨することで国の教育行政施策をスムーズに進めていくことができたのである（小川2010）。

　教育行政の特殊性、独自性を謳った分立型教育法制は、この時期、集権的に「改編」されるなかで、ある種、硬い「閉鎖的」なシステムとして（再）構築されていくことになった。1950年代～1970年代に（再）構築された硬い「閉鎖的」なシステムに対する批判と見直しの動きが、1980年代以降の構造改革や参加、公開、分権改革等の改革潮流となっていく。

3　硬い「閉鎖的」システムの見直し論議と構造改革の始動（1980年代～1990年代）

(1)　臨教審・教育改革の意味
　1980年代は、構造改革が世界的潮流となった時期である。米国の政治学者Keith A.Nittaは、教育政策をめぐる環境に3つの大きな変化が生じたことにより、旧来とは異なる新たな教育改革の局面がつくりだされたと指摘した。3つの大きな変化とは、①（学校）教育の失敗は国家の経済競争力を脅かすという信念が広範囲に共有されてきたこと、

31

②New Public management（NPM）が社会的に広範囲に受容されたこと、③教職員組合をはじめとする教育利益集団が弱体化したことで教育政治がより混沌とし流動的な政治状況が生まれたことである。また、旧来の教育改革は伝統的にカリキュラムや教授方法等といった課題に集中する傾向があったが、この時期の教育改革の中心的関心は、教育のインプットではなく教育のアウトプット、成果であり、それらアウトプット、成果を効率的に生み出すための教育システムの実現を目指すものであったとも指摘する（Keith A. Nitta 2008）。

　世界的潮流となった構造改革の影響を受け、日本では中曽根内閣が構造改革の旗手として登場した。しかし、日本での構造改革は、日本資本のグローバリゼーションの遅れや日本経済の好況等の理由でこの時期には本格的な展開をせず（渡辺2007）、中曽根内閣の行財政改革とその一環としての臨教審教育改革は「早熟的な新自由主義改革の試み」（デヴィット・ハーヴェイ／渡辺訳2007）とみられ、具体的成果を生み出せず失敗に終わったとも評価された（レオナード・ショッパ／小川訳2005）。ただ、臨教審は、1960年代以降に議論されはじめていた生涯学習社会の実現に向けた本格的な政策論議を行った点で注目される。臨教審は、生涯学習体系への移行の必要性を、①「学歴社会」の弊害の是正、②「社会の成熟化」に伴う学習需要の増大への対応、③「社会・経済の変化」に対応するための学習の必要から論じ、その後の生涯学習推進体制の整備を図る上で大きな役割を果たした。この時期、生涯学習社会の論議が浮上してきた背景には、報告書「21世紀に向けての生涯職業能力開発のシステム的推進」（1986年、労働省・生涯職業能力開発研究会）に端的に示されていたように、産業・就業構造の変化に対応した新たな課題（中高年労働者の人的活力の低下、女子の職場進出の増大等のライフスタイル・キャリアパターンの多様化にそった能力開発機会充実の必要、技術革新の進展や経済のサービス化・ソフト化等による労働内容・産業構造の急速な変化に柔軟に対応した教育訓練等の整備・構築、勤労者の意識・価値観の多様化と自己実現の意欲の高まり等に応える自主的な能力開発のための環境整備の必要、等）に対応するために、学校教育の役割を相対化させ、また職業生活にとって必要な職業能力開発も職場・企業主導型から個人主導型に軌道修正することが求められていたという事情があった。また、臨教審が唱えた教育の自由化、弾力化、多様化の主張は、教育制度改革の全般にわたって影響を及ぼすとともに、その後の本格的な構造改革の助走ともなった。

なお、自由市場競争を軸に社会の再編を目指す新自由主義は、自由化＝競争主義で個別化し弛緩する社会の（再）統合化を図る新保守主義を同時に台頭させた。日本において構造改革が本格的に展開されるのに伴い、道徳教育、伝統や愛国心（愛郷心）等の教育内容における価値や国家の役割等が教育政策上の争点として浮上し、教育基本法改正の動きが政権党保守派の主導で強まったこともそうした背景からである。

　(2)　**分権改革と教育法制の見直し**　　この時期は、地方分権改革も重要な政治課題として浮上し教育法制の見直しにも大きな影響を及ぼした。

　1980年代後半から本格化してきた地方分権改革の動きが、38年間続いた自民党単独政権に代わる非自民連立政権（細川内閣）の誕生（1993年）を梃子に地方分権推進法の成立（1995年6月）という形として結実した。この地方分権推進法により設置された地方分権推進委員会の勧告を受け、政府は『地方分権推進計画』（1998年5月）を閣議決定し「地方分権の推進を図るための関係法律の整備等に関する法律」（通称「地方分権一括法」）を1999年度通常国会で成立させた。これにより、戦後最大の地方自治法改正とともに教育関係法21本も改正され、2000年4月から新しい法制度がスタートした。

　この分権改革の狙いは、全国画一的な統一性と公平性を過度に重視してきた旧来中央省庁主導の縦割り行政システムを住民主導の個性的で多様な総合行政システムに変革すること、そして、国と地方自治体の関係を新しい対等・協力の関係へと改めることであった。

　分権改革に伴い教育法制分野でもさまざまな見直しが行われた。

　第1に、教育行政分野における機関委任事務廃止と事務編成の見直しである。従来国の仕事とされていた児童生徒の就学指定が市町村教育委員会の自治事務となり、通学区域や就学指定の弾力化・自由化（学校選択制）が認められるようになった。学級の児童生徒数を決める学級編制基準の設定・許可も、国の権限から都道府県・市町村教育委員会の権限となった。また、機関委任事務の廃止に伴い文部大臣（現―文部科学大臣）の教育委員会に対する指揮監督権や教育長の任命承認制が廃止された。第2は、国の関与の縮減と地方の裁量権限の拡大という分権改革の方針に沿って、文部科学省が設定する基準・標準の弾力化、大綱化が進められた。たとえば、学習指導要領は「最低基準」であることが明確にされたり、「義務標準法」の学級編制や教職員定

数の標準は国の財政負担算定の標準であることを明確にしたうえで、都道府県が必要に応じて国の標準とは異なる学級編制や教職員定数・配置の弾力的な運用ができるように「義務標準法」を改正した。また、都道府県と市町村の間でも、地教行法旧49条を削除することで都道府県による市町村に対する統一的基準の設定権限を廃止した。第3は、国の地方に対する指導・助言行政の見直しである。旧来は、「必要な指導、助言又は援助を<u>行うものとする</u>」（地教行法・旧48条）と規定されていたが、改正では、「指導、助言、援助」はそのまま存続しつつも、「行うものとする」という文言は「行う<u>ことができる</u>」と変更された。その変更の意味は、「行うものとする」という旧規定が職務として積極的に行うという意味合いを含意していたのに対して、「行うことができる」という新規定は、そうした職務として積極的に行うという意味合いを否定した。

　分権改革による地方自治法改正に伴う上記のような地教行法改正は、文部科学省による教育委員会に対する強い関与・管理権限を付与してきた地教行法の地方自治法に対する「特例」的な性格を大幅に後退させるものとなった。その結果、文部科学省と教育委員会の関係は、旧来の垂直的な強い融合関係からより対等で緩やかな融合関係に移行する条件をつくり出した。また、2000年分権改革以降も、国（文部科学省）は国の設定する基準の大綱化、「最低基準」化をさらに進めてきており、その分、地方自治体の決定権限は拡大して自治体の判断で決定できる教育政策の範囲は確実に広がっている。市町村の予算で教員を採用し少人数学級や多様な学習指導形態を可能とする少人数教育の試み、「最低基準」である国の学習指導要領に加えた自治体独自のカリキュラム内容や副教材づくり等、その全国的な取り組みの事例は拡がりをみせている。そうした新しい教育政策の動向が自治体の間で波及していくにつれて、地域づくりと一体となった教育政策づくりや教育行政運営に関心を強め、また、教育が住民に対して自らの政治的指導力を強くアッピールする重要な政治テーマであることを認識する首長も多くなっている。そうした背景のもとに、2000年分権改革以降、自治体の教育行政に政治の「復権」が促され、自治体の教育政策決定や教育行政運営における首長や地方議会の役割は格段に高まりつつある。首長、地方議会と教育委員会との間で教育政策や教育行政運営をめぐる対立や競合が生じる状況も生じており、それが教育

委員会制度に象徴されるような一般行政から分立する教育法制に対する疑問・批判を強めることにもなった。

4 教育の構造改革の本格的展開と教育法制再編 (1990年代後半～現在)

(1) 政治主導の教育改革

政治主導による教育の構造改革が1990年代後半以降、本格的に展開された要因として次の2点をあげることができる。第1に、1994年に断行された政治改革——選挙制度の改革（小選挙区比例代表並立制）と政治資金制度の改革（政治資金寄付の規制と政党への公費助成）であり、これらの政治改革により政党が集権化し政党の党首・執行部の権限が強まったことである。第2は、内閣制度改革（内閣法改正2001年施行）、中央省庁再編（2001年施行）である。これらの改革のなかで最も重要な変化は内閣機能の強化であった。内閣機能強化とは、具体的には、①内閣総理大臣の「内閣の重要政策に関する基本的な方針」の発議権を内閣法に明記、②その企画立案を内閣官房が担うことを内閣法に明記し、その幹部は特別職として政治任用、③内閣府を創設し（内閣府設置法）、行政各部を内閣がリードする体制を強化するとともに内閣府に特命担当大臣を置き企画・調整権限を付与、④内閣府に内閣総理大臣または内閣官房長官を議長とする重要政策に関する企画・調整のための合議制機関を設置し、重要政策を内閣総理大臣主導で機動的に策定し実施していく、というものであった（中島2004：244頁～245頁）。この内閣府の創設は、旧来の各省庁縦割りの政策決定を変え内閣のもとに統一した迅速な政策決定を行うことを目的とした。内閣府の下に設けられた経済財政諮問会議、規制改革・民間開放推進会議、分権推進改革会議等が、政府の構造改革の一環として教育行財政改革の課題を取り上げたことから、それら各会議から提出される教育政策方針は、即、内閣決定とされ文部科学省はそれら政策方針に否応なしに対応を迫られることになった。こうした新しい内閣府からのトップダウンの政策決定構造は、「官庁セクショナリズム」を排して政治主導によって国民に応える行政を目指すことを謳って進められた。また、新しく創設された内閣府各会議への中央省庁からの参加メンバーを、財務省、総務省、経済産業省といったいわば「制度官庁」（経済官庁）が占めたことから、教育政策の所管省庁である文部科学省よりそれら「制度官庁」（経済官庁）が教育政策に対する発言権や影響力を増大させ中央省庁間のパワーバランスを大きく変化させていった。文部科学省は、「教育下位政府」の"外部"から

の攻勢的な教育改革に対し「受け身」的に対応せざるを得ない立場に置かれることになった（小川2010：53頁～56頁）。

　内閣主導の政策決定と行政運営は、2001年の中央省庁再編でそのしくみを構築したが、それを実際に機能させたのは長期安定政権であった小泉政権時代だけであったと評価されていた。その後の安倍第1次政権、福田、麻生の政権は1年の短命内閣であったこともあり、内閣主導の制度的しくみを有効に機能させることはできなかった。2009年9月に誕生した民主党政権も同様であった。2012年12月に発足した第2次安倍政権は、内閣発足当初から世論の支持率も高く長期政権と想定されたこともあり、内閣主導が機能し教育改革においても内閣に教育再生実行会議を設置し内閣主導で教育改革を進めた。その進め方は、従来の政権と比較して際立っている。小泉政権の際も内閣主導の教育改革が進められたが、それは経済・行財政改革の一環として、それに関係した教育行財政システムの改革に限定されていたのに対して（義務教育費国庫負担制度の見直し等）、第2次安倍政権下における教育再生実行会議主導の教育改革は、経済改革とともに教育改革が独立したテーマとして設定され、広範囲の教育課題を改革の対象とした。特に、その進め方で特徴的なのは、内閣の教育再生実行会議が教育改革課題のアジェンダ設定（テーマと課題の選択・設定）と各テーマ・改革課題の基本方向を決定し、それをふまえた詳細な制度設計や内容の詰めを文科省・中教審に任せるという手法をとったことである。教育再生実行会議のこれまでの提言内容をみると、その多くは、この間、中教審の審議のなかで積み残されてきた諸課題を踏襲していることは確かであるが、中教審が積み残してきた諸課題を実現に向けて政治工程の上に具体化できたのはやはり内閣の強い主導性があったからであるといえる。前述した一般行政から分立する教育法制への疑問・批判の強まりを背景に、教育委員会の「いじめ」「体罰」事件への不適切な対応事例から分立型教育法制の象徴とされてきた教育委員会制度への不信・批判を煽り、制度改廃論議を喚起して2014年地教行法改正に繋げていったのも歴代内閣ではできなかったこの内閣の強い主導性であった（小川2015）。

　(2)　教育の構造改革の本格的展開　　今次の教育改革が「教育の構造改革」といわれる理由は、それが学力観の転換や教育内容の見直しとともに、教育活動とその成果を誰がどのように適切に管理していくのかという教育の

統治（ガバナンス）のあり方を見直すために、教育システム、教育行政手法も同時に大きく改革しようとする特徴をもっているからである。端的にいえば、①従来の知識蓄積型学力ではなくアウトカム型学力＝すなわち、何を知っているかではなく具体的に何ができるかという学力観への転換、②そうした学力観の転換に適合した出口管理型の教育システムと教育行政手法の構築─具体的には、自治体や学校への権限移譲とともに成果を重視した評価システムの構築、③学力観の転換に適合的な学校システムや入試─選抜制度の見直し等の学制改革、といったことが一体的な改革として取り組まれていることである。

　①　21世紀型学力の育成と学校制度改革　　1990年代以降、PISA型学力などに象徴される21世紀型学力が先進主要国で共通の課題とされている背景には、経済・産業の構造変化とそれに伴う労働需要の変化がある。1980年代以降、コンピューターなどの生産技術の発展により、勤労者の業務形態とその就業者数が大きく変化しているが、そうした変化が学校教育で育成すべき学力の内容に転換を迫ってきている。産業・就労構造の変化に伴い、求められる職務遂行能力の変化を業務形態の類型化とその変容からみておく。

　池永（2009）による業務形態の類型化を示したのが表1であるが、それぞれの業務内容の特徴は以下のように説明される。

表1：仕事（業務）分類の5類型

カテゴリー	仕事（業務）の例
定型手仕事（単純手作業）	製造業
非定型手仕事（非単純手作業）	サービス、美容、輸送機械の運転、修理・修復
定型認識（単純知的作業）	一般事務、会計事務、検査、監視
非定型分析（非単純分析的作業）	研究、調査、設計
非定型相互（非単純相互作用的作業）	法務、経営・管理、コンサルティング、教育、アート、営業

池永肇恵（2009）「労働市場の二極化」（日本労働研究雑誌584号）

　定型手仕事（単純手作業）：予め定められた基準の達成が求められる身体的作業、手作業や機械を操作しての規則的・反復的な生産作業で、自動化されルーティン化されているもので製造業などの工場労働などが典型とされる。

非定型手仕事（非単純手作業）：身体的作業でそれほど高度な専門性を必要とは
しないが、状況に応じて個別の柔軟な対応や熟練などが求められるもので、サ
ービスやバスの運転、板金などある程度の熟練を要する業務等が典型とされる。
定型認識（単純知的作業）：予め定められた基準の正確な達成が求められる事務
的作業で、ある程度ルーティン化され、課題が非常に明確な知的・事務的作業
であり、一般事務、会計事務、検査・監視などが典型とされる。
非定型分析（非単純分析的作業）：高度な専門知識をもち抽象的思考のもとに創
造的で柔軟な方法で課題を解決する作業で、予め基準や目標などが無く、自ら
問題を発見し課題を設定してその課題解決に向けた筋道や方法などを自分で設
定していく作業とされ、研究・分析、企画、立案、設計等が典型とされる。
非定型相互（非単純相互作用的作業）：高度な内容の対人コミュニケーションを
通じて価値を創造、提供したり、葛藤・紛争などをコントロールしたり解決し
たりする作業とされ、法務、経営、コンサルティング、教育、アートなどが典
型とされる。

　経済・産業構造の変化とコンピューター等の生産技術の発展は、定型手仕
事や定型認識の仕事をコンピューターに代替させ、また、安い賃金の新興国
に移転するなどさせて国内におけるその需要を減少させる一方で、非定型分
析や非定型相互業務の労働需要を増加させること等が指摘されてきた。日本
でも1980年代以降、業務別就労者数の推移をみると、非定型分析業務が大
きく増えているのに対して定型手仕事や定型認識の業務が減少ないし横ばい
の状況となっている（池永2009）。
　表2は、人間の能力を近代型能力とポスト近代型能力として整理したもの
である（本田2005）。

表2：近代型能力とポスト近代型能力の比較

近代型能力	ポスト近代型能力
基礎学力	生きる力
標準性	多様性・新奇性
知識量・知的操作の速度	意欲・創造性
共通尺度で比較可能	個別性・個性
順応性	能動性
協調性・同質性	ネットワーク形成力・交渉力

（出典：本田由紀『多元化する「能力」と日本社会—ハイパー・メリトクラシー化のなかで—』2005年）

近代社会とは、耐久消費財の大量生産工場に象徴されるように、標準化、規格化された労働作業の効率化を通して経済の成長と発展を図る社会である。そうした近代社会における主流の仕事形態は定型手仕事や定型認識作業であり、そこで求められる能力は、表2で示しているように標準化された基礎学力であり、また、知識量とその操作の早さなどが重視された学力観であった。それに対して、ポスト近代社会とは、経済の情報化、サービス化といわれ人々の多様で個別的なニーズに応える高付加価値をもった商品や情報、サービスを提供する高度知識情報社会として描かれている。そうしたポスト近代社会における主流の仕事形態は非定型分析業務や非定型相互業務となり、人々の多様で個別的なニーズに応える付加価値を生み出す能力が求められることになる。表2で示されているように、多様性・新奇性、創造性などが重視されるポスト近代型能力の内容は、まさしくPISA型学力に象徴される21世紀型学力観ときわめて類似性が高いことがわかる。

②　教育の質保証と学校段階間の接続の課題　　PISA型学力に象徴される21世紀型学力の取り組みとカリキュラム改革をめぐっては、論争的な課題もあるが（国研2013、13頁〜14頁）、少なくとも小中学校段階では着実に新学力育成の取り組みが進められている。しかし、近年、そうした義務教育での取り組みが高校以降の教育に継続されていない—義務教育と高校以降の教育に「断裂」があるとする問題が指摘され始めた。これまで日本の高校教育の質は、厳しい大学入試により担保されてきた。しかし、近年の少子化による大学入学者の減少傾向や定員未充足等を背景に、大学側が学生確保方策として非学力試験を含めた入試・選抜の多様化を進めてきた。大学進学・入試のそうした変容が高校生の学習意欲を低減させ高校教育の質低下、「学力の底抜け」の状況を生みだしていると指摘されてきた。そして、その延長線上に、大学教育においては、高校段階のリメディアル（補習）教育に多くの時間を割く必要が生じ大学本来の教育に支障が出ているという声も大きくなった。

これまで大学入試で支えられてきた高校教育の質保証が、大学入学者選抜機能の脆弱化により機能しなくなっている今日、それに代わる新たな質保証のしくみを高校教育体系のなかに構築していく必要に迫られている。中教審・高校教育部会は、2014年3月、高校教育の質保証のしくみづくりを審議し、高校在学中に高校教育の基礎的学力を確認するテストの実施等を提言し

た「審議まとめ―高校教育の質の確保・向上に向けて」をまとめている。また、新教育課程導入の背景である社会経済のグローバル化や高度知識社会化等による21世紀型学力の育成は大学教育でも喫緊の課題である。中教審答申「新たな未来を築くための大学教育の質的転換に向けて―生涯学び続け、主体的に考える力を育成する大学へ―」(2012年8月)は、大学版21世紀型学力(学士力)の育成を謳い、大学教育の質的転換を大きく図ることを訴えた。この答申では、これからの日本と世界は、予測困難な時代であり、答えのない問題に対して自ら解を見出していく主体的な学修が必要であることを力説したうえで、従来の日本の大学教育には課題が多いと指摘して、従来の知識を頭に詰め込み、その知識を再生するだけの偏った学修・学力、あるいは、自立した主体的思考力を伴わない協調性等は社会・世界に通用しないと批判する。そのため、今後は、教員と学生が意思疎通を図りつつ、一緒に切磋琢磨し、相互に刺激を与えながら知的に成長する場をつくり、学生が主体的に問題を発見し解を見いだしていく能動的学修(アクティブラーニング)への転換が必要と訴えた。そうした大学教育の質的転換は、当然に、大学入学選抜においても、大学の能動的学習に取り組んでいける資質・能力を重視し、高校でのさまざまな学びと体験、学習の幅広い実績をていねいに評価していくものに変えていくことを求めることになる。

　以上のような高校教育と大学教育に関する中教審答申を総括する形で、21世紀型学力育成の課題とアクティブラーニングの重要性を鮮明に表明しながら、日本の学校教育―特に、高校教育、大学教育、大学入学者選抜の一体的改革の必要性を強く訴えたのが、中教審答申「新しい時代にふさわしい高大接続の実現に向けた高等学校教育、大学教育、大学入学者選抜の一体的改革について」(2014年12月22日、以下、2014年中教審「高大接続」答申)と文部科学大臣の中教審への諮問「初等中等教育における教育課程の基準等に在り方について」(2014年11月20日)であった。この2014年中教審「高大接続」答申とその内容を次期の学習指導要領改訂として具体化することを求めた諮問は、今後の政府による教育法制改革とその運営の基本方向を示すものであるといってよい。

　③　2014年中教審「高大接続」答申と三位一体の教育制度改革　　答申は、まず、今後の教育改革が目指すべき方向性と現状の課題として、日本では長

らく、「自分で考える」教育か体系的知識注入の教育か、「ゆとり」か「詰め込み」か等の二項対立的な論議が行われてきたが、そうした二項対立を乗り越えて、ようやく、2007年の学校教育法改正で「基礎的知識・技能」「思考力・判断力・表現力」「主体的に学習に取り組む態度」という学力の三要素から成る「確かな学力」を育むことを確認するに至ったと整理している。そのうえで、小・中学校においては、「確かな学力」の育成を目指した授業改善や指導の充実が図られるようになり成果も表れていると評価している。

　しかし、答申は、そうした義務教育の成果が高校および大学の教育につながっていないと問題を指摘し、現状の高校、大学、大学入学者選抜は、知識の暗記・再生に偏りがちで、思考力・判断力・表現力や主体性をもって多様な人々と協働する態度など真の「学力」が十分に育成・評価されていないと批判している。そうした問題を克服するため、答申は、以下のような、高校、大学、大学入学者選抜の一体的改革に取り組む必要があると提言している。

- ・高校教育では、生徒が国家・社会の形成者となるための教養と行動規範を身につけるとともに、自分の夢や目標をもって主体的に学ぶことができるよう、高大接続改革と歩調を合わせて学習指導要領を抜本的に見直し、育成すべき資質・能力の観点からの構造の見直しや、課題の発見と解決に向けた主体的・協働的な学習・指導方法であるアクティブラーニングへの飛躍的拡充を図る。また、教育の質の確保・向上を図り、生徒の学習改善に役立てるため、新テスト「高等学校基礎学力テスト（仮称）」を導入する。

- ・大学教育では、高校までに培った力をさらに発展・向上させるため、個々の授業科目等を越えた大学教育全体のカリキュラム・マネジメントを確立するとともに、主体性を持って多様な人々と協力して学ぶことのできるアクティブラーニングへと質的に転換する。

- ・大学入学者選抜においては、現行の大学入試センター試験を廃止し、大学で学ぶための力のうち、特に「思考力・判断力・表現力」を中心に評価する新テスト「大学入学希望者学力評価テスト（仮称）」を導入し、各大学の活用を推進する。各大学の個別選抜については、学力の三要素をふまえた多面的な選抜方法をとるものとし、多様な背景を持った学生の受け入れが促進されるよう、具体的な選抜方法等に関する事項を、各大

学がその特色等に応じたアドミッション・ポリシーにおいて明確にする。

答申で提言された新テストの「高等学校基礎学力テスト（仮称）」と「大学入学希望者学力評価テスト（仮称）」、そして、それらに関係する高校の調査書等の具体的内容は、文部科学省に設置の有識者会議「高大接続システム改革会議」で検討が進められ、前者は2019（平成31）年度から、後者は2020（平成32）年度から段階的に実施する計画となっている。

また、高大接続改革を含めた新しい時代に必要となる資質・能力の育成に相応しい教育目標・内容と学習・指導方法、学習評価のあり方等の具体化は、中教審に次期の学習指導要領改訂の内容として諮問され、今後、2016（平成28）年度末に答申まとめ、新教育課程の全面実施は2020（平成32）年度と見通されている。次期の学習指導要領改訂の内容として諮問された主な事項は、(1)教育目標・内容と学習・指導方法、学習評価のあり方を一体的に捉えた、新しい時代にふさわしい学習指導要領等の基本的考え方（①「確かな学力」で示されている育成すべき資質・能力と各教科等の役割や相互の関係をどう構造化するか、②育成すべき資質・能力を育むための学習・指導方法—特に、言語活動や探究的活動等、今後のアクティブラーニングの具体的あり方など、③育成すべき資質・能力の学習評価のあり方—特に、アクティブラーニング等のプロセスを通じて表れる学習成果の評価方法）、(2)育成すべき資質・能力をふまえた新たな教科・科目等のあり方、既存の教科・科目等も目標・内容の見直し（①小・中・高校の英語教育のあり方、②高校段階—国家・社会の形成者となるための教養と行動規範等を身につけるための新たな科目等のあり方、日本史の必修化の扱いなど地歴科の見直しのあり方、等）、(3)学習指導要領等の理念を実現するための各学校におけるカリキュラム・マネジメントや学習・指導方法および評価方法の改善を支援する方策、等である。

高校および大学入学者選抜の2つの新テストの検討と次期学習指導要領改訂の審議・答申は、2020年代以降の教育課程編成とその運営の方向性を定めるものとなるためその動向を注視しておく必要がある。日本の教育改革は、ここに来てようやく、21世紀型学力の育成という育成すべき人材像を全ての学校教育段階で取り組むという課題を共有できるようになったが、その要は、大学入試改革およびそれに連動する高校と大学の質保証の教育実践とそれを担保する法制度の構築にあるといえる。

おわりに

戦後教育改革で指向され戦後教育の法制度の原理ともいえる教育（行政）の特殊性、独自性の尊重は、1950年代〜1970年代の教育行政制度の「集権的再編」により硬い「閉鎖的」システムに変容したことは明らかであり、その後の教育改革はそのシステムの改廃を謳い目指すことでその正統性を得てきた。しかし、教育（行政）の特殊性、独自性は、「閉鎖的」な「官庁セクショナリズム」の原因でしかなく全面的に否定されるべきものなのだろうか。この点について、今村都南雄は、中央官庁でも自治体行政組織の部門においても、「セクショナリズムをおぞましい病理現象としてだけ処理するのではなく、組織の生理に根ざした現象としてとらえ、行政官僚制において紛争の発生を当たり前のことであるとみなすとらえ方へと変換すべき」であると指摘している。中央官庁の各省庁間、自治体行政組織の部門間における意見や利害の対立は、「行政内部だけにとどまら」ず、それは市民社会における対立の反映でもあり、行政内部の意見や利害の対立を市民社会の公的討議（討議民主主義）に開かれたものとし活用していく必要を述べている（今村2006）。各行政領域の特殊性、独自性を反映した専門性はその行政領域の展開と利益を維持していく上で不可欠なものであり、時にはその行政領域の既得権を防衛するためにセクショナリズムの原因にもなりうるものでもあるかもしれない。しかし、そうであるからといってその専門性を全面的に否定し排除するのではなく、市民社会の公的討議の場に専門行政の特殊性、独自性を包摂し適正な公的決定に資するように活用する市民社会の能力が問われているのである。しかし、それは戦後改革時の教育法制原則（事象Ⅰ）に単純に回帰することではない。2001年中央省庁再編を転換点に、日本の政策決定過程は旧来の政権党（自民党）内における族議員と関係省庁を基軸にした合意重視のボトムアップ型から内閣主導のトップダウン型に変化してきた（小川2010）。そうした変化を政治学では、合意型民主政治から多数決型民主政治への変化として捉えている（川出・谷口2012：80頁）。国と地方の政治が多数決型民主政治の色彩を強めているなか、教育専門性を市民社会の公的討議に「開かれた」ものとし市民社会の「再生」に資するよう活用し組み替えていく新たな教育法制を構想することが求められているのである。

《参考文献》
・池永肇恵（2009）「労働市場の二極化—IT の導入と業務内容の変化について」（『日本労働研究雑誌』584 号）
・今村都南雄（2006）『官庁セクショナリズム』東京大学出版会
・小川正人（2010）『教育改革のゆくえ—国から地方へ』ちくま新書
・小川正人（2015）「2014 年地教行法改正と新教育委員会をめぐる課題」（日本教育行政学会編『地方教育行政法の改定と教育ガバナンス』三学出版）
・兼子仁（1978）『新版　教育法』有斐閣
・川出良枝・谷口将紀（2012）『政治学』東京大学出版会
・国立教育政策研究所（2013）『社会の変化に対応する資質や能力を育成する教育課程編成の基本原理』
・中島誠（2004）『立法論—序論・立法過程論—』法律文化社
・本田由紀（2005）『多元化する「能力」と日本社会—ハイパー・メリトクラシー化のなかで』NTT 出版
・渡辺治（2007）「日本の新自由主義」（デヴィット・ハーヴェイ / 渡辺治訳（2007）『新自由主義』所収）作品社
・デヴィット・ハーヴェイ／渡辺治訳（2007）『新自由主義』作品社
・レオナード・ショッパ／小川正人訳（2005）『日本の教育政策過程—1970〜80 年代教育改革の政治システム—』三省堂
・Keith A.Nitta（2008）"The Politics of Structural Education Reform" Routledge

【小川正人】

第**2**部
主要な教育法の
しくみと読み方

I 国の立法

1 憲法・教育基本法

1 日本国憲法

(1) 日本国憲法と教育　日本国憲法は、自由と人権を尊重し、民主主義に基づく政治をめざす日本の基本法である。明治憲法の権威主義的思想や封建的制度を廃棄し、日本で初めて普遍的な人権保障と民主主義を宣言した。また、特に戦前の軍国主義と国家主義思想によるアジア侵略と戦争を強く反省し、民主・人権思想に基づく平和を強く希求している。日本国憲法の基本原理は、国民主権、基本的人権の尊重、平和主義である。

　教育に関して、日本国憲法は、第26条の1か条をもって「教育を受ける権利」を保障した。この規定の意義は、明治憲法のように教育を「義務」としたり、国家が国民を教化し、ひいては国家主義思想を植えつける手段とみなしたりするのではなく、教育を国民の「権利」と捉え、教育において子どもがまず権利主体であると措定したことにある。それは同時に、日本国憲法が教育に関する基本原則の定めを、憲法みずから規定せず、日本国憲法とほぼ同時に施行された教育基本法に委ねたこととも密接に関連する。なお、憲法の教育に関する原則としては、憲法26条のほかにも、憲法23条の学問の自由の保障があり、さらに、憲法解釈によって「教育の自由」や「子どもの人権」論などの権利や原則が導き出されている。さらには、日本国憲法の基本原理である国民主権・基本的人権の尊重・平和主義は教育においても基本とされ、民主・人権・平和教育が志向されなければならない。

(2) 教育を受ける権利　教育を受ける権利は、まず子どもの学習する権利を保障したものである。それはまた、教育の機会均等、義務教育の無償、国の教育条件整備義務などの憲法・教育法上の基本原理とも密接に関連する。教育を受ける権利は、成人たる国民が社会教育や生涯学習を受けることをも保障している。とはいえ、教育を受ける権利の中心は、子どもに対して普通教育を保障することにある。

　教育を受ける権利の保障は、国に対する関係では、学校施設、体育館・図

書館等の整備など、教育条件を整備すべき義務を課している。この義務は、教育を受ける権利の社会権の側面の表れであり、とりわけ公教育制度の整備・維持を要求するものである。この点に関連して、子どもないし親が、裁判において、憲法26条を根拠に、国に対して教育条件の整備を要求することができるかどうかが問題となる。一般に、憲法26条は、憲法25条の生存権の通説的解釈と同様に、具体的な教育措置請求権を保障したものではないと解されている。実際にも教育に関する施策は多様であって、その選択は原則として立法府・行政府の政策判断に委ねられているといわざるをえない。しかし、たとえば入学者選抜に際して、学校が生徒の学力選抜や学校の通学区域の限定などの正当な理由によらずに生徒の入学を拒否する場合などには、国・地方公共団体の具体的な教育措置が教育を受ける権利の侵害と判断されることになる。

（3）**教育の自由**　　教育の自由は、憲法解釈によって導き出される憲法原則である。教育の自由の意義は、教育がさまざまな主体によってさまざまの場面で行われるため多様であるが、特に、①親の教育の自由、②教師の教育の自由、③公権力の教育への不当な介入を排除する原理としての「教育の自由」が重要である。

親（保護者）は、子どもに教育を与える義務を負う（憲法26条2項）。この義務は、義務教育制度との関係で、子どもを就学させる義務（学教法17条）と義務違反に対する罰則（同144条）に表れている。もっとも、子どもを教育すべき親の「義務」は、法的な意味での「義務」を超えて、親が子どもを自己の教育方針に従って教育する「権利」と捉え直すことができる。子どもにどのような教育を行うかは最終的に親の決定に委ねられているのであって、この親の教育権ないし教育の自由は、憲法26条によって保障されるとともに、憲法13条の幸福追求権からも導き出されると考えられる。なお、学テ最高裁判決は、親子の自然的関係にその根拠を見出している。親の教育権ないし教育の自由をふまえれば、現代公教育のもとでも、「教育の私事性」ないし「私教育の伝統」の思想が基本的に尊重されなければならない。

教育の自由の主体として、親と並んで重要なのが教師である。教師の教育の自由は憲法23条の学問の自由から導き出され、憲法23条の保障する大学教師の教授の自由は、同時に小・中・高校の教師にも保障され、教師は教育

の自由を有すると主張された。この教師の教育の自由論は、教科書裁判の過程で、国家教育権説に対抗する自由として主張され、国民教育権説の重要な論拠となったが、学テ最高裁判決は、一定の範囲で教師の教育の自由を肯定しつつも、教育の機会均等と全国的な教育水準の確保、生徒に批判能力の乏しいことなどを理由に、「教師に完全な教育の自由を認めることは許されない」と判示した。教師は公務員として教壇に立ち、職務として教育を行うのであって、それを教師の人権としての「教育の自由」と構成することは困難である。教師に教育の自由が認められるとしても、それは市民的な思想・表現の自由ではありえず、あくまでも教師という専門的職務の遂行に伴う教育に関する裁量的自由と解するのが妥当であろう。

　以上のように考えると、教育の自由とは、特定の主体のもつ人権としてではなく、むしろ、国による不当な教育内容の形成と干渉に対して、子どもの教育の権利を守るために、不当な国家的価値の介入の排除と真理に基づく教育を求める憲法原則と解するのが適切である。つまり、憲法26条の子どもの教育を受ける権利を十分に保障し、人格の形成と成長発達を可能とするために、国家的な干渉を排除する憲法原理として、「教育の自由」が要求されるのである。この意味での教育の自由は、現代なお重要な意義をもっている。

　(4)　**学問の自由**　　教育に関連する憲法規定としてもう1つあげなければならないのが、憲法23条の学問の自由である。学問の自由は、伝統的に大学における学問研究の自由と解されてきており、小・中・高校の教育機関に関する規定ではないとみなされ、特に、学問研究の教授（教育）の自由は大学での大学教員の教授にのみ認められるとされてきた。しかし、教科書裁判の過程で、小・中・高校の教師も「教育の自由」をもつとする学説が有力に主張され、その際に憲法23条は教育の自由の根拠として援用された。

　また、大学教育についても、大学の大衆化と大学入学者の増加に伴い、伝統的な高度の学問研究機関という理解から、学生に対する教育機関という側面が重視されるようになり、大学教育もまた教育の一環に組み込まれつつある。18歳人口の減少と大学全入時代の到来によって、大学は教育内容を充実して、学生に有為な教育を行うことが求められている。

　(5)　**子どもの人権と子ども（児童）の権利条約**　　憲法における教育という観点において看過できないのは、子どもの人権論である。子どもの人権論

は、1980年代に、教師による体罰、髪形・服装・身体検査などの校則による規律など、学校のなかでの生徒に対する規律をめぐって議論がはじまり、そして、いじめ、不登校、ひいては内申書等の教育情報の開示請求などの問題へと拡大した。それまでの教科書裁判では、国家（文部省：当時）に対する国民の教育権が強調されたのに対して、ここでは、学校内での校長・教師の指導・規制権限と生徒の人権との対抗関係が問題となったため、前者の教育権の対抗関係を第1の教育法関係、後者の学校内での生徒に対する規律を第2の教育法関係と呼ぶ説もある。学校による規律に対抗する法的論拠として、生徒の人権が唱えられたのである。

　子どもの人権論は、さらにまた、日本が1994年に批准した「子ども（児童）の権利条約」によって、より確実かつ重要な支持を得た。子ども（児童）の権利条約は、子どもを独立した人格と尊厳をもった権利主体と捉え、あらゆる差別禁止、子どもの最善の利益確保、発達への権利、子どもの意見の尊重など、豊富な権利を保障している。教育法においても、子ども（児童）の権利条約の権利保障を十分にふまえた理論と実践を構築することが必要となっている。

　(6)　憲法教育　　教育における価値の教育が許されるかどうかが、2006年の教育基本法改正をめぐる過程で議論された。まず「愛国心」教育をめぐって、愛国心は人間の感性に関するものであって教育において教え込まれるべきものでないことは疑いない。また、愛国心のような国家主義的な思想が教育において教えられること自体が価値教育として許されないといわなければならない。しかし、それでは価値教育はおよそ許されないかどうかが問題となり、徹底した自由を説く教育法学説からは、特定の思想・宗教・主義などの価値の問題は基本的に個人の決定ないし親の子どもへの教育に委ねられるべきであって、特定の価値教育はおよそ許されない、と論じられている。しかし、そうなると、たとえば教育基本法1条の「教育の目的」にいう「人格の完成」や「平和で民主的な国家及び社会の形成者として必要な資質」の教育なども価値教育であるがゆえに許されなくなりかねず、ひいては、憲法の人権や民主主義教育もまた許されなくなってしまうが、それは不当であろう。

　まず、特定の価値の教化ではなく、価値の選択の前提として価値や思想について客観的に教えることは、歴史・地理・政治・社会の教育において不可

欠である。およそ世界観・宗教観などの価値や思想は多様であり、それが人類の歴史の発展に大きな影響を与えてきたこと、現在でもさまざまな価値や思想が対立し共生していることを教えることは、許されるという以上に、むしろ積極的に教えられなければならない。また、価値教育の内容との関係では、政治や思想に関する特定の世界観を教育することは許されないが、他方で、高齢者や障害者への配慮、自然や環境の保護など、社会生活において必要とされる最低限の道徳的規範の遵守を教育することは否定されないであろう。

　そして、特に価値教育のなかでも、憲法教育は特別に肯定されなければならない。価値の選択は各人が行うべきものとはいえ、政治や社会の根本を成す普遍的価値はやはり教育において教えられなければならない。現代日本では日本国憲法の定める人権・民主・平和といった基本価値の教育がそれにあたる。また、日本国憲法の基本価値は、現代の国際社会において普遍的に承認されている基本原理と共通しており、それは国際社会での教育水準ともなっている。たとえば、子ども（児童）の権利条約29条1項(b)は、「人権及び基本的自由並びに国際連合憲章にうたう原則の尊重を育成すること」を教育の目的に掲げている。軍国主義教育や人種差別教育が国際世論によって批判されるように、人権・民主・平和の教育は、各国に対して原理的に要請されているのである。このような国際的な教育水準に照らしても、憲法価値の教育は許容され、要請されているというべきである。

　(7)　戦後憲法史のなかの教育と教科書裁判、国民教育権説　　戦後の日本国憲法の歩みは、必ずしも平坦ではなかった。政権政党である自民党は憲法に好意的な態度をとらず、憲法改正を党是に掲げた。とりわけ憲法9条をめぐって護憲・改憲の2つの立場が対立した。しかし、戦後70年の日本の政治・経済・社会の展開を総体としてみるとき、それはまさに日本国憲法を土台にしてはじめて開花したものというべきであろう。日本の政治の現状をみると、民主主義はなお後進性を残しているものの、70年間平和を維持することができ、人権・民主教育は進み、この間経済や社会はまがりなりにも進展してきている。日本国憲法が日本の政治・経済・社会の基礎にあって発展を支えたことは疑いのない事実である。

　ところで、戦後政治の護憲・改憲の対立は、教育の分野では、政府自民党・

文部省（現文部科学省）対日本教職員組合（日教組）との対立となって表れた。そして、勤務評定問題、公務員争議権問題などが生じた。最も重要な教育裁判となったのが、教科書裁判である。教科書裁判は、文部大臣（現文部科学大臣）による教科書検定において、日本史の記述をめぐって文部省が多数の修正意見をつけ検定不合格処分をし、それに対して著者である家永三郎が不合格処分の違憲・違法を争ったものである。そして、教科書検定の検閲性、教科書内容への政治的干渉による表現・学問の自由の侵害の違憲性、裁量権の逸脱濫用を主張するとともに、国は教育内容決定権をもたず、教育内容決定権は「親・教師を含む国民」にあるとする国民教育権説を展開した。教科書裁判は、1965年の第1次訴訟の提訴から1997年の第3次訴訟最高裁判決まで30余年にわたり争われ、検定を適用違憲とした1970年の第2次訴訟1審判決（杉本判決）をはじめ、教科書検定および文科省の教育への関与のあり方に大きな影響を与えた。

(8) 憲法と教育の現状と課題　　戦後の憲法政治のもとでの教育をめぐる対立は、1990年前後の社会主義の崩壊と東西冷戦の終結によって克服されるかのようにみえたが、1990年代以降の保守派の巻き返しのなかで、憲法・教育を見直す動きが加速してきている。2000年の衆参両院の憲法調査会での調査、1999年国旗国歌法の制定と2003年東京都教育委員会による高等学校の式典での君が代起立斉唱の通達と不起立者への処分、君が代訴訟での2011年最高裁合憲判決、2006年の教育基本法改正、2007年の憲法改正のための国民投票法成立と2010年の施行、そして、2014年の国民投票法の改正、同じく2014年の集団的自衛権行使容認の閣議決定という、一連の流れである。

　特に国民投票法の成立と改正によって憲法改正のための手続は整備され、しかも2014年衆議院選挙での自民党圧勝という政治情勢のもとで、安倍内閣は憲法改正案を国会に提出することをめざしている。憲法改正の論議は予断を許さない情勢にある。

　もっとも、憲法改正はすべて許されないということではない。時代の変化と進展に即応した憲法改正はなされるべきものである。しかし、現政権によってめざされている改正は、2006年教育基本法改正がそうであったように、国家主義の思想を憲法に取り入れようとするものである。日本国憲法が基礎としている人権・民主・平和の原理をなし崩しにする憲法改正は、あっては

ならないものである。

　他方で、教育をめぐる憲法問題は、憲法改正や教育基本法改正にみられる
国家主義の浸潤や国家による教育への干渉を抑止することばかりではない。
教育権をめぐる争いの外で、教育権論とは別のかたちでも展開してきている。
前述の体罰や校則など学校内での生徒の人権の問題、子ども（児童）の権利
条約の実施にかかわる子どもの権利の保障の問題、いじめ、不登校、退学な
どの学校教育のひずみの問題、家庭の所得格差に由来する教育格差の問題、
ゆとり教育の評価の問題、中高一貫教育、パイロット学校、フリースクール
などの新しい学校制度の問題、教員免許、不適格教員などの学校教育と教師
の問題、教育委員会、学校評議会、副校長などの教育行政と学校運営の問題
など、さまざまな問題が生起してきている。これらの問題を考えていくにあ
たっても、子どもの学習権・教育を受ける権利を基本として、教育に対する
憲法上の基本原則に基づいて、地道に問題の解決に取り組んでいく必要があ
る。

2　教育基本法

(1)　教育基本法（1947年）の制定と思想　　教育関連法規のうちで最も
重要な法は、教育基本法である。教育基本法は、日本国憲法とほぼ同時期に
国会で審議・議決され、1947年に施行された。日本国憲法の国会での審議過
程で、教育の指導原理を憲法中に書き込むべきではないかという質問に対し
て、当時の田中耕太郎文相は、教育の基本原理の規定は政治的な憲法になじ
まず、教育の基本を定める法律を制定したいと答弁した。そして、各界の代
表からなる教育刷新委員会を設置し、法案の審議にあたらせた。教育基本法
はその建議に基づいて制定された。その意味で、1947年教育基本法は、連合
国総司令部（GHQ）が草案を作成した日本国憲法とは異なり、日本人有識者
が英知を注いで原案を作成した法である。

　1947年教育基本法は、戦前の天皇大権のもとでの教育を支配した教育勅語
を否定し、個人の尊厳、真理と平和を希求する人間の育成、人格の完成など
の基本的な人間観を教育理念として宣言した教育の基本文書である。その性
格は、他の一般法律とは異なり、理念的・倫理的色彩の強い法であり、法律
としてはやや異質である。その理由は、教育基本法が戦前の国家主義的教育
を排除して、日本国憲法の基本となる個人の尊重、人権保障、民主主義、平

和主義といった人類普遍の原理に基づく教育を打ち出したものであり、それ
は天皇の詔勅によってではなく、民主的な法律によって宣言されるべきもの
とされたからである。それゆえに、教育基本法は教育における基本法して準
憲法的性格をもつとされ、他の教育法令の解釈の準則となると解されており、
教育関係法規および教育行政を指導すべき法である。

(2) 教育基本法の改正（2006年）　　1947年教育基本法は、日本国憲法と
の密接な関係を謳っていることなどのために、自民党保守派ないし改憲論者
から批判の対象となったが、制定後改正されることはなかった。しかし、多
くの国民の反対にもかかわらず、2006年12月、安倍晋三内閣のもとで全面
改正された。

　教育基本法の改正は、子どものモラルや学ぶ意欲の低下等を克服し、「我
が国の未来を切り拓く教育」をめざすものと説明され、実際にも、生涯学習
の理念、大学、私立学校、家庭教育、幼児期の教育、学校、家庭および地域
住民等の相互の連携協力、教育振興計画などが追加された。これらの改正は、
一定の限度で評価できる面もある。しかし、これらの改正が教育基本法の全
面改正を正当化するかどうかは、すこぶる疑問である。

　教育基本法改正の最大の意図は、道徳教育を強化して国家の教育への浸透
を図ることにあったというべきである。改正前の教育基本法は、「個人の尊
厳を重んじ、真理と平和を希求する人間の育成を期」（前文）し、「人格の完成
をめざし、平和的な国家及び社会の形成者として、真理と正義を愛し、個人
の価値をたっと」（旧1条）ぶ国民の育成を期して行われるべきものとした。
これらの高遠な理想は、2006年教育基本法においても維持されている。しか
し、2006年教育基本法の最大の特徴は、前文に新たに「公共の精神を尊び」
（前文）という文言が挿入され、「豊かな情操と道徳心を培う」（2条）こと、「伝
統と文化を尊重し、それらをはぐくんできた我が国と郷土を愛する」（2条）
ことが教育目標とされるなど、道徳教育が強調されていることである。そこ
では、「国を愛する心」と表現された「愛国心」や「伝統の尊重」といった
国家への帰依を教育のなかで教導しようとする保守の思想があらわに登場し
ている。

　愛国心教育を批判するにあたって、まず、教育が単に私的なものではなく、
公共的性格を有していることは基本的に是認されなければならない。このこ

とは、「学校は、公の性質を有する」と定める教育基本法6条（旧法も同じ）にも示されている。教育は、親の教育権に基づくいわゆる私教育をルーツにもつが、現代教育は、社会生活のなかで社会的な視野と他者の尊重・調和をもった社会の一員としての自覚を育成することを任務としている。それは、社会にとってのみでなく、何よりも子どもたち自身にとって必要なことである。しかし、注意しなければならないことは、ここでいう「公共的」性格はけっして「国家的」性格と同じではないことである。教育の公共性とは、教育の自由を前提として、社会のなかで自主的・主体的に行動できる国民を育成することであり、それは国家の教育への全面的関与を認めるものではない。教育が国家による思想の注入や、国家への帰属意識の醸成の場となってはならないのである。教育の公共性の考えは、教育を単に私的なものとせず、社会公共の関係する作用と把握するものであるが、そこへの国家の関与は原則として抑制されるべきなのである。

　公共的性格をもつ教育において、子どもたちは何を基本価値として教育されるべきか。この点で、教育では価値選択は子どもたち個人に委ねられるべきであって、教育が価値を選択してはならないとする説も有力である。しかし、教育では、最も基本的な価値ないし理念として、「個人の尊厳を重んじ、真理と平和を希求する人間の育成」および「普遍的」で「個性ゆたかな文化の創造をめざす教育」（1947年教育基本法前文）が前提とされるべきである。ここでは、人権・民主・平和という日本国憲法の価値、ひいては国際的にも共通の政治目標となっている普遍的価値が、最も基本的な教育理念として、教育されなければならない。子どもたちには、人権・民主・平和を希求する人間になってほしいというのが、最も基本的な教育の理念である。それは、2006年教育基本法においても引き続き明示されているところである。

　「愛国心」は、教育基本法では「国を愛する心」と表現を変えた。しかし、日本の歴史のなかで「愛国心」の果たした役割を考えると、教育の基本として愛国心を教えることには慎重でなければならない。そもそも、愛国心は国民の自然の情念によってこそ生まれてくるものであって、法律によって教育の基本理念として宣言するには適しない。むしろそれは、国家への忠誠を促すことになりかねない。教育は、子どもたちの自主独立の精神、自由で創造性にあふれた人間を育てるべきであり、愛国心教育によって国家意識を醸成

すべきではない。

　教育基本法は改正されたが、それが教育の基本を定める基本法であることには変わりはない。また、1947年教育基本法の重要な原理が基本的に残されている。これからの教育基本法の解釈と運用においては、「個人の尊厳」の尊重、「真理と正義を希求し」、「平和で民主的な国家及び社会の形成」といった普遍的な教育理念を維持するとともに、愛国心や「伝統と文化」という国家主義的な要素が教育に入ることを極力制限するように、解釈適用することが要請される。

【戸波江二】

② 学校教育法

1　学校制度の基本を定める法律

　学校教育法は、幼稚園から大学までのすべての学校種を対象に、学校制度の基本を包括的に定めた法律である。憲法26条に定める子ども・国民の教育を受ける権利を学校教育において具体的に保障するためには、学校を設置し適切な教育を行い、そこで子どもが学ぶしくみが必要になる。これを規定するものが学校教育法である。

　本法は、第1章　総則、第2章　義務教育、第3章　幼稚園、第4章　小学校、第5章　中学校、第5章の2　義務教育学校、第6章　高等学校、第7章　中等教育学校、第8章　特別支援教育、第9章　大学、第10章　高等専門学校、第11章　専修学校、第12章　雑則、第13章　罰則、から構成される。本法は、制定以来改正を重ねてきたが、なかでも2007年の改正は教育基本法の改正に伴いきわめて大規模なものであった。この改正で第2章義務教育が新たに加えられ、これまで小学校、中学校それぞれについて定めていた学校の目的を義務教育の目的として一括して規定し、各学校の教育目的、目標は、改正された教育基本法に対応するように加筆修正された。さらに第7章に置かれていた幼稚園を第3章に移し、幼稚園から大学までの学校種を発達段階に対応して整理した。

　2015年には、小中一貫の義務教育学校が新設された（2016年4月1日施行）。

　本法は、学校教育の重要な項目を規定しているが、施行令、施行規則がこれを補完し、具体的かつ詳細に規定しているので、法律の規定と併せて理解

することが必要である。以下では、義務教育に焦点を当て、述べることとする。

2　学校制度の基本——学校とは何か

(1)　学校の種類と設置
総則は、すべての学校種に共通の項目を定めている。学校と呼ばれるものは、学校教育法に根拠を置くものと、それ以外の法律に根拠を置くものの2種類に大別される。第1条は、幼稚園から高等専門学校まで、9つの学校種を規定している。これらが教育基本法6条にいう「法律に定める学校」であり、通常、「学校」という場合にはこれらを指す。

このうち、高等専門学校（1961年改正）、専修学校（1975年改正）、中等教育学校（1998年改正）は、制定当初にはなく後から追加されたものである。また、2006年改正により従来の盲学校、聾学校、養護学校が特別支援学校に一本化された。学校教育法には、この他に専修学校（124条）、各種学校（134条）の規定がある。

新設された義務教育学校（2016年度から施行）は「教育上有益かつ適切であると認めるとき」、市町村が小中学校に代えて設置できる（38条）。運用によっては、中等教育学校の創設（1998年）によりすでに始まっている義務教育段階の複線化が一層加速され、戦後の学校制度の基礎となってきた6・3制を大きく変容させることも予想される。

学校を設置することができるのは、国、地方公共団体および学校法人の三者である（2条）。設置者を限定するのは、学校教育の継続性、安定性、公共性を確保するためであるが、国・公・私立に属さない放送大学学園法人や国公立に準じた独立行政法人としての国立大学法人、公立大学法人、さらに近年では株式会社やNPO法人（構造改革特別区域法　2002年）も例外的に設置者として認められている。

学校を設置するにあたっては、公教育の水準を維持し国民の教育を受ける権利、教育の機会均等を保障することが要請される。そのための基準が学校設置基準であり（3条）、高等学校設置基準（1948年）、大学設置基準、幼稚園設置基準（いずれも1956年）等は早い時期に定められた。小学校および中学校については長く制定されないままであったが、2002年にようやく制定をみた。設置基準はあくまでも最低基準であり、その水準の向上に努めることが義務づけられている（小・中学校設置基準1条3項）。

(2) 学校の管理と経費負担　　およそ組織というものは、設置者がその後の管理運営に責任を負うものである（設置者管理主義　5条前段）。行政解釈によれば学校管理は人的管理、物的管理、運営管理から成るとされるが、管理のあり方はそれぞれの領域・対象の性格により異なる。

　同様に、設置者は経費を負担することが原則である（設置者負担主義　5条後段）。学校の経費には人件費や施設費など多額の財政負担が求められるものがあるが、これらは設置者の負担限度をはるかに超え、財政力による格差が生じることも予想される。そこで「法令に特別の定のある場合を除いては」という留保を設け、設置者負担主義の原則とともにこれとは別の財政負担法制が用意されている。

　教育費には国が支出する公費と家庭が支出する私費とがあるが、近年、教育公費の支出が抑制・削減され、家庭の経済的負担が一層過重なものとなってきている。憲法26条2項後段は義務教育の無償を、教育基本法5条4項は国公立学校における義務教育についての授業料不徴収をそれぞれ定めている。本法6条は「学校においては、授業料を徴収することができる」と規定し、但し書きで国公立学校における義務教育についての授業料不徴収を定めている。これは、憲法、教育基本法とは逆の規定の仕方であるが、そもそも経済的条件による差別の禁止は、教育の機会均等という現行法制の大原則の不可欠の要素であるから、授業料徴収には自ずから限度があり、本条も義務教育無償の原則に沿って解釈されなければならない。

3　学校制度の基本──就学

(1) 就学義務　　憲法26条2項は、子どもに普通教育を受けさせる義務を保護者に課しているが、その方法は特定されておらず、教育基本法においても同様である。子どもを学校に通わせることによって、この義務を履行するという考えは学校教育法に至ってはじめて出てくるのである（16条、17条）。日本は義務就学という制度を採用しているが、論理的には学校以外（家庭や私塾、フリースクールなど）での教育をも義務教育に含めることがありうることは留意しておいてよい。

　9年の就学義務は子どもの年齢と学年に対応するもので、小学校1年から中学校3年という意味ではない。子どもが満15歳になったとき何年生であろうと、親の就学義務はその学年の終わりで終了する。しかし、これは子ども

にとってプラスになることとはいえないから、中学校の課程すべてを終了するまで就学させることが望ましい。

(2) 就学義務の猶予・免除と就学援助 親の就学義務は、子どもの教育を受ける権利に対応する義務であり、子どもが一人の自立した人間となるために必要な能力を身につけることを保障するものである。然るべき理由がないのに子どもを就学させない場合には10万円以下の罰金が科せられる（144条）。

　このような就学義務の性格からすれば、それを猶予・免除すること（18条）は子どもの権利を損なうものであろう。この規定は戦前から存在し、その対象は主として障害のある子どもたちであった。教育が国の役に立つ人間になるための義務と考えられた戦前の日本では、障害のある子どもに対する教育はけっして手厚いものではなく、就学義務の猶予・免除はそれを正当化するものでもあったのである。

　子どもの教育を受ける権利保障をその基底に据える戦後教育制度において、このような考え方は排除されたが、実態は伴わなかった。視覚障害や聴覚障害に対応する学校（盲学校、聾唖学校）が細々とではあったが戦前から存在したのに対し、身体障害や知的障害、病弱に対応する学校は制度的に存在せず、学校教育法によってはじめて養護学校が規定されたのである。しかし、その設置は義務づけられず、そのため、やむを得ない措置として就学義務の猶予または免除がとられ続けてきた。養護学校の設置（現80条）が都道府県に義務づけられたのは1979年のことである。

　経済的理由で子どもを学校に通わせることが困難な場合、市町村は必要な援助を与えなければならない（19条）。生活保護法に定める教育扶助（13条、32条）の他、就学困難な児童及び生徒に係る就学奨励についての国の援助に関する法律（就学奨励法）があり、国は就学奨励を行う地方公共団体に対して必要な援助を行うこととされている。しかし、2005年の改正により、従来対象となってきた準要保護者に対する補助が廃止され、格差と貧困の進行という実態に逆行するものとなっている。

　日本の高校や大学の学費の高さは世界的にも際立っている。日本政府は、国際人権規約（社会権規約　1966年国連総会採択）のうち、中等教育および高等教育における「無償教育の漸進的な導入」を規定した第13条2項(b)(c)の批准

の留保を続けていたが、2012年9月、ようやくこれを撤回した。

(3) 学校の設置義務と学校指定　　親・保護者の就学義務と対をなすのが学校設置義務であり、公立小中学校では市町村に、特別支援学校では都道府県に課せられている（38条、49条、80条）。市町村内に2つ以上の学校がある場合、市町村教育委員会は子どもを就学させる学校を指定するが（施行令5条）、保護者の申立により指定された学校を変更することができる（同8条）。申立を相当と認める理由として従来、地理的理由、身体的理由、いじめによる被害が例示されていたが、近年ではより弾力的な運用がなされるようになった（「通学区域制度の弾力的運用について（通知）」1997年1月27日）。学校指定にあたってあらかじめ保護者の意見を聴取することもできるようになり（学教施規32条）、学校選択制を導入する自治体もある。

4　学校教育の内容

(1) 教育の目的・目標、教育課程　　従来、小学校、中学校の目的・目標は各学校ごとに定められていたが、改正された教育基本法が「義務教育として行われる普通教育」の目的（5条2項）を定めたことを受けて学校教育法21条（義務教育の目標）に10項目が規定された。ここでは各教科で養うべき能力・技能の他、「態度を養う」ことが新たに求められ、行動規範、道徳規範が羅列されているが、それらには教育基本法改正に際して指摘されたように、個人の内面に踏み込んだり、特定の価値観を強制するおそれのあるものも含まれている。教育基本法・学校教育法に定められた教育目的・教育目標は、各学校の教育目標や教育課程に具体化されるものであるが、上記の点を考慮すると、これらは努力目標として訓示的性格にとどめておくべきである。

　第33条は、学習指導要領の根拠規定とされてきたものであるが、「教科に関する事項」（旧20条）から、「教育課程に関する事項」に改正された。これは、文科相の決定権が教科目名・時間数という学校制度的基準を超えて教育課程の全般（教科以外の領域、教科の内容・方法・順序等）にも及ぶという従来の行政解釈を追認するものである。しかし、国の権限がどこまで、どのような形で及ぶかという問題は引き続き残っており、教育課程に「関する」事項の範囲の見極めが重要であろう。教科書の使用についても同様である。第34条は、教科書（教科用図書）を使用しなければならないと規定するが、まったく使用しないことはともかく、教科書の使用程度・頻度や方法について一律に規定

することはふさわしくないし不可能でもあり、これらについては、教師の判断に委ねられていると解釈することが教育の条理に沿うものというべきであろう。

(2) **児童・生徒・学生の懲戒と出席停止**　第11条は、児童・生徒・学生の懲戒についての規定である。ここでまず確認すべき点は、「教育上必要があると認めるときは」(11条)「児童等の心身の発達に応ずる等教育上必要な配慮」(学教施規26条)という文言が示しているように、懲戒は教育的な行為であるということである。学校教育法施行規則26条3項はまた、退学の基準を定めているが、同項3号を除き少なからず曖昧性を残しているので、その運用にあたっては適正手続をも含め慎重であることが求められる。

体罰は懲戒には含まれない違法な行為である。しかし、1981年、東京高裁は、体罰とは異なる「有形力の行使」という概念を用いて両者の区別を曖昧にし体罰容認とも受け止められる判決を下した。その後の判例は体罰を厳格に禁止する判断に戻っていたが、規範意識の強調やゼロ・トレランス(厳罰主義)を求める風潮を背景に、再び有形力行使論を持ち出し暗に体罰を容認するような通知(2007年2月5日)が出された。しかし、体罰が子どもに対する暴力という違法行為、暴力と威嚇による指導は教育の名に値せず効果も期待できないことを銘記しなければならない。

第35条に定める出席停止は、「性行不良であって他の児童の教育に妨げがあると認める」児童の保護者に対して教育委員会が命じる措置である。これは懲戒ではなく、学校の秩序維持と他の児童生徒の義務教育を受ける権利を保障するためのものと説明されているが、停学処分との区別は実際上明確ではない。2002年の改正で要件の明確化、手続規定の整備、出席停止期間中の学習支援等が規定されたが、出席停止は子どもの教育を受ける権利と親の就学義務に直接関わるものであるだけに、その運用は慎重であることが求められる。

5　教職員と学校組織

(1) **教職員と校務分掌**　第37条は、小学校に置かれる職員の種類と職務の基本についての規定である(中学校、高校、特別支援学校への準用　49条、62条、82条)。2005年改正で栄養教諭が、2007年改正で副校長、主幹教諭、指導教諭が新設された。制定当時の本法に規定されていた教員は、校長、教諭のみ

であり、後に教頭（1974年改正）、教務主任・学年主任（1976年学施規改正）が加えられてきたが、今回の副校長等の新設によって教員組織は校長―副校長―教頭―主幹教諭―指導教諭―主任―教諭という最大で7つの階層に分化させられたことになる。

教育職員（教育職員免許法2条）は、学校種と教科に相当する免許状を有していなければならない。校長、副校長、教頭には固有の免許状はない。加えて近年では、校長、副校長、教頭の資格要件が緩和され（学教8条、9条、学教施規20条～23条）、免許状によらない任用（「民間人校長」など）が可能となった。

なお、免許状制度については義務教育学校制度の創設や学校現場における多様な人材の確保等の課題への対応が必要との認識に立って、現在中教審において議論が進められており、その動向が注目される。

学校には教育活動に直接関わるものから「雑務」的なものまでさまざまな仕事があり、これを分担するしくみを校務分掌という（学教施規43条）。小学校では教務主任・学年主任、保健主事、事務主任が、中学校ではこれに加えて生徒指導主事、進路指導主事等が法令に規定され、これ以外にも各学校にさまざまなものが置かれている。学校運営のしくみとして置かれる職員会議の性格については、議決機関か諮問機関あるいは補助機関かという論争があったが、省令化（学教施規48条　2000年）により、「校長の職務の円滑な執行に資する」ことを目的に校長が主催するものと規定され、一応の決着をみた。しかし、校務をつかさどるという校長の職務の履行には構成員の合意に基づいた協力が不可欠であること、教育活動を中心とする学校の仕事はマニュアルに従って行うようなものではなく、教職員の専門的判断を尊重すべきことに留意すべきである。

(2) 学校評価　2007年改正により、学校評価に関する規定が新たに設けられた（42条、43条）。学校評価は、学校が自らの教育活動を検証することにより、学校運営の改善や教育の質の保証・向上を図り、児童生徒のよりよい教育を保障することを目的とするものである。学校評価に関する事項は、2002年に制定された小学校設置基準に初めて規定された。2007年改正による本条の新設に伴いこれらは削除され、学教法施行規則に自己評価の実施・公表（66条）、保護者など学校関係者による評価の実施・公表（67条）、設置者への報告（68条）が新たに規定された。従来、学校は閉鎖的であるという批判

を受けることも少なくなかった。保護者も含めた外部評価や適切な情報提供・発信が、学校と保護者や住民との信頼関係を強め、連携協力を深め、学校をより開かれたものとすることに役立つことが期待される。

《参考文献》
・鈴木勲編著『逐条学校教育法　第7次改訂版』学陽書房、2009年

【吉岡直子】

3 地方教育行政法

1　教育委員会制度と本法の目的

　本法の名称は、「地方教育行政の組織及び運営に関する法律」と言い、通常、地教行法とか地方教育行政法と略称される（以下、地教行法）。本法の内容は、第1条（本法の趣旨）に書かれているように、自治体における教育行政の組織と運営に関する基本、すなわち─①自治体教育行政を主要に担っている教育委員会の組織や運営、②教育委員会と自治体首長の職務権限、③学校等の教育機関と教職員の管理、④文部科学省および教育委員会（都道府県、市町村）相互間の関係、等を定めている。

　周知のように、日本における自治体の行政運営は、住民選挙で選出される首長をトップに役所の公務員職員で担われている。ただ、教育をはじめいくつかの仕事は、首長とその直接の管理下にある一般行政部局と切り離された組織で担われている。なぜ、そうした一見面倒で複雑なしくみがつくられているのか─それを考えることが、教育委員会制度の意義を明らかにすることにもなる。

　実は、私達が慣れ親しんでいる自治体のしくみである住民選挙による首長と議会という2つの住民代表制から成る地方政府の形は、世界ではあまり一般的ではない（竹下2002）。欧米の国々の地方政府は、首長制度を採らず住民選挙で選ばれた地方議会が立法権と執行権＝執行部（機関）を同時に担うしくみが多く、議会の立法に基づく行政執行を議会の下の常設委員会が担うとか、議会から執行部を選出しそこに行政執行を委ねる内閣制型であるとか、あるいは、議会が外部から行政の専門家を雇って行政執行を任せるシテイマネージャー制度など、議会と執行部（機関）の関係が多様で執行部（機関）の権限行使が抑制的になっている。それに対して、日本では首長が執行権、議

会が立法権を担い相互のチェックアンドバランスで行政を運営することが期待されているが、首長と議会の関係は、首長が予算案提出権、条例案提出権、専決処分権・拒否権、職員人事権等を有し明らかに議会に対して首長優位―強首長型を特徴としている（大山2003）。そうした強い権限を背景に首長が独断的で不公正な行政運営を行わないように監視し抑制する役割を議会が果たすことを期待されるが、さらに、自治体の政策決定と行政運営を多元化し、政治的により中立公正で専門的な行政運営を図る必要のある仕事については、首長の直接の所管から切り離された組織に担わせるという考えが採られた。そうした考えに基づいてつくられたのが、ある特定の行政目的のために一定の権限を付与された独立性の強い合議制の行政機関＝行政委員会である。

　行政委員会の種類には、①政治的中立公正を要請される分野、②専門的技術的な知識・技能が求められる分野、③対立する利害調整を行うため利益代表の参加が求められる分野、等があり、①では公安委員会、選挙管理委員会、②では人事委員会、③労働委員会等が該当するとされ、教育委員会設置は①②を理由とされている（進藤1994、天川・稲継2009）。しかし、教育委員会が独立性を保障され自治体の教育行政を中心的に担うといっても、自治体の予算や行政は、首長のリーダーシップのもとで議会や他部局と連携・協力して総合的・一体的に運営される必要がある。そのため、地方自治体の組織および運営の一般法である地方自治法の特別法として、教育委員会の組織、所管する事務や権限等を明示し、首長・議会等との関係を明らかにするとともに、国や都道府県、市町村の関係を規定する目的で本法が制定されている。

2　教育委員会制度の創設と見直しの沿革

　地方自治体における行政委員会の1つとして教育委員会制度が設けられているが、この制度をめぐってはさまざまな論議と見直しの歴史的な経緯があった。特に、政治的中立公正性等の要請から政治選挙で選出される自治体首長と教育委員会の関係（政治と教育、一般行政と教育行政の関係）をどう考えるか、また、非常勤の「素人」教育委員会が教育行政の責任機関として実務執行を担う「専門家」教育長（事務局）を適正に管理し迅速で適切な教育行政の運営ができるのか―教育委員会は教育長（事務局）の追認機関となり住民統制や民意の反映は形骸化していないか、等の論議が繰り返し行われてきた（小川2006）。そうした論議が時の教育状況や課題と相乗してその時代の教育委

会制度の見直しを促してきた。ここでは、制度の創設と見直しの経緯をいくつかの画期となった時期に分けて概観する。

(1) **戦後教育改革と公選制教育委員会制度の創設**　戦後教育改革では、戦前教育への批判・反省から教育行政改革の原則として地方分権、住民統制、教育行政の独立が指向され、それが教育委員会制度の創設に結実したと捉えられている。教育委員会法（1948年）により、教育が「国民全体に対し直接の責任を負って行われるべきであるという自覚のもとに公正な民意により」教育行政が行われるよう（同法1条）、住民の直接選挙で選出される教育委員会を執行機関とするしくみが創設された。発足した教育委員会は、その独立性を担保するために教育予算編成の強い権限（教育予算原案送付権）や住民統制の理念を尊重するために「専門家」教育長の権限等に対する「素人」教育委員会の優位性等を特徴としていた（小川2013）。この制度のもとで、3回の教育委員選挙が実施されたが、当時、世界的な冷戦構造体制が形成されるのに伴い国内でも激しい政治対立が生じ、教育委員選挙もそのなかに巻き込まれていくことになる。その結果、教育委員の公選制は、教育委員会内部に政治的確執を持ち込む、教育委員会と首長・議会との間の確執を生み出す等の批判や疑問が、戦後改革の「行き過ぎ」是正の要請とともに政府内に高まるなか、教育委員会法が廃止され、代わって1956年に地教行法が制定されることになった（本多2003）。

(2) **1956年地教行法成立と任命制教育委員会制度**　本法が教育委員会法の廃止の上に制定されたといっても行政委員会としての教育委員会制度の目的・性格は踏襲された。すなわち、自治体は、教育、文化、スポーツ等に関する仕事を広範囲にわたって行っているが、その中立公正性や安定性、専門性の確保等を考慮した時、民主的選挙で選出されるとはいえ独任制の首長より合議制機関の方が個人の恣意・独断、党派的弊害を防ぎ、より中立公正で専門的で安定した行政を遂行できるという趣旨である。本法の制定により、教育委員の選出は公選から首長の任命制（議会同意を要する）に変更されたほか、教育予算原案送付権は廃止され、首長・一般行政部局との調和・連携と国—都道府県教育委員会—市町村教育委員会の相互の連絡調整を図るという性格が強く打ち出された。その分、国や都道府県教育委員会による市町村教育委員会への管理が強まり、また、首長（一般行政）に対する教育委員会の独

自性や権限が大きく後退した事実は否定できない。

　なお、本法の制定以降、本法の問題として指摘されてきたことは、他の一般行政部局と比べて地方自治法に対する「特例的」規定が多く、それが原因となって文部省（当時）の教育委員会に対する関与・統制が強く両者の関係が上意下達的な色彩を帯びているとするものであった。特に問題とされた本法の「特例的」規定は、①教育長の任命承認制、②文部大臣による是正改善措置要求、③指導助言規定、等であった。これら「特例的」規定は、国と地方が連携・協力し地方の教育活動を支援・援助し執行を図る教育行政の特質から説明されてきたが、1990年代後半以降の地方分権改革のなかでそれら「特例的」規定が見直しの対象とされた。

(3)　1999年地方自治法改正と地教行法の大改正　　1990年代後半以降の地方分権改革は地方分権一括法の成立（1999年）に結実し、本法は地方自治法とともに大改正された。この分権改革は、国と地方が対等平等な関係に立ち連携・協力するシステムの構築のために、地方を国による包括的一般的な指揮監督下に置いてきた機関委任事務制度を廃止するなど国の地方に対する関与・統制を縮小し地方の自主性・自立性を確立することを目的とした。本法の主な改正点は、①機関委任事務廃止に伴う教育長任命承認制廃止や文部大臣や都道府県の指揮監督権、措置要求権（地方自治法の「是正要求」に一体化）の削除、②文部大臣、都道府県教育委員会の指導助言規定の見直し、③都道府県教育委員会による市町村教育委員会への基準設定規定の廃止等であり、本法の地方自治法に対する「特例的」規定を大幅に削減した（小川・西尾2000）。また、分権改革の流れは、保護者・地域住民の学校参加の拡大と地域と連携・協力する学校づくりを促したが、日本型「コミュニテイ・スクール」として学校運営協議会の設置を可能とする規定が2004年改正で本法に追加された（同法4章47条の五）。

(4)　第1次および第2次安倍内閣による教育委員会制度批判と見直し

　①　第1次安倍内閣「教育再生会議」の教委活性化の試み　　教育委員会制度への批判―なかでも、「素人」教育委員会の形骸化への対応策の1つが、安倍内閣下の教育再生会議が主導した2007年の本法改正であった。この改正の狙いは、教育委員会の「責任体制の明確化」であり、なかでも、「素人」教育委員会にその職責の重さを自覚させ、高い使命感をもって職務にあたる

ことを強く求めるものであった。そのポイントは、1）地方教育行政の基本
理念を地教行法上に明記した（1条の二）、2）それを受けて教育委員の重要な
責務を自覚する旨の規定を定めるとともに、「素人」教育委員会が自らの責
任で管理執行する必要のある事項を明確にした（旧法26条2項—2014年改正で25
条2項）、3）教育委員会は自らの権限に属する事務を含む管理・執行の状況
を点検、評価しそれを議会に提出し公表すること（旧法27条—2014年改正で26
条）、等が新たに条文に規定された。2007年の改正は、「素人」教育委員会の
形骸化という批判に対し、教育委員（会）に自治体教育行政運営の最高執行
機関としての重い責務とその自覚を促し、自らの責任と判断で政策を決定し
行政運営に務めていくことを強く求めたものであった（2007年改正による教育
委員会制度改革については、小川2008、2010）。ただ、こうした2007年改正の狙いが、
期待されるような成果をあげることができなかったこともあり、その後、教
育委員会制度廃止論が強まることになる。

　②　第2次安倍内閣・教育再生実行会議の提言と3つの改革案　　教育委
員会制度廃止論が強まるなか、2009年総選挙による民主党政権誕生は、教育
委員会制度にとって試練となった。民主党は党マニフェストで教育委員会制
度廃止を謳い、教育行政を首長の所管としたうえで、その教育行政運営を監
視するために教育監査委員会の設置を提言していた。しかし、その後、参議
院選挙の敗北による「ねじれ」国会の出現など政権運営が盤石でなかったこ
ともあり教育委員会制度廃止の改革に着手できないまま自民党・第2次安倍
政権に代わられることになった。ただ、政権交代を跨いでも教育委員会制度
への厳しい批判は続いた。2011年から2012年にいじめ事件や体罰問題等に
対する教育委員会の不適切な対応が続発したこともあり、教育委員会の責任
体制に対する厳しい批判が政治や社会から噴出した。2012年12月に発足し
た第2次安倍内閣下の教育再生実行会議は、第2次提言「教育委員会制度等
の在り方について」（2013年4月15日）をとりまとめ、下村博文・文部科学大臣
は、中教審（教育制度分科会）に対し、「首長が任免を行う教育長を自治体教育
行政の責任者とする」旨の第2次提言の内容をふまえて新しい地方教育行政
のあり方を制度設計するよう諮問した。教育再生実行会議の第2次提言は、
自治体教育行政の執行機関を教育委員会としている現行制度を見直し、首長
が直接任免する教育長を教育行政の責任者に替えることを提案したことから、

その後、中教審と政権与党のなかで執行機関としての教育委員会を廃止するのか、あるいは、執行機関としての教育委員会を残しながら教育長との間で新たな役割を分担し合うしくみに変更するのかをめぐって論議が進められた。

官邸や文部科学大臣をはじめとする文部科学省政務三役等は教育委員会制度の廃止を強く指示したが、その論議は中教審審議と政権与党協議を経て、紆余曲折の末、2014年の本法改正として決着した。2014年の本法改正の主なポイントは以下の通りである（カッコ内は地教行法の関係条文）。

1）教育行政の責任の明確化
・教育委員長と教育長を一本化した新たな責任者（新教育長）を置く。（13条関係）
・教育長は、首長が議会同意を得て、直接任命・罷免を行う。（4条、7条関係）
・教育長は、教育委員会の会務を総理し、教育委員会を代表する。（13条関係）
・教育長の任期は、3年とする（委員は4年）。（5条関係）
・教育委員から教育長に対し教育委員会会議の招集を求めることができる。（14条関係）また、教育長は、委任された事務の執行状況を教育委員会に報告する。（25条）

2）総合教育会議の設置、大綱の策定
・首長は、総合教育会議を設ける。会議は、首長が招集し、首長、教育委員会により構成される。（1条の4関係）
・首長は、総合教育会議において、教育委員会と協議し、教育基本法第17条に規定する基本的な方針を参酌して、教育の振興に関する施策の大綱を策定する。（1条の3関係）
・会議では、大綱の策定、教育条件の整備等重点的に講ずべき施策、緊急の場合に講ずべき措置について協議・調整を行う。調整された事項については、構成員は調整の結果を尊重しなければならない。（1条の4関係）

3）国の地方公共団体への関与の見直し
・いじめによる自殺の防止等、児童生徒等の生命または身体への被害の拡大または発生を防止する緊急の必要がある場合に、文部科学大臣が教育委員会に対して指示ができることを明確化するために、第50条（是正の指示）を見直す。（50条関係）

2014年の本法改正を経て見直された新たな教育委員会制度は、従来の制度と比べて首長の教育行政への関与を強めるとともに教育長の教育行政の責任者としての地位もより明確にした。その意味では、2014年改正は、行政当局の責任者の権限・地位を強化した行政責任明確化の改革であったとみることができる一方、住民代表としての教育委員（会）の役割・活動の点では後退した面は否めない。今後、各自治体において新しい制度のもとでどのような教育行政運営が行われていくのかを注視していく必要があるが、首長、教育長、教育委員会が情報を共有し地域に開かれた教育熟議を促していくような取り組みが重要である―そのために「素人」教育委員会の果たすべき役割は大きい。なお、地方分権改革の進展のなかで政令市への県費負担教職員給与の移管が論議されてきていたが、第186回国会（2014年）で「地域の自主性及び自立性を高めるための改革の推進を図るための関係法律の整備に関する法律」（平成26年法51号、以下、第4次地方分権一括法）が成立し、政令市への県費負担教職員給与の移管が決定された。これに伴い、本法58条（指定都市に関する特例）は廃止されることになったが、県費負担教職員の給与等や学級編制および教職員定数等に関しては、関係法律のその施行期日が、「平成30年4月1日までの間において政令で定める日」とされていることから（第4次地方分権一括法附則1条4号）、政令によって施行期日が確定するまでは同条は存続する。ちなみに、文部科学省は、その政令で定める日を関係道府県および政令市の合意をふまえて2017年4月1日を予定している（文部科学省大臣官房長通知　26文科総34号　平26年6月5日）。

3　教育委員会の組織、権限、運営

次に、本法の主な内容を、(1)大綱の策定と総合教育会議、(2)教育委員会の組織や運営、(3)教育委員会と自治体首長の職務権限、(4)学校等の教育機関と教職員の管理、(5)文部科学省および教育委員会相互間の関係、の順に条文に則してみていくことにする。

(1)　大綱の策定と総合教育会議

①　総合教育会議の設置趣旨と扱う事項　　2014年改正により、首長が主宰する総合教育会議が必置となった（本法1条の4）。総合教育会議の設置の趣旨は、地域住民の民意を代表し、かつ、地方自治体の一般行政の責任者である首長が、教育行政に対する自らの所管事務・権限（22条、23条）をふまえつ

つ総括的責任者として教育行政の執行機関である教育委員会と協議・調整する組織として設置するとしている。総合教育会議の扱う事項は、①首長が策定する大綱に関する協議、②教育の諸条件整備その他の地域の実情に応じた教育、学術および文化の振興を図るため重点的に講ずべき施策の協議・調整、③児童生徒等の生命または身体に現に被害が生じ、またはまさに被害が生じるおそれがあると見込まれる場合等の緊急の場合に講ずべき措置の協議・調整とされている（本法1条の4の1項）。

　　大綱策定の趣旨と定義　　総合教育会議は扱う事項の1つとして首長が策定する大綱の協議があげられるが、大綱策定の趣旨は、一般行政の責任者であり、また、教育行政でも大学および私立学校を直接所管し教育委員会の所管事項に関する予算の編成・執行や条例提案等の権限を有する首長と教育委員会が連携することにより、自治体の教育政策と教育行政運営に住民の意向を一層反映し総合的な推進を図るためである。大綱の定義については、国が策定する教育振興基本計画の基本方針（主に第1部および第2部のうち成果目標の部分）を参酌して定めることが推奨されており、自治体の教育、学術および文化の振興に関する総合的施策のうちその目標や施策の根本となる方針を定めるものとされている。大綱が対象とする期間は、特に法律に定められていないが、首長の任期が4年であることや、国の教育振興基本計画の対象期間が5年であることをふまえ、おおよそ4年〜5年程度が想定されている。

　　②　大綱の記載事項と協議・調整結果の尊重義務　　大綱の記載事項は、各自治体の判断に委ねられているが、一般行政の執行責任者である首長と教育行政の執行機関である教育委員会がそれぞれに担う所管事務・権限をふまえながら、首長と教育委員会の意思疎通を図りより緊密な連携・協働を強化しよりいっそうの民意を反映するために大綱の策定を行うことが確認されていることから、主に首長の有する権限に係る事項に関する目標や根本となる方針である。ただし、首長の権限に関わらない事項（たとえば、教科書採択の方針、教職員の人事の基準等）についても、教育委員会が適切と判断した場合には記載することも考えられるとされている点は留意する必要がある（平26・7・17文科初四九〇初中局長）。そのため、大綱の記載事項をめぐっては、首長と教育委員会の間において協議の進め方や合意できなかった場合の事項の扱い方、記載の方法等について予め規則等でルールを定めておくことが大切である。

大綱は首長が策定するものであるが、自治体教育行政に混乱を生じることがないよう総合教育会議において首長と教育委員会が十分に協議・調整を尽くすことが肝要である。両者の協議・調整の上に調整がついた事項を大綱に記載した場合には双方に尊重義務がかかるが、その方針に基づいて事務執行を行った結果として大綱に定めた目標を達成できなかった時には尊重義務違反には該当しないとされている。なお、首長が、教育委員会と調整のついていない事項を大綱に記載したとしても、教育委員会は当該事項を尊重する義務を負うものではないし、本法21条に規定された教育事務の執行権限は、引き続き教育委員会が有しているため、調整のついていない事項の執行は教育委員会が判断することも確認されている。その点に関して、本法1条の3の4項は、教育委員会が今回の改正後も引き続き執行機関であることから、大綱に記載された事項を含め教育委員会の所管に属する事務については、自らの権限と責任において、管理し、執行すべきものであり、首長が有する大綱の策定権限は、教育委員会の権限に属する事務を管理し、執行する権限を首長に与えたものではないことを確認的に規定している（平26・7・17文科初四九〇初中局長）。

③　総合教育会議における協議・調整と対象事項　　総合教育会議における「調整」とは、教育委員会の権限に属する事務について、予算の編成・執行や条例提案、児童福祉等の首長の権限に属する事務との調和を図ることを意味し、「協議」とは、調整を要しない場合も含め自由な意見交換として幅広く行われるものを意味する。協議・調整する事項は、教育委員会が所管する事務の重要事項の全てを対象とするものではなく、首長または教育委員会が、特に協議・調整が必要であると判断した事項について行うものである。なお、総合教育会議では、原則として、教育委員会制度を設けた趣旨に鑑み、教科書採択、個別の教職員人事等、特に政治的中立性の要請が高い事項については協議題とすべきではないとされている。ただし、首長の権限に関わらない事項であり調整の対象にならないものも（たとえば、教科書採択の方針、教職員の人事の基準）、協議することは考えられるとしている（平26・7・17文科初四九〇初中局長）。

④　総合教育会議の構成員、招集、意見聴取者　　総合教育会議の構成員は、首長および教育委員会であり、教育委員会からは教育長および全委員が

出席することが基本とされているが、緊急の場合には、首長と教育長のみで会議を開催することも可能とされている。ただし、緊急の際、教育委員会から教育長のみが出席する場合には、事前に対応の方向性について教育委員会の意思決定がなされている時や教育長に対応を一任している時には、その範囲内で教育長は調整や決定を行うことが可能であるが、そうではない場合には、総合教育会議においては一旦態度を保留し、教育委員会において再度検討した上で、改めて首長と協議・調整を行うことが必要であるとされている（平26・7・17文科初四九〇初中局長）。

　総合教育会議の招集は首長が行うが、教育委員会の側から招集を求めることも可能であること、教職員定数の確保、教材費や学校図書費の拡充、ICT環境の整備、就学援助の充実、学校への専門人材や支援員の配置等、政策の実現に予算等の権限を有する首長との調整が特に必要となる場合には、教育委員会の側からも積極的に総合教育会議の招集を求めることができるとしている（平26・7・17文科初四九〇初中局長）。なお、協議の際に必要と認めるときは当該事項に関して関係者または学識経験者から意見を聴くことができるとしているが、その関係者または学識経験者とは大学教員や、学校運営協議会の委員、PTA関係者、地元の企業関係者等が想定されている（平26・7・17文科初四九〇初中局長）。

　⑤　総合教育会議の公開と議事録の作成および公表　　住民への説明責任を果たすとともにその理解と協力のもとで教育行政を行う趣旨を徹底するため、総合教育会議は原則として公開しなければならず、非公開とする場合は、たとえば、いじめ等の個別事案における関係者の個人情報等を保護する必要がある場合や、次年度の新規予算事業に関する具体的な補助金の額や対象の選定等、意思決定の前に情報を公開することで公益を害する場合等が想定されている。なお、2014年本法改正で総合教育会議の議事録の作成および公表を努力義務にとどめた趣旨は、職員数が少ない小規模な自治体の事務負担等を考慮したものとされているが、原則として、会議の議事録を作成し、ホームページ等を活用して公表することを強く求めている。また、総合教育会議における協議の結果や大綱については、住民への説明責任や議会によるチェック機能が果たされることは重要であることから民意を代表する議会に対する説明を行うことを求めている（平26・7・17文科初四九〇初中局長）。

⑥　総合教育会議で協議・調整した結果の尊重義務　　総合教育会議において調整が行われた場合とは、首長および教育委員会が合意した場合であり、双方が合意をした事項については、互いにその結果を尊重しなければならないこと、調整のついていない事項の執行については、本法23条および24条に定められた執行権限に基づき、教育委員会および首長それぞれが判断するものであるとされている（平26・7・17文科初四九〇初中局長）。

(2)　組織、運営

①　組織　　教育委員会は、首長が議会の同意を得て任命する教育長と教育委員で構成される。通常、教育長と教育委員4名の計5名であるが、都道府県や政令市では教育長および5名以上の委員、町村の場合は教育長および2名以上の委員でも可である（3条）。任期は、教育長が3年、委員が4年である。

2014年改正前は、教育委員のなかから委員会会議を主宰し代表する教育委員長と教育委員会事務局の長として教育行政実務を担当する教育長が選出されていた。しかし、2014年改正で教育委員長と教育長が並存するしくみは責任所在が不明確であるという理由から、教育委員長職が廃止され、教育委員長と教育長を統合した新たな教育長職が設けられた。教育長は、「人格が高潔で教育行政に関し識見を有するもののうちから」、自治体の長が議会の同意を得て直接任命する―2014年改正前は、教育長は教育委員を兼務し教育委員会が任命するという建前であった。教育委員には、地域の教育要求と教育課題を公正、的確に把握し政策と行政運営に反映することが期待されることから、年齢、性別、職業、地域等に著しい偏りがないように、また、近年では、学校の問題もあって学齢児童・生徒の保護者も含むような配慮等も求められている（4条5項）。なお、旧法17条には、教育行政には「素人」であるが教育・学術・文化に関し識見を有する教育委員に対して、教育行政の「専門家」である教育長が助言をする形で委員会における政策や行政運営の基本方針を決定し、委員会の指揮監督のもとで教育長が行政執行するという規定があり、「素人統制（layman control）」と「専門的リーダーシップ（professional leadership）」の均衡によるバランスある行政運営を目指すという教育委員会の基本原理が表現されていた。しかし、2014年改正で教育長が会議を主宰し教育委員会の代表者と改正されたことからその旧17条の関係条文は削除されたが、後述するように、執行機関としての教育委員会と教育長との権限関係

には変更がないことをふまえ、今後も「素人統制（layman control）」と「専門的リーダーシップ（professional leadership）」の均衡によるバランスある行政運営を図っていくことが肝要である。

②　権限と運営および教育長と教育委員会の関係　　教育委員会が自治体の中心的な教育行政機関であるといっても全ての教育事務を所管しているわけではなく、首長（部局）とで仕事を分担しあっている。首長の教育に関する権限は、大学・私立学校に関すること、幼保連携型認定こども園に関すること、教育財産の取得・処分、教育委員会所掌の事項に関する契約・予算執行である（22条）。それ以外の広範な教育事務が、教育委員会の職務権限として21条に明記されている。なお、それら広範な教育事務を効率的有効に遂行していくために、教育委員会の所管事務・権限の一部を教育長に、また、教育長の所管事務・権限の一部を事務局職員や学校その他の教育機関職員に委任しまたは代理させることができることになっている（25条1項）。ただ、教育委員会から教育長へ事務・権限を無制限に委任することは、教育委員会の形骸化を招く恐れもあるため慎重に行われる必要がある。2007年改正では、執行機関としての教育委員会の重責を再確認したうえで、教育長に委任せず自らの責任で管理執行する必要のある事項を明確にしたことの意味は重く（25条2項）、2014年改正で教育長を教育委員会の会務を総理し教育委員会を代表する者としたが、執行機関としての教育委員会の職務権限と教育長に委任できない事務の明記（25条2項）はそのまま踏襲されていることに十分留意する必要がある。また、教育長が教育委員会の会務を総理し代表者となりその地位と権限が強化されたことに伴い、旧法にあった教育委員会の教育長に対する指揮監督権（旧法17条）が削除されたが、執行機関である教育委員会と教育長の関係は、教育委員会による教育長の執行へのチェック・評価（26条）、教育委員から教育長に教育委員会会議の招集を求める権限（14条2項）、教育長は委任された事務の執行状況を教育委員会に報告する義務（25条3項）等に担保されていることに十分留意することが必要である。2014年の第186回国会における本法改正案審議においても、文部科学省からは「教育長としての事務を執行する際には、合議体としての教育委員会の意思決定に基づき事務を執行するわけでございまして、その合議体である教育委員会の意思決定に沿わない事務執行をすることはできないということでございますので、

あくまでも、合議体、教育委員会の意思のもとで仕事をするということになるわけでございます。」と、教育委員会の教育長に対する指揮監督権がなくなっても、執行機関の教育委員会の意思決定のもとに教育長が実務執行を行うという関係に変化はないと答弁しており（第186回国会・衆議院文部科学部会会議録第12号、平成26年4月16日）、また、文部科学省の通知でも同様の趣旨が述べられている（平26・7・17文科初四九〇初中局長）。

　近年、教育委員会制度の改編論議に伴い、教育委員会が所管する事務の一部を首長部局の他部課に移管＝補助執行する試みが広がりをみせている。地方自治法第180条の7に、「普通地方公共団体の委員会……は、その権限に属する事務の一部を、当該普通地方公共団体の長と協議して、当該普通地方公共団体の長の補助機関たる職員」等に補助執行できる旨の規定がある。実は、こうした補助執行は、教育委員会所管事務でもこれまでも多く行われてきたものであるが（たとえば、転入・転居に伴う学齢児童・生徒の転入学通知に関する事務等）、近年の特徴は、単純な事務処理上の補助執行ではなく、文化財保護や美術館・展示館、スポーツ等の広く社会教育・生涯学習分野や幼稚園行政等の仕事を首長部局課に補助執行する傾向が拡がっている点である。こうした試みの背景には、市町村教育委員会はその職員数や能力等に比して所管する仕事が多く、効率的、有効に地域の教育課題に対処できていないことや、なかでも最大の地域的課題である学校の諸問題に教育委員会の諸資源を集中し学校教育委員会として専念させたいという意向がある。ただ、文部科学省は、社会教育や幼稚園の首長部局担当課への補助執行は、事務処理の仕方という本来の意味での補助執行の枠を大きく踏み外したもので教育委員会制度の改編に連なる動きとして警戒し批判している。教育委員会の所管事務を首長部局に移管＝補助執行する動きは、今後とも拡がっていくと考えられるが、教育委員会制度の見直しと自治体教育行政の再編にも絡むだけに注目しておく必要がある。

(3)　学校等の教育機関の管理と教育委員会の役割　　教育委員会の中心的な仕事は、学校その他教育機関と教職員の管理であるといってよい。本法第4章は、そうした学校その他教育機関の設置管理と教職員の人事管理に関する教育委員会の権限や手続きが規定されている。

　学校その他教育機関のうち、大学（首長所管）以外は教育委員会が所管する

が（32条）、その管理運営の基本的事項については教育委員会が規則を定める（33条）。学校の管理運営に関する規則は、通常、「学校管理規則」といわれ学校の管理・運営についての基本原則や委員会と学校の間の事務・権限の配分・委譲等が規定されている（その問題と改革課題は後のⅡ．自治立法—1．教育関係条例・規則を参照）。

公立義務教育学校の教職員（以下、公立義務学校教職員）の人事管理は、地方公務員制度のなかでも特殊なしくみとなっているため本法で詳細にその運用が規定されている。公立義務学校教職員の身分と服務監督等は市町村教育委員会に属するが（43条）、給与負担（国と都道府県がそれぞれ1/3、2/3ずつ負担）や市町村を超える広域人事行政・研修等の必要もあって都道府県教育委員会に任命権が属する（37条）。こうしたしくみを県費負担教職員制度と呼んでいるが、公立義務学校は市町村立学校であるためその教職員の人事管理は当然に市町村教育委員会の意向が最大限尊重される必要がある。そのため、県費負担教職員の任免その他の人事管理は、市町村教育委員会の内申（その前提に学校長の申し出）をまって行うものと規定されている（38条）。市町村の行財政能力の脆弱さという現実と市町村・学校間格差の是正という強い要請から誕生した県費負担教職員制度であるが、身分・服務は市町村、給与・任免権は都道府県に属するという制度自体が有する複雑なしくみは、その運用をめぐって常に都道府県と市町村の間に多くの確執や問題を生み出してきたことも事実である。分権改革による基礎自治体や学校への権限移譲という趨勢を考えると、県費負担教職員制度の見直しやより弾力的な運用が必要になっているといえるかもしれない。弾力的運用という点では、2007年の本法改正で、同一市区町村内の教職員の転任については、都道府県内の教職員の適正配置と円滑な交流に配慮しつつ、市区町村教育委員会の意向を一層尊重する趣旨から市区町村の判断で行えるようにした（38条2項、文部科学省事務次官通達・2007年7月31日）。また、文部科学省は、本法55条（条例による事務処理の特例）に基づき都道府県条例により事務処理の特例として教職員の採用・人事権を市区町村に委任できるとしている。それを受けて、2013年度から、大阪府は豊能地区（豊中市、池田市、箕面市、豊能町、能勢町）に教職員人事権を一括委譲した。大阪府の豊能地区への人事権委譲は、本法の事務処理特例を活用したものであくまで特例的措置であるが、それが他の自治体に広まるかどうか注視され

ている。

(4) 文部科学省と教育委員会、都道府県と市町村の教育委員会の関係

① 1999年改正による国の関与の縮減　　教育行政は、教育を公正、的確、効率よく提供することを目的に運営されなければならないが、そのために、国—文部科学省、都道府県、市町村は各々に担うべき事業と役割を適正に分担しつつ連携・協力することが求められる（51条）。本法第5章は、そうした国—文部科学省と都道府県、市町村相互の関係について基本原則を定めている。

1999年の本法改正前は、国のナショナル・ミニマム設定と適切で中立公正な教育水準の維持向上を理由に、国の法令、基準、意向等を自治体に遵守させるしくみとして、機関委任事務とそれに伴う指揮監督権（旧法27条に関連規定）、措置要求（旧法52条）、強い制約性を示唆した「指導、助言」（旧法48条）、市町村教育委員会に属する事務に関する都道府県教育委員会の基準設定（旧法49条）等、国—文部科学省や都道府県教育委員会の市町村教育委員会に対する上級機関的規定が多く存在していた。しかし、分権改革が謳う三者の「対等・協力」関係構築のために、機関委任事務と指揮監督権の廃止、国による自治体への「関与」の縮小・整理（地方自治法に統一的に整理．措置要求も本法から削除され地方自治法に移行）、都道府県による統制的な基準設定の廃止等が行われた結果、上記のような本法上の諸規定は削除され、残された48条の「指導、助言」も、文部科学省の職務として積極的に「行うものとする」という旧規定から、職務として積極的に行うという意味合いを薄めた「行うことができる」という文言に変更された（詳細な解説は、『解説教育六法』三省堂の同条解説を参照）。分権改革による地方自治法改正に伴うこれら地教行法上の条文改正は、国—文部科学省による教育委員会に対する強い関与・管理を担保してきたとされる地教行法の地方自治法に対する「特例的」性格を大幅に後退させるものとなった。その結果、文部科学省と教育委員会の関係は、旧来の垂直的な強い融合関係からより対等で緩やかな融合関係に移行する条件をつくり出したといえる（小川・西尾2000）。

② 2007年改正による国の関与の「復活」と2014年改正による関与発動の整備　　1999年改正は、前述したように、文部科学大臣の有していた他の一般行政分野とは異なる特殊な関与の手法を廃止し、一般的関与のルールに統

一したものであった。しかし、その後、いじめ問題や高校必履修科目履修漏れ問題等に対する不適切な対応から教育委員会の責任体制の不備や管理の欠如等を社会から指摘される事件が続発し、第1次安倍政権のもとで本法が改正（2007年改正）され、その改正ポイントの1つとして国の関与が「復活」されたという経緯がある。

　2007年改正で「復活」した文部科学大臣の関与の1つは、49条（是正の要求）である。実は、1999年改正前の本法には是正（措置）要求の規定が存在していた（旧第52条）が、1999年改正によりその規定が削除され新たに地方自治法第245条の5等に各大臣の権限として規定し直されていた。2007年改正で、その地方自治法第245条の5等の是正要求の規定があるにもかかわらず、本法上に是正要求を「復活」させ規定し直した理由は、地方自治法上の是正要求の発動要件が一般的抽象的であり実際に発動することがきわめて難しいとされたことから、教育行政分野におけるより具体的な規定として、「教育を受ける機会が妨げられていることその他の教育を受ける権利が侵害されていること」が明らかと判断された際には、教育委員会に対して講ずべき措置の内容を示して是正要求ができるようにしたということである。事務次官通達では、「『是正の要求』を受けた教育委員会は、是正・改善のために必要な措置を講じなければならないこと。その際、どのような措置を行うかは教育委員会の裁量に委ねられているが、文部科学大臣が講ずべき措置の内容を示して要求していることを踏まえて、速やかに是正・改善のための取組を行うこと」(同上) としている。

　2007年改正で設けられた関与の2つめは、50条（是正指示）である。是正指示とは、本来、法定受託事務の処理が法令に違反していると認められる等の場合に国が地方に行使できる権力的関与である（地方自治法第245条の7）。49条の是正要求が、その具体的な対応・措置の内容が地方の裁量に任せられているのに対して、是正指示は、具体的に地方が講ずべき措置の内容を国が特定して指示するもので地方はそれに従うことが求められる。是正指示は、地方を法的に強く拘束する権力的関与であることから原則は地方の自治事務には適用されない。しかし、例外として、地方の自治事務であろうとも、生命・身体等の保護のため緊急な事態には、国は是正指示ができることになっている。具体的には、地方自治法第245条の3の第6項には、「国は、国民の生命、

身体又は財産の保護のため緊急に自治事務の的確な処理を確保する必要がある場合」、是正の指示ができると規定されている。実際、他の行政分野では、そうした緊急の事態に自治事務に対する国の是正指示規定を設けている先例もすでに存在していた（医療法、建築基準法、精神保健及び精神障害福祉に関する法律、等）。そのことをふまえて、本法50条には、「児童、生徒等の生命又は身体の保護のため、緊急の必要があるとき」、「ただし、他の措置のよっては、その是正を図ることが困難である場合に限る」と厳しい適用要件を付加していることに留意することが必要である。

　以上の2つの関与の規定を受けて、50条の2は、文部科学大臣は是正の要求や指示を行った時は、遅滞なく当該自治体の長および議会に対してその旨を通知することを規定している。その趣旨について、事務次官通達は、「『是正の要求』及び『指示』の内容を、教育委員の任命に責任を有する地方公共団体の長や議会に通知することにより、当該地方公共団体において長が教育委員会に支援を行う等適切に事態に対処することを期待するものである。教育委員会の事務の適正な執行のためには、教育委員会はもとより、地方公共団体の長や議会の役割が重要であり、地方公共団体は自律的に地方自治の本旨に沿った機能を発揮することが求められている」（同上）としている。

　2014年改正では、50条の条文に新たに「……児童、生徒等の生命又は身体に現に被害が生じ、又はまさに被害が生じるおそれがあると見込まれ、その被害の拡大又は発生を防止するため」（下線―引用者）とする文言を加えた。その趣旨は、指示の要件を拡大して国の関与を強化しようとするものではなく、いじめ自殺等の事件発生後においても、同種の事件の再発を防止するために指示ができることを明確にする趣旨で行うものであると説明されている（平26・7・17文科初四九〇初中局長）。

おわりに

　本書1部Ⅱで言及したように、2001年中央省庁再編を転換点に日本の政策決定過程は旧来の政権党（自民党）内における族議員と関係省庁を基軸にした合意重視のボトムアップ型から内閣主導のトップダウン型に変化してきた。政治学では、そうした変化を合意型民主政治から多数決型民主政治への移行として捉えている。多数決型民主政治とは、多数派による「勝者総取り」のしくみで迅速な決定や政策転換を図るメリットがある反面、政策や制度の安

定性・継続性を欠くという弊害をもつ（村上2013）。また、多数決型民主政治
は政策決定の手続き的正統性を担保するが、政策内容の正統性を必ずしも保
障するものではない。国と地方の政治が政治主導のトップダウン指向を帯び
た多数決型民主政治の色彩を強めている今日、2014年改正で教育委員会制度
が維持されたことの意味は大きい―住民統制と民意反映という市民参画と専
門性に裏打ちされた政策内容づくりや教育行政運営を期待された教育委員会
制度の今日的意義は一層重くなっている（小川2015）。

《参考文献》
・天川晃・稲継裕昭（2009）『自治体と政策―その実態と分析』放送大学教育振興会
・大山礼子（2003）『国会学入門』（三省堂）
・小川正人（2015）「2014年地教行法改正と新教育委員会をめぐる課題」（日本教育行政
　学会編『地方教育行政法の改定と教育ガバナンス』三学出版）
・小川正人（2013）「『素人』教育委員会と教育長の役割・権限関係の見直し―その論議
　と改革のオルタナテイブ―」（日本教育学会『教育学研究』第80巻第2号）
・小川正人（2010）『教育改革のゆくえ―国から地方へ―』ちくま新書
・小川正人（2008）「教育委員会の在り方と教育行政の支援」（無藤隆・嶋野道弘・編著
　『新教育課程を実現する教育システム』ぎょうせい）
・小川正人（2006）『市町村の教育改革が学校を変える―教育委員会制度の可能性』岩波
　書店
・小川正人・西尾勝（2000）『分権改革と教育行政』（ぎょうせい）
・進藤兵（1994）「自治体の首長制度」（西尾勝・村松岐夫編『講座行政学2　制度と構造』
　有斐閣）
・竹下譲編著『世界の地方自治制度』（イマジン出版）
・本多正人編著（2002）『教育委員会制度再編の政治と行政』多賀出版
・村上祐介（2013）「政権交代による政策変容と教育政策決定システムの課題」（日本教
　育行政学会年報『教育政策形成プロセスの変容と教育行政』第39号）

【小川正人】

4 地方公務員法・教育公務員特例法

1　教師の法律上の地位と適用法令

　教師は学校で教育に携わる専門職である。また、学校は、国（国立大学法人
法に定める国立大学法人および独立行政法人国立高等専門学校機構を含む）、地方公共
団体（地方独立行政法人法に定める公立大学法人を含む）および私立学校法3条に規
定する学校法人のみが設置することができる（学校法2条）ものである。した
がって、教師という専門職は、国公立と私立という経営形態の異なる学校に

勤務することとなるが、いずれにおいても賃金を得て勤務する労働者という側面は共通である。ただ、労働者という側面でみると、労働基準法（以下「労基法」）や労働組合法（以下「労組法」）といった一般的な労働法の適用下に置かれるのは私立学校の教師に限られる。なお、2003年に改正された構造改革特別区域法12条により、特例として、株式会社による学校設置が可能となったが、そこでの教師の法的地位は私立学校の教師と同様である。国公立学校に勤務する教師は労働者であることに変わりはないが、労働法の適用関係でいえば、公務員法の適用下に置かれることになる。形式的にいえば教育法上の対象となる教師は両者を含むものであるが、圧倒的多数を占めるのは、地方公務員法の適用下に置かれる公立学校の教師である。その意味で、地方公務員法・教育公務員特例法は実質的にみて教育法上の教師の地位をみる上できわめて重要な法律ということになる。

2 地方公務員法・教育公務員特例法のしくみ

地方公務員法（以下「地公法」）は地方公共団体のあらゆる公務員、つまり地方公務員の勤務関係を規律するすべての法規範の集合体である。公務員といえども使用者としての地方公共団体に労務を提供し、それにより賃金を得る労働者であることはいうまでもない。しかし、その職務はその地域社会の福祉を実現するという公益性の高いものであるため、民間労働者と同様の一般的な労働法規の適用下に置くことは適当でないと考えられる。そこで、憲法上の公共の福祉（13条）や「全体の奉仕者」性（15条）を理由に、地方公務員には、地公法という民間労働者とは異なる特別な法律が制定されている。地公法では、「人事行政に関する根本基準を確立することにより、地方公共団体の行政の民主的かつ能率的な運営……を保障し、もって地方自治の本旨の実現に資することを目的」（1条）としている。そして、具体的には、人事機関（6条～12条）、任用（15条～22条）、職階制（23条）、給与、勤務時間その他の勤務条件（24条～26条の3）、分限および懲戒（27条～29条の2）、服務（30条～38条）、研修および勤務成績の評定（39条、40条）、福祉および利益の保護（41条～51条の2、但し44条は現在では削除）、職員団体（52条～56条、但し54条は現在では削除）といった地方公務員の地位、職務上の権利義務、職員団体の事項などについて必要な規定を設けている。

公立学校に勤務する教師は地方公務員であるから、当然この地公法の規定

が適用される。しかし、教育を通じて国民全体に奉仕する教育公務員の職務とその責任の特殊性から、公立学校の教師には地公法の特別法である教育公務員特例法（以下「教特法」）が適用される（教特法1条）。したがって教育公務員の身分について知るためには、地公法の規定とともに教特法の規定をも併せてみなければならない。以下では、地公法・教特法の内容を特徴的に述べることとする。

3 地公法・教特法による教師の地位と職務上の権利義務

(1) 教師の任用　　地方公務員の任用（採用、昇任等）の根本基準は、地公法の定めるところにより、「受験成績、勤務成績その他の能力の実証に基づいてなされなければならない」(15条)とされている。教師については、教員免許がなければならない（免許法3条）だけでなく、地公法16条と学校教育法9条で欠格条項が定められている。公務員の任用は、人事委員会の行う競争試験による（18条）。しかし、教師は、前述したように免許制度がとられており、任用資格の段階ですでに教師としての能力が実証されていること、人物の評価に重点が置かれるべきであるとの観点から、競争試験ではなく、教師の任命権者である教育委員会の教育長が行う選考によることとされている（教特法11条、地教行法34条）。教師に採用されると1年間は条件付き採用となり（教特法12条、地公法22条）、1年間良好な成績で職務を遂行したときに正式採用となる。

(2) 給与・労働時間等勤務条件

① 勤務条件のしくみ　　民間企業の勤務条件（労働条件）は、労働契約（労働契約法3条、6条）や労働協約（労組法14条）、就業規則（労基法89条）等で決定されるが、公務員の勤務条件は、公務員が全体の奉仕者性を有することや給与が住民等の租税によりまかなわれていることなどから、住民意思の発現である条例により定められることとされている（地公法24条6項）。教師の勤務条件もその職務と責任の特殊性から条例で定めることとされている（教特法13条、地教行法42条）。

　条例で定められる教師の給与は「学校教育の水準の維持向上のための義務教育諸学校の教育職員の人材確保に関する特別措置法」（以下「人材確保法」）により、一般公務員よりも優遇措置が図られている。また、勤務時間については、教育公務員においても労基法の適用があるため、勤務時間に関する条

例は労基法に則って規定されることになる。したがって、条例では週40時間労働制が定められることになるが、具体的な勤務時間の割り振りは学校行事などの運営上の必要性を勘案しながら校長がそれを行うことになる。

② 時間外・休日労働と教職調整額問題　近年日本では長時間労働が増加し、労働者の過労死等深刻な問題が生じてきている。労基法では、時間外・休日労働を労使協定（36協定）の締結によって許容する（36条）とともに、その労働に対しては割増手当の支払いを義務づける（37条）こととし、時間外・休日労働はあくまでも臨時例外的なものであるしくみをとっている。ところが、公立学校の教師については、勤務の特殊性の観点から、「公立の義務教育諸学校等の教育職員の給与等に関する特別措置法」（以下「給特法」）において、給料、月額の100分の4の教職調整額の支払いをするとともに、時間外・休日労働手当を支給しない旨を定め（3条1項、2項）、労基法37条の適用除外としている。また、教員に時間外・休日労働をさせることができるのは、政令で定める基準に従い条例で定める場合に限るとされている（給特法6条1項）。具体的には、この規定に基づく政令（平成15年政令484号）によって、①校外実習その他生徒の実習、②修学旅行その他学校の行事、③職員会議、④非常災害の場合等その他やむを得ない場合に関する業務（いわゆる超勤4項目）のみ時間外・休日労働を認めている。しかし、実際には、生徒指導や学校の安全管理に関わる業務など、いわゆる超勤4項目に該当しない業務についても多くの時間従事しているのが実態であり、2006年に文科省で公表した教員勤務実態調査（国立大学法人東京大学『平成18年度文部科学省委託調査研究報告書』）でも、教員の時間外・休日労働は減少することなく増加してきている傾向が明らかとなってきている。その主要な原因の1つが「給特法」における教職調整額や時間外・休日労働のしくみであるとの認識から、2007年3月の中教審答申「今後の教員給与の在り方について」では、教職調整額の見直しを「今後更に、専門的・技術的な検討を行っていくことが必要である」とされた。それを受けて文科省は、「学校の組織運営の在り方を踏まえた教職調整額の見直し等に関する検討会議」を設置した。

この検討会議の「審議のまとめ」が2008年9月8日にとりまとめられ、そこでは、これからの時代にふさわしい学校のあり方や教員の職務の在り方について、また、それらをふまえて今後求められる教員の勤務時間管理、時間

外勤務、適切な処遇のあり方について、さらにこれらを受けて、教職調整額制度の見直しについての課題や論点を整理した。この「審議のまとめ」をふまえて、現在中教審で教職調整額制度の廃止の方向での論議が進行中である。

実際に廃止が決まれば日本の教員の給与や勤務のあり方に大きな変化が生ずることになるので、大いに注目されるところである。

(3) **2014年の地公法の一部改正**　2014年6月に地公法の一部改正がなされた。この改正は、地方公務員に関して、人事評価制度の導入等により、能力および実績に基づく人事管理の徹底を図るとともに、営利企業等に再就職した元職員に対し、離職前の職務に関して現職職員への働きかけを禁止するなど退職管理の適性の確保を図るものである。

この点については、すでに2007年に国家公務員法が改正され、人事評価制度の導入および退職管理の適正化が図られていたが、地方公務員についても、公務に対する住民の信頼の確保および公務能率のいっそうの向上の観点から、これと同様の措置を講ずることの必要性が考えられていたものである。これまでも、2007年および2012年に改正案が国会に提出されていたが、いずれも衆議院の解散がらみで審議未了による廃案とされてきていたものであるが、今回の改正で、ようやく国公法と地公法の制度上のずれが解消されることになった。この改正により、能力および実績に基づく人事管理の徹底については、職員がその職務を遂行するにあたり発揮した能力およびあげた業績を把握した上で行われる人事評価制度を導入し、これを任用、給与、分限その他人事管理の基礎とされることになる。これによって、地方公務員である教員の人事行政全般が影響を受けることになる。この改正法の施行は、公布後、2年間のなかで政令で定められることになるが、施行までには詰めなければならない問題もある。

たとえば人事評価制度でみても、「公正」かつ「定期的に」実施する基準および方法をどうするのか、具体的には、評価者は誰か、評価期間はどうなるのか、自己申告や面談はどうするのか、評価者の訓練をどうするのか苦情処理・苦情相談のしくみはどうなるのか、といったことが詰められなければなるまい。

(4) **教師の身分の保障**　公務員の身分は法律によって保障されており、正当な事由なしに本人の意に反して降任され、また免職されることはない

（地公法27条2項）。しかし身分保障といっても、一定の事由が存在する場合には、任命権者は本人の意思に反して不利益な処分を行うことができる。具体的には、分限および懲戒である。分限とは、公務の能率の維持および適正な運営の確保の観点から、法律または条例に定める一定の事由がある場合に任命権者が本人の意に反して一方的に行う身分上不利益な処分の総称であり、公務能率の維持、向上のために職員が職責を果たせないような場合に行われる処分である。それに対し、懲戒とは、職員の非違行為に対して、職場秩序の維持を図るためにする制裁処分である。前者には、免職、降任、休職、降給といった処分があり、後者には、戒告、減給、停職、免職といった処分がある。この「職員の分限及び懲戒については、公正でなければならない」（地公法27条1項）とした上で、分限処分については、降任または免職事由として、①勤務実績が良くない場合、②心身の故障のため、職務の遂行に支障があり、またはこれに堪えない場合、③その他その職に必要な適格性を欠く場合、④職制もしくは定数の改廃または予算の減少により廃職または過員を生じた場合、を掲げ（地公法28条1項）、休職事由として、①心身の故障のため、長期の休養を要する場合、②刑事事件に関し起訴された場合を掲げている（同条2項）。また、2007年の教特法の改正で、指導力不足の教員に対する分限処分の規定が新設された。すなわち、公立学校教員の任命権者は、児童等（児童、生徒および幼児）に対する指導が不適切であると認定した教諭等に対し、原則1年、最長でも2年を超えない「指導改善研修」を実施し、その終了時に改善の程度に関する認定を行って、なお児童等に対する指導を適切に行うことができないと認める教諭等について、免職その他の必要な措置を講ずることが定められた（教特法25条の2、25条の3）。

　ところで、分限処分は公務の能率の維持および適正な運営の確保の観点から本人の責任の有無を問題にしないのに対して、懲戒処分は、職場秩序の維持を図るためにする公務員の服務義務違反に対する本人の責任を問う制裁である。地公法は、具体的な懲戒処分事由として、①地公法、教特法またはこれらの法律に基づく条例や規則に違反した場合、②職務上の義務に違反し、または職務を怠った場合、③全体の奉仕者たるにふさわしくない非行のあった場合を掲げ、その程度に応じて、戒告、減給、停職、免職などの処分をすることができるとしている（29条）。懲戒処分を受けた者は、履歴に処分の事

4 地方公務員法・教育公務員特例法

実が残るほか、昇給・特別昇給の延伸、退職手当の不支給、年金の支給制限など、さまざまな不利益措置が行われることになる。

(5) 服　務

① **服務の根本基準**　服務とは、公務員がその勤務に服する場合に遵守すべき事項を総称するものである。憲法15条2項では、すべて公務員は全体の奉仕者であって、一部の奉仕者ではないと定め、公務員の基本的な性格を規定している。地公法ではこの憲法上の規定を具体化するものとして、公務員は、「全体の奉仕者」として公共の利益のために勤務すべきものであるとの基本的性格を述べ、かつ職務の遂行に全力をあげて専念しなければならない旨を規定し（地公法30条）、これを服務の根本基準としている。

この「全体の奉仕者」という使い方は同じ公務員でも職員の地位によって少し異なる。国家公務員については「国民全体の奉仕者」（国公法96条）という表現を用いているが、地方公務員は地方公共団体に勤務するものであるから、「国民」を外し、単に「全体の奉仕者」というにとどまる。しかし、教師の場合は、地方公務員であるが、教特法では、教育を通じて「国民全体に奉仕」する教育公務員（教特法1条）と規定し、地方公務員である教師は「国民全体の奉仕者」と捉えられているのである。このことは、後述する政治行為の制限などについて法の適用関係を異にし、教師の地位としての特殊性を示すことになっている。

地方公務員は、条例の定めるところにより服務の宣誓をしなければならない（地公法31条、なお国公法97条）。この宣誓は、職員に対して、公務員の使命を自覚させ、確認させるため、就任の際に行うものである。ただし、服務の宣誓は、公務員関係に入ることを受諾したことによって生じた職員の服務義務に従うことを住民に対して宣言する行為であるから、職員の服務義務はこの宣誓によって生ずるというものではない。宣誓は宣誓書に署名する形をとるが、それは法的には職員の任命条件ではないため宣誓をしなかったからといって任命に影響はない。しかし、宣誓を拒否する行為は職務上の義務違反として懲戒の事由となる（地公法29条1項2号）。

② **法令等に従う義務**　地方公務員法では、「職員は、その職務を遂行するに当って、法令、条例、地方公共団体の規則及び地方公共団体の機関の定める規定に従い、且つ、上司の職務上の命令に忠実に従わなければならな

い」(地公法32条)と定め、法令および上司の職務上の命令に従うべき義務を明記している。公務員として当然の義務を課したものである。ところで、実際の学校現場における職務命令については、拒否する問題が生ずることもある。判例では、職務命令は適法の推定を受け（東京高判昭和49・5・8行裁集25巻5号373頁）、職員は職務命令を拒否できない（仙台高判昭和44・2・19判時548号39頁）としている。しかし、職務命令といえども強行法規や公序良俗に反する場合は適法性を欠くことになるため、命令に従う義務は生じないことになる。

③　信用失墜行為の禁止、秘密を守る義務　　「職員は、その職の信用を傷つけ、又は職員の職全体の不名誉となるような行為をしてはならない」(地公法33条)。この信用失墜行為は、たとえば職権濫用罪（刑法193条）や収賄罪（刑法197条）に該当する行為のように職員の職務に関連してなされる場合でも、酒気帯び運転（道路交通法65条）や暴行罪（刑法208条）のように職務とは無関係になされる場合でも禁止行為とされるものである。とりわけ教師は、より高い倫理性が求められる職であるため、かかる行為は厳重に慎まなければならないものである。この禁止規定に違反した場合の罰則規定はないが、当然懲戒処分の対象となることはいうまでもない。

また、職員は、職務上知り得た秘密を漏らしてはならないとの守秘義務が課せられている。この義務は退職後も同様である（地公法34条1項）。職員が法令による証人、鑑定人として職務上の秘密に属する事項を発表する場合には任命権者の許可を要する（同条2項・3項）。

④　職務専念義務　　公務員は全体の奉仕者のゆえに、公共の利益のために与えられた職務を執行する義務を負うとともに、職務の執行にあたっては全力をあげて職務に専念する義務がある。地公法は、「勤務時間及び職務上の注意力のすべてをその職務遂行のために用い、当該地方公共団体がなすべき責を有する職務にのみ従事しなければならない」(35条)として、公務員の職務専念義務を明記した。この職務専念義務には例外があり、地公法では「法律又は条例に特別の定めがある場合を除く」（同条）とされている。この例外を定める法律は、地公法28条2項、29条1項、55条8項、55条の2、教特法17条、22条2項、労基法39条、65条、67条、68条、育児・介護休業法19条など多岐にわたるが、細目については各都道府県の条例や規則に定められており、これらの場合に職務専念義務が免除されることになる。

⑤　政治的行為の制限　　地方公務員の政治的行為は、地公法36条により制限されているが、教師の場合にはこの規定が適用されず、教特法18条により地公法の適用を除外し、国公法102条が適用されることになっている。国公法102条では、①政党または政治的目的のために、寄付金その他の利益を求め、もしくは受領し、または何らの方法をもってするを問わず、これらの行為に関与し、あるいは選挙権の行使を除くほか、人事院規則で定める政治的行為をしてはならないこと、②公選による公職の候補者となることができないこと、③政党その他の政治的団体の役員、政治的顧問、その他これらと同様の役割をもつ構成員となることができないことを定めている。そして、①の規定に違反した場合には3年以下の懲役または100万円以下の罰金に処せられる（110条）。また、人事院規則14-7（政治的行為）は、国公法102条の委任を受けて禁止される政治的行為を具体的に示している。さらに、公職選挙法では、公務員の立候補制限（89条）、公務員および教育者の地位利用による選挙運動の禁止（136条の2および137条）が定められている。なお、義務教育諸学校における教員の政治的中立の確保に関する臨時措置法では、児童または生徒に対して特定の政党等を支持させまたはこれに反対させる教育を行うように教育職員に働きかけることを禁止している（3条）。

　ところで、この国公法における政治的行為を制限する規定については学説上、厳しい批判が加えられてきた。判例では、猿払事件最高裁判決（1974・11・6刑集28巻9号393頁）において、国公法における政治的行為の制限と刑事制裁について、公務員の政治的中立性の確保の観点から全面的な合憲判断をしたが、学説では公務員の政治的自由の重大な制約であるとして、依然として違憲とする見解が主張されている。

⑥　争議行為等の禁止　　国家公務員も地方公務員もおよそ公務員の争議行為は全面一律に禁止され、違反行為に対する刑事罰も定められている（地公法37条、61条、国公法98条、110条）。憲法28条では官民を問わずすべての労働者（公務員も賃金を得て働く労働者であることに変わりがない）に団結権、団体交渉権および団体行動権（主に争議権）といった労働三権を保障しているが、公務員労働者には公務員法で全面一律に禁止しているのである。この合憲性については制限が加えられた当初（1940年代後半）より学説からの厳しい批判が加えられ、学説上は違憲の疑いを抱くものが多い。しかも、争議行為を禁止さ

れている教育公務員は、その違憲性を主張して事実上の争議行為ともいえる一斉休暇闘争を繰り返してきた歴史もある。もちろん他の公務員、公共企業体職員も同様に違憲性を主張した争議行為を闘ってきた。その結果、合憲性が裁判で争われるケースも多く、幾多の最高裁判決が積み上げられてきた。当初、最高裁は、国鉄弘前機関区事件（大法廷判決1953・4・8刑集7巻4号775頁）において、「公共の福祉論」と「全体の奉仕者論」を根拠に、公務員等の争議権禁止規定は合憲との判断を示した。その後、最高裁は全逓東京中郵事件（大法廷判決1966・10・26刑集20巻8号901頁）において、「限定的合憲論」を展開し、さらに、東京都教組事件（大法廷判決1969・4・2刑集27巻4号547頁）において、「二重のしぼり論」によりいっそう違憲論に近づいた判断をするに至った。しかし、最高裁は、全農林警職法事件（大法廷判決1973・4・25刑集27巻4号547頁）において、公務員も憲法28条にいう勤労者であるが、職務の公共性、勤務条件法定主義、身分保障、適切な代償措置の存在、といったことから、「国民全体の共同利益」の観点から、争議権禁止措置は合憲であるとの判断を示すに至り、判例法理としては当初の最高裁に近い考え方に回帰した。その後の判例はこの判例法理を踏襲し、今日に至っている。

1970年代には、電電公社、国鉄等公共企業体が民営化されるなど時代状況が変わり、公務員組合による争議権奪還ストはすっかり影を潜めたため、学説でもあまり議論されることはなくなった。しかし、学者の見解のなかには依然として違憲論が根強く残っている。

(5) 研修　地公法は、「職員には、その勤務能率の発揮及び増進のために、研修を受ける機会が与えられなければならない」（39条1項）として、研修を重視している。ただ、教師については、教特法に具体的かつ多面的な研修が定められており、教師という職務にとってとりわけ研修が重要性を有することが明らかである。教特法21条でも「教育公務員は、その職責を遂行するために、絶えず研究と修養に努めなければならない」と規定しているが、まさにそれを物語るものである。そのことの故に、教特法22条では、①教育公務員には研修を受ける機会が与えられること、②教員は、授業に支障がない限り、承認を受けて、勤務場所を離れて研修が受けられること、③教育公務員は、任命権者の定めるところにより、現職のままで長期にわたる研修を受けられること、が定められている。このように教師は多様な研修を受け

る機会を与えられているが、教特法では、この間数度の法改正を経て特徴的な研修制度が確立されてきた。

第1に、1988年の法改正により導入された初任者研修制度がある（教特法23条）。これは採用日から1年間実施する「教諭の職務の遂行に必要な事項に関する実践的な研修」である。対象となるのは公立の小学校、中学校、高等学校、特別支援学校等における教諭等の初任者で、任命権者は、初任者の所属する学校の副校長、教頭、主幹教諭、指導教諭、教諭、講師のうちから指導教員を命じることによって実施する。

第2に、2002年の法改正で導入された10年経験者研修制度がある（教特法24条）。これは、在職年数が10年に達した後、相当の期間内に、「個々の能力、適性等に応じて、教諭等としての資質の向上を図るために必要な事項に関する研修」である。対象となるのは公立の小学校、中学校、高等学校、特別支援学校等における教諭等で在職年数が10年に達した者で、任命権者は、研修を受ける者の能力、適性等について評価を行い、その結果に基づき、当該者ごとに10年経験者研修に関する計画書を作成する形で実施する。研修期間は、その開始日から1年以内とする（教特法施行令4条）。

第3に、2007年の改正で導入された指導力不足教員に対する指導改善研修制度がある（教特法25条の2）。これは、児童等に対する「指導が不適切であると認定した教諭等に対して、その能力、適性等に応じて、当該指導の改善を図るために必要な事項に関する研修」である。この研修は原則として1年を超えることはできない（同条2項）。ただし、特に必要があれば、任命権者は、指導改善研修開始日から引き続き2年を超えない範囲内での延長が認められる（同条2項但書）。任命権者は、この研修を実施するにあたり、受講者の能力・適性等に応じて、個別に計画書を作成しなければならない（同条3項）。また、指導改善研修終了時に受講者の改善程度の認定を行わなければならない（同条4項）。さらに、第25条の2第4項の認定において「指導の改善が不十分でなお児童等に対する指導を適切に行うことができないと認める教諭等に対して、免職その他の必要な措置を講じ」なければならない（25条の3）。

《参考文献》
・橋本勇『逐条地方公務員法（第3次改訂版）』学陽書房、2014年
・結城忠編『教育法規重要用語300の基礎知識』明治図書、2000年

・菱村幸彦『やさしい教育法規の読み方（新訂第4版）』教育開発研究所、2008年
・窪田眞二＝小川友次『教育法規便覧（平成26年版）』学陽書房、2014年
・金子征史＝藤本茂＝大場敏彦『基礎から学ぶ労働法Ⅱ―集団的労働関係法・社会保障法』エイデル研究所、2013年

【金子征史】

⑤ 私立学校法

1 私立学校法の制定と改正

　日本の近代学校制度は江戸時代の寺子屋や私塾をもとに発達した。しかし、戦前の私立学校は、国家の専属事業である学校教育の代替補助機関に位置づけられ、私立学校令（1899年）により国家の厳しい規制下に置かれていた。近代西欧諸国における私学教育の自由の観念は、日本には乏しかったのである。

　戦後、新たな私学法制の構築がめざされ、教育改革推進のために設置された教育刷新委員会は、私学の経営主体に公共的・民主的性格を付与するため民法法人とは別個の特別法人とすること、私学に関する行政組織として都道府県私学委員会を設けること、を内容とする建議を行った。この建議をもとに私立学校法案が国会に上程され、私学助成と憲法89条との関係で審議が難航したが、修正を経て成立し、1949年12月に公布された。

　その後、1970年に日本私学振興財団法、1975年に私立学校振興助成法が制定され、私学助成の系統化が図られた。2004年には、学校法人における管理運営制度の改善、財務情報の公開、私立学校審議会の構成の見直しに関し大改正が行われた。さらに、2006年には、民法の公益法人制度の改正に伴う改正が行われ、2014年には、学校法人の不祥事への対応策として、所轄庁による必要な措置命令の新設等に関する改正が行われた。

2 私立学校法の基本理念

　私立学校法（以下「私学法」）は、私立学校振興助成法、日本私学振興財団法など私学法体系の基本法に位置づけられる。また、学校教育法の特別法としての側面も有する。内容は、第1章（総則）、第2章（私立学校に関する教育行政）、第3章（学校法人）、第4章（雑則）、第5章（罰則）から成るが、私学の設置者たる学校法人の組織運営について定めた第3章が中心的部分である。

　私学法1条は、同法の基本理念として、「自主性を重んじること」と「公共

性を高めること」を掲げる（2006年改正教育基本法8条同旨）。両者の関係については、同価値の理念とみてその調整を図ると考えるのではなく、憲法に由来する「自主性」の保障が原則であり、法律の規制を通じての「公共性」の確保は例外であると捉えることが重要であろう。

(1) **私立学校の自主性**　私立学校の自主性とは、私学設置の自由、私学運営・教育の自由の保障を意味する。西欧諸国においては、ドイツ基本法7条4項、オランダ憲法23条、イタリア憲法33条のように、私学の自由を憲法上明文で保障する国は少なくない。国際人権規約［社会権規約］13条4項も、「教育機関を設置し及び管理する自由」を定めている。

日本国憲法は、私学の自由につき明文規定を置いていないが、学説は一般に、近代憲法原理をふまえて、憲法によって保障されていると解している。根拠条文としては、21条説（結社の自由）と22条説（職業選択の自由）が有力である（米沢広一『憲法と教育15講［第3版］』〔北樹出版、2011〕198頁、内野正幸『表現・教育・宗教と人権』〔弘文堂、2010〕115～118頁）。なお、学テ最高裁判決（1976・5・21判時814号33頁）は、根拠条文を示さずに「私学教育における自由」に言及している。

私学の自由が認められるべき理由（私学の存在意義）としては、次の2点を指摘できる（結城忠『教育の自治・分権と学校法制』〔東信堂、2009〕288～295頁、米沢・前掲197～198頁）。第1に、子ども・親の学校選択の自由を実質化する必要である。私立学校が特定の宗教観や教育思想などに基づいて独自の教育を行い得ることは、親が自らの教育観に最も適合的な学校を選択する上できわめて有益である。国際人権規約［社会権規約］13条3項も、親の私学選択の自由の尊重を定めている。

第2に、国家の学校独占を否定し、多元主義的社会の維持に仕える必要である。公立学校においては、国民の多数派の意思が教育に反映することは不可避であり、子どもの同質化・標準化が進行するおそれがある。そこで、独自の教育理念に依って立つ私学の存在が、国民の同質化・標準化を緩和し価値の多元性を維持する役割を果たしうると考えられるのである。田中耕太郎は、「私立学校制度はある程度において国家内における自由な思想圏、文化圏の存在を承認することである。これは民主的な多元的国家観（pluralism）を前提としている。従って私学の存在は民主主義の存否を測定する一つの尺度

となり得るのである」とする（田中耕太郎『教育基本法の理論』〔有斐閣、1961〕662頁）。

私学教育の自由には、「宗教教育の自由、実験教育の自由、教育目的・教科・教育課程設定の自由、教材・教具選定の自由、教育方法の自由など」が属するとされる（結城・前掲294頁）。このうち、宗教教育の自由については、国公立学校に対し特定の宗教のための教育を禁止している教基法15条2項の反対解釈として、私立学校の宗教教育の自由が保障されていると解される。さらに、学教法施行規則50条2項は、「宗教」を教育課程に加えたり、「道徳」に代えることができることを定め、教育職員免許法4条5項は、「宗教」を中学校・高校における免許状授与「教科」の1つに位置づけている。ただし、宗教教育の自由の限界につき、文部事務次官通達（昭24・10・25文初庶152号）は、「私立学校は軍国主義的、超国家主義的諸説を教えてはならない」とする。

(2) 私立学校の公共性　教基法6条1項は、法律に定める学校は私立学校を含めて「公の性質」を有すると定めているが、ここから、国公立学校と私立学校が同じ「公の性質」を有している、と理解することは妥当ではない。国公立学校は、設置者が国・地方公共団体であるから、「公の性質」をもつことは自明である（国立学校の設置者は2004年以降国立大学法人となったが、学教法2条1項が定めるように、実質的には「国」による設置とみなされる。参照、鈴木勲『逐条学校教育法［第7次改訂版］』〔学陽書房、2009〕40～41頁、私学行政法令研究会編『改正私立学校法Q＆A』〔第一法規、2005〕171～183頁）。他方、私立学校が「公の性質」を有するという意味については、私学教育の自由をふまえるならば、①私立学校が系統的な学校制度の一環を担っていること、②私立学校設置者が公益性をもった法人であること、の2つを内容とすると解すべきであろう（俵正市『改正私立学校法［新訂三版］』〔法友社、2015〕26頁）。

なお、私学教育が「公教育」であるか「私教育」であるかについては争いがある。学テ最高裁判決は、「公教育制度」を「公共の施設を通じて組織的かつ計画的に行う」制度としており、「公教育」概念に私学を含まない使い方をしている。

(a) 系統的学校制度の一環　学教法が私立学校にも適用される趣旨につき、俵正市は、「系統的学校制度を確立し、生徒が相互に転校、進学できるようにするため、必要欠くべからざる最低標準を設定したという意味にとどまる」（俵・前掲314頁）と指摘する。また、結城忠は、私学の存在意義と私学

の自由に照らして、「私学に求められているのは、国公立学校教育との『等価値性（Gleichwertigkeit）』であって、『同種性（Gleichartigkeit）』ではない」こと、したがって、「『私学の公共性』にもとづくパブリック・コントロールは『私学教育と国公立学校教育との等価値性』を確保するための、必要かつ最小限の措置に限定されなくてはならない」（結城・前掲298頁）とする。私学の存在意義の核心は多元主義的社会の維持にあると考えられるので、私学教育の自由に対する制約は、生徒が相互に転校進学でき、公立学校との等価値性を確保するための「必要欠くべからざる最低標準」「必要かつ最小限の措置」に限定されるべきであるといえよう（国際人権規約〔社会権規約〕13条4項も、私学に対する国の基準は「最低限度」であることを要請している）。

　学教法は、①学校設置基準の遵守（3条）、②設置廃止等の認可（4条）、③校長・教員の資格（8条）、④教育課程基準としての学習指導要領（33条・学教施規52条等）、⑤検定教科書の使用義務（34条）等を私学にも適用している。このうち①②③については、公立学校との等質性を担保するために、一定の人的物的教育水準を確保する必要があると考えられることから、容認されると解される（③には異論もあり得る）。なお、学校設置基準は、学校種別ごとに文部科学省令により定められているが、本来は「私学設置基準」の法定が予定されている（私学法25条2項）。

　一方、④の学習指導要領の適用や⑤の検定教科書の使用義務は、私学の自由に対し過度に強い規制が及ぼされている疑いがある。学習指導要領は、各教科の目標・内容・留意事項についての細目を定めており、これに拘束されるならば私学独自の教育理念に基づく教育の展開は困難になると思われる。よって、学習指導要領の「法的基準性は、私学に対しては、その範囲および強度ともに、公立学校の場合よりも縮減し弱化する」（結城・前掲294頁）と解するのが妥当である。⑤についても、私学教育の自由には、本来、教材・教具選定の自由や教育方法の自由が属していると考えられるので、検定教科書の使用義務を私学に課すことは、私学の自由を不当に制約するものと捉えられる。もっとも、実態上、学習指導要領や教科書使用義務について、私学に対し強い制裁措置を伴う運用はなされていないとみられる。したがって違憲とまではいえないであろう。

　(b)　私学設置者の公益性　　学教法2条1項・私学法3条は、私学の設置

者を「学校法人」という特別法人に限定している。戦前の私学は民法の財団法人によって設置されていたが、教育的運営に欠けるところが多かったため、戦後、学校法人以外の私人や民法法人による設置を禁止した。これは、私学の設置主体に私益ではなく公益を実現すべきことを目的としたものである。

ただし、次のような例外がある。第1に、私立幼稚園は、当分の間、学校法人以外の民法法人、宗教法人、個人による設置も認められている（学教法附則6条）。法制定時、質的充実よりも量的普及が期待されたからである。第2に、2003年構造改革特別区域法改正により、株式会社（12条）、NPO法人（13条）の学校設置が認められ、2005年改正で協力学校法人（20条）の設置も認められることになった。このうち、株式会社立学校については、経営戦略が優先され、利益が教育に還元されないおそれが大きい等、学校の公共性や継続性・安定性の観点からみて問題があるといわれる（本書307頁［金子征史］、私学行政法令研究会編・前掲216〜227頁）。一方、不登校児を対象としたNPO法人立学校については、「就学義務」（学教法17条）の対象たる「学校」概念の拡張を図ることで、不登校児童生徒の権利保障に資する側面を有していると評価できる。

3　私立学校の組織運営

私学法は、私学設置者の公益性を実現するために、学校法人の組織運営に一定の法的規制を加えている。第1に、法人の業務決定機関として理事会の設置を定め（36条）、理事の定数・選任基準を法定した（35条1項、38条）。特に、校長の選任を義務づけたこと（38条1項1号）、特定同族の独占を禁止したこと（38条7項）には、法人の運営に教育者側の意見を反映させ、少数者の専断を防止する趣旨が示されている。なお、2014年改正で、理事の忠実義務規定（40条の2）が新設された。第2に、理事会の運営に対する民主的統制組織として、職員・卒業生を含めた評議員会を設置することを定めた（41〜44条、46条）。ただし、現実には、形式だけの評議員会も多く、総じて十分に機能していないといわれる。

第3に、学校法人が解散した場合における残余財産の帰属者を他の学校法人その他教育の事業を行う者とした（30条3項）。学校法人の財産は、私的配分をするのではなく、将来にわたって教育事業に供させることで公益性を高めようとしたものである。第4に、学校法人は、教育に支障がない限り、学

校経営に使用する目的で収益事業を行うことができると定めた（26条）。財団法人では、収益事業を営むことができず私学の財政基盤が脆弱であったためである。第5に、財務情報（財産目録・監査報告書等）につき、在学者その他の利害関係者への閲覧に供することを義務づけた（47条、2004年改正）。学校法人の管理運営の透明性を高め、説明責任を果たすためである。

　ところで、私立大学の組織運営については、学校法人と大学の権限関係をめぐり、多くの紛争が生じてきた。判例は、理事会の最高意思決定機関性（私学法36条）を重視して、教授会の審議を経ないでなされた学長選任や教員解雇を有効とするものと、大学の自治（憲法23条）および教授会の重要事項審議権（学教法旧93条）に基づき、これを無効とするものに分かれている。この点、事項の性質に応じて権限が分配されるべきであり、教学面に関しては大学側の決定を尊重することが必要であろう。

　2014年に学教法93条が改正されたが、学校法人と大学の権限関係は変更されていない（平26・8・29文科高411号高等教育局長・研究振興局長通知）。法改正に際して「大学のガバナンス改革」の必要性が強調されたが、「学問共同体」としての大学の意思決定のあり方は、一般企業とは本質的に異なる点が銘記されなければならない。

4　私立学校行政

　私学の所轄庁は、大学・高等専門学校については文部科学大臣であり、幼稚園・小学校・中学校・高等学校・中等教育学校・特別支援学校については都道府県知事である（私学法4条、学教法4条1項）。教育委員会の監督を受けない点が公立学校と異なる私学の特徴である。公立学校は教育委員会、私立学校は首長部局という二元行政のしくみについては、再検討を指摘する意見もある。なお、地方自治法180条の2に基づき、知事は、事務の一部を教育委員会に委任し、または教育員会職員に補助執行させることができる。また、地方教育行政法27条に基づき、知事は専門的事項について教育委員会の助言・援助を求めることができる。

　学校設置後の法令違反に対する監督として、学教法は、学校閉鎖命令（13条）と設備・授業等の変更命令（14条）を定めているが、変更命令は、私学には適用されない（私学法5条）。戦前の国による過度の介入を反省し、私学の自主性を担保する趣旨である。ただし、2002年学教法改正により、大学・高

専については、改善勧告、変更命令、組織の廃止命令が定められた（15条）。これは、大学行政の「事前規制から事後チェックへ」という流れのなかで、設置基準の弾力化に対応したしくみとして導入されたものである。私学法は、学校法人に対する収益事業停止命令（61条）や学校法人解散命令（62条）の規定を設けているが、2014年学校法人の不祥事への対応策として、所轄庁による必要な措置命令および役員の解任勧告の規定（60条）、業務・財産状況の報告および立ち入り検査の規定（63条）が新設された。

　私学法は、所轄庁の私学に対する行政の適正を期するため、審議会の意見聴取を義務づけている（8条等）。高校以下の学校については私立学校審議会（私学法9条）が、大学・高専については大学設置・学校法人審議会（学教法95条）が設置されている。私立学校審議会の委員は、従来、構成員の4分の3以上を私学関係者が占めることを定めていたが（旧10条2項）、都道府県の私学行政を過度に規制する可能性があることから、2004年改正で削除された。同様の理由により、2013年改正で、委員定数「10人以上20人以内」（旧10条1項）も削除された。

5　私学助成

　私学法59条は、国・地方公共団体が私学助成をできる旨定め（教基法8条参照）、私立学校振興助成法（以下「私学助成法」）1条は、私学助成の目的として、私学の教育条件の維持・向上、在学生の経済的負担の軽減、私学経営の健全化の3点をあげている。私学助成法に基づき大学等に対して実施されている経常費補助のうち、2002年以降実施の私立大学教育研究高度化推進補助等は、競争的観点から、教育研究内容に対する審査・評価に基づく傾斜配分がなされている。その結果、財政誘導を通じて学問の自由が侵害されるおそれがある、と指摘できる。

　私学助成法は、法令違反や定員超過等の場合の減額・不交付規定（5・6条）や、特定分野の教育振興のための増額規定（7条）を置くとともに、助成にともなう所轄庁の監督権限として、①業務・会計の報告、質問・検査、②定員の大幅超過の是正命令、③不適当な予算の変更勧告、④法令違反役員の解職勧告の4つを定めている（12条）。さらに、財務諸表の作成は、学校法人会計基準（文科省令）に従うこととされるが（14条）、同基準は、学校法人の公益性・安定性・継続性の観点から、剰余金の創出ではなく、長期にわたる収支の均

衡（利益の教育への還元）を要請している。利益を出してはならない点は、学校法人の大きな特質である。

　前述のように、私立学校の存在意義は、①子ども・親の学校選択の自由を実質化すること、②国家の学校独占を否定し、多元主義的社会の維持に仕えることにある。けれども、現実には、私学授業料が高額のため、①の私学選択の自由は経済的優位者の自由と化していると指摘でき、また、私学に子どもを通わせる保護者は、公立学校設営のための税負担と私立学校の学費との「二重負担」を強いられているという問題もある。②についても、低所得家庭の子どもだけが、多様な価値観に基づく私立学校を選択できず、国家による同質化・標準化が進行しがちな公立学校への就学を余儀なくされることは問題であるといわなければならない。

　ところで、教基法4条1項は差別禁止事由として憲法14条1項にはない「経済的地位」を列挙している。その意義を、教基法4条3項の定める経済的修学困難者への支援（実質的な「機会の平等」の保障）と関連づけて理解した場合、私学の学費が著しく高額の場合には、事実上「経済的地位」による選別がなされているとみることもできよう。外国の例をみると、たとえばドイツ基本法7条4項は、私学の認可条件として、「生徒が親の資産によって差別されてはならないこと」を定めている。その趣旨は、私立学校が、すべての市民に対して、その経済上の地位や境遇に関係なく、開かれたものでなくてはならないことにあり、高額な授業料を要求している場合は「差別の禁止に抵触する」と解されている（ヘルマン・アベナリウス（結城忠監訳）『ドイツの学校と教育法制』〔教育開発研究所、2004〕96・102頁）

　私学選択の自由に物質的基盤を与え、家庭の経済力の如何に関わらず実質的な「機会の平等」を確保するためには、私学在学生に対する公的支援を行うことが必要となる。私学助成はかかる措置の1つとして位置づけられ、学説上、私学助成は憲法26条によって義務づけられているとする説も有力に主張されている。ただし、私学助成には、憲法89条（公金支出の禁止）による制約という問題がある。特に宗教系私学への助成については、国と宗教の関わりの程度によっては政教分離原則違反となる場合がある（中村睦男「私学助成の合憲性」芦部還暦記念『憲法訴訟と人権の理論』〔有斐閣、1985〕441～445頁、中村英「私立高校生の宗教教育参加義務と日本国憲法（試論）」東北学院大学論集36号（1990）13

〜18頁。宗教法人立幼稚園への助成については違憲説が有力である）。

　そこで、最近では、低所得家庭の子どもが私学に入学できるための方策として、私学助成に代わり、家庭の収入に反比例した直接給付制度や公立私立に共通なバウチャー制度を検討する必要性が指摘されている（米沢・前掲210〜211頁、長谷部恭男『憲法の理性』〔東京大学出版会、2006〕142〜144頁、森村進「公権力の民営化」西原博史編『岩波講座・憲法2人権論の新展開』〔岩波書店、2007〕97〜99頁、107頁）。なお、高校の公私格差の是正と憲法26条の関係につき、私学訴訟第1審判決（大阪地判1980・5・14判時972号79頁）、第2審判決（大阪高判1984・11・29判タ541号132頁）がある。

　義務教育段階については、憲法26条2項の「義務教育の無償」が私学にも適用されるか、が論点となる。通説は、私立学校への就学は、無償で義務教育を受ける権利の放棄であるから、私立学校の授業料徴収は憲法26条2項に違反しないと解する（教育法令研究会『教育基本法の解説』〔国立書院、1947〕86〜87頁）。これに対し、私学適用肯定説（吉田善明「判例批評」判タ445号（1981）11〜12頁、成嶋隆「公教育の無償性原則の射程」日本教育法学会年報41号（2012）126〜127頁）も存在する。

　外国の例をみると、オランダにおいては、私学も義務教育は無償とされる。オランダでは、義務教育についても公立私立を含む親の学校選択の自由が保障されているが、各公立学校の教育課程編成権・財政自律権・教員選任権と私立学校の無償が、この選択の自由を実質化しているとみられる（結城・前掲338〜344頁、347〜351頁、太田和敬「オランダ教育制度における自由権と社会権の結合」人間科学研究（文教大学人間科学部）31号（2009）16頁、22〜25頁）。

《参考文献》
　本文に示したもののほか、
・文部省私学法令研究会編著『私立学校法逐条解説』第一法規、1970年
・有倉遼吉編『基本法コンメンタール教育法［新版］』日本評論社、1977年
・小野元之『私立学校法講座［平成21年改訂版］』学校経理研究会、2009年
・松坂浩史『逐条解説私立学校法』学校経理研究会、2010年
・俣正市監修『注釈私立学校法』法友社、2013年

【廣澤　明】

6 社会教育法・生涯学習振興法

1 社会教育法制定の背景

1949年6月に社会教育法（以下社教法）は、戦後教育改革期の主要な教育法律の末子として登場した。「1948年春をもって日本占領における"改革期"が終わった」とみなす見解に従えば「改革期」のピークを過ぎて登場した同法の誕生過程は、単純ではない。社教法は、戦後教育改革の"ねじれ"を背負うといわれてきた。一方には、憲法・教育基本法（以下、教基法）の民主主義的理念の実現課題を背負い、他方には、戦前期の官府的公民教育思想、農村中心、非施設・団体中心主義、青年教育中心主義を残存させていた。

戦後教育改革に、社教法は、いかに位置づけられるのか。そこには相異なる２つの評価が存在した。積極面は、憲法26条を受けた1947年教基法と接続性が強く、民主的教育原則をもつすぐれた法律との評価である。消極面は、1948年から49年にかけて戦後改革の"ねじれ"が表面化し、改革＝民主化よりも旧体制の復活の動きである団体主義、内務行政的「公民」思想などが組み込まれたことである。したがって、戦後教育改革の「弱い環」との評価もされた。異なる評価の矛盾を解く力は、戦後初期の「教育の解放」（古在由重）運動であるはずであった。しかし、教育関係法の立法過程は、民衆が直接参加し、主導権を握ったわけではなかった。教育改革立法の直接的担い手は、大正デモクラシーの洗礼を受けた自由主義的知識人たちであった。民衆の教育文化運動は、教育立法過程そのものよりも、地域での教育学習運動の組織化に向かったのである。

2 1949年社会教育法理念と構造

成立過程に矛盾をもった49年社教法は、積極面と消極面を併せもつ法であった。第1に、法の「理念において豊か」という評価がある。ただし、47年教基法制定過程では、教育刷新委員会の当初原案に「社会教育」の条項は欠落し、後に追加された7条（社会教育）審議の討議も、当初は貧弱であった。しかし、その後、教育刷新委員会の真摯な討議により、教基法が、国民の社会教育の権利と国・地方公共団体の責務を明記したことは大きな成果であった。それを受けて、「自由を阻む方面に拘束を加えて、自由なる部分の発展と奨励とを策することも法制化の一の使命である」「「社会教育の自由の分野

を保障しようとするのが社会教育法制化のねらい」（寺中作雄）という立法者意思は、この時期の重要な立法精神であった。第2に、法内容では、社教法は民主的な条項とそれとは矛盾をもった条項の両面をもつ法であった。1つには、社教法は「国民の教育を受ける権利」（憲法26条）についてすべての国民を対象にした積極的な面をもった。しかし、2つには、「主として青少年及び成人に対して行われる組織的な教育活動（体育及びレクリエーションの活動を含む）」（社教法2条）として社会教育を狭く定義し、47年教基法と矛盾を生じさせた。教基法は、教育の目的が「あらゆる機会、あらゆる場所」に実現されるべき（2条）とうたい、社会教育が「家庭教育及び勤労の場所その他社会において行われる教育」（7条）との規定をもつ。両法の規定のずれは、その後の社会教育行政に制約をもたらした。3つには、社会教育は国民「自ら実際生活に即する文化的教養を高める」活動とともに国や地方公共団体がその「環境を醸成」する責務を明確にしたこと、4つには、社会教育行政は非権力的助長行政であり、求めに応ずる「指導・助言」行政であるとしたこと、5つには、社会教育の自由保持の住民参加制度として公民館運営審議会および社会教育委員制度を規定した。これらは、他の教育法に比して社教法のユニークな特徴であった。第3に、法形式・法構造としては、次の特徴があった。1つには、個別法である図書館法（1950年）、博物館法（1951年）などの法源・上位法としての総合法の形式でありながら、同時に公民館や社会教育関係団体に多くをさき、別名公民館法、社会教育関係団体法と呼ばれた。2つには、社教法は、学校教育法、教育委員会法などと多くの連関を有し、またその他の関連領域を有する法であった。3つには、市町村主義を明確にする法であった。これは、国の法律の法規範性においては、「予算の範囲内」の財政執行、施設・職員の「任意設置性」など、当初から法的制約をもち、地方公共団体の条例、規則や地域的・慣習法的定着に多くを委ねる法構造を有していた。また、社教法の専門職員の位置づけは弱く、後に法改正によって社会教育主事規定を有したが、公民館主事の法規定がないことは大きな弱点であった。これらは、学校教育法の国家的法的規範性の強さと比較して、社教法の大きな特徴であった。

3　生涯学習振興整備法による社会教育法「改正」の質的変容

(1)　生涯学習振興整備法とは何であったのか　生涯学習振興整備法は、

民間事業者の能力の活用（5条）、参入を容易にする負担金についての損金算入の特例（9条）を設定し、公共的な基盤投資を前提に都道府県を軸としての地域生涯学習基本構想の策定（5条）という法構造をもつ。法制定時の文部・通産両省の承認という生涯学習振興整備の国家関与はありながら、民間事業者への優遇と産業振興を図る「生涯学習関連産業立地整備法」でもあった。社会サービス産業育成という面から、生涯学習産業に着目する動きは「臨教審」以降強められた。しかし、多くの制約があった。第1は、生涯学習産業」は、規制緩和の例外的な分野、すなわち「幼稚産業」（＝「現在は競争力を持たないが、一定期間政府が保護することで競争力を持ち自立する産業」）の性格をもつ新規社会サービス産業であった。同法の負担金の損金算入特例や公共的基盤投資などの「配慮」に関わらず、民間事業者は、参入に消極的であり、立法後四半世紀を経過しても（2015年）、地域生涯学習基本構想を策定する県が、広島県のみであり、「幼稚産業」の性格をぬぐえていない。第2は、上記と矛盾するが、この法は、社会教育の公的規制に関しては、多くの規制緩和を迫るものであった。以下の5点である。1つには「公的事業による民間文化事業の圧迫」あるいは「民間教育事業者との連携や支援の不足」があり、生涯学習政策に公的社会教育は障壁であり、改革すべきとの勧告をもたらしたこと。2つには、社会教育行政の一般首長部局生涯学習行政への統合圧力が強められ、多くの自治体で教育委員会下の社会教育行政が解体される事態が生じた。二元行政（社会教育行政、生涯学習行政）の自治体も残るが、一元化（生涯学習行政への社会教育行政の吸収）を図る自治体も増加した。これが前提となり、教基法改正（2006）、社教法改正（2008）後は、学校教育支援型行政へ転換してきた。3つには、ナショナルミニマムとしての水準の達成認識から、国家的な社会教育振興は不要、「地方分権」や民間に委ねるべきとの議論の隆盛である。これまで、公立社会教育・体育施設は、個別法が補助金の根拠であったが、「これらの施設の普及や地方の自主性尊重の観点から、国庫補助金の一般財源化や整理合理化」「対象事業の見直しや重点化」「民間委託や民間事業の活用」が叫ばれてきた。指定管理者制度の発足は、この1つの帰結といえる。4つ目には、生涯学習産業振興、生涯学習消費市場拡大の立場からは、国民を消費的学習者として個別に捉え、個人学習やイベント的な学習・文化事業が奨励され、学習成果の評価と活用、学習指導者・ボランテイア人材バンクの

活用、学習成果の数値化（評価）による達成動機の刺激など、国民の相互学習、共同学習とは異なる原理が台頭してきた。5つめは、社会教育法制の原則それ自体の否定と軽視の傾向であった。すなわち、社会教育法制における教育法としての条件整備・環境醸成責任性、学習の機会均等と自由を権利として保障する施設整備や求めに応じた助言の社会教育職員の専門職性の促進、非営利性や政治的中立性、公共的な責任制などの施設運営、市町村を中心にしての地域社会教育計画・生涯学習計画の策定などの基本原則を、不経済・不必要な公的規制とする法改正議論を醸成してきた。以上の帰結は、「公私混合行政協働システム」への転換と2008年社教法改正であった。

(2) 臨教審「生涯学習体系への移行」戦略と生涯学習振興整備法　　いわゆる新自由主義政策と民営化による福祉国家の解体と基本的人権の社会権的な側面を制限し、市場経済原理最優先と公共経済学による国家政策の順位性の再秩序化を図るねらいは、1980年代以降四半世紀続いてきた。「臨調」型行革の教育への適用である「臨教審」（臨時教育審議会）は、その最初の引き金であった。臨教審の「生涯学習体系への移行」戦略は、「教育」概念の矮小化と、教育法理念の適用範囲の縮小限定化をねらうものであった。2つの社会教育終焉・不要論（松下圭一、高梨昌）の登場、地方財政危機を理由とした財団・事業団・第三セクターの施設管理・運営・事業の委託化の進展、地域における生涯学習推進体制、生涯学習まちづくり化などが臨教審審議とオーバーラップしながら進行した。臨教審答申の「生涯学習体系への移行」政策は、行政機構としての社会教育局の廃止と生涯学習局への統合（1988年）、中教審答申「生涯学習の基盤整備について」（1990年）を経て、生涯学習振興整備法（1990年）を成立させた。

(3) 生涯学習振興整備法と社会教育法の矛盾的動態

① 生涯学習振興整備法の法的性格と欠陥性　　生涯学習振興整備法は、当初から生涯学習の定義の欠落、財政的裏付けの欠如、地域生涯学習基本構想の承認基準の立法時の未作成、教育基本法や社会教育法との接続問題の曖昧性など、欠陥法と指摘される法律であった。教育法なのか、産業振興法なのか曖昧な性格については、立法時の「付帯決議」の「教育基本法の精神にのっとり行う」ことの意味が不明であることを含め、教育法体系に風穴をあける産業法的役割をもつものといえた。地域生涯学習基本構想の前提となる

==================== 6 社会教育法・生涯学習振興法 ====================

「承認基準」の策定遅れは、文部・通産両省がどれほど一致してこの法に熱心なのかを疑わせた。文部省の熱意と積極性に比し、通産省は消極的な対応に終始した。地域生涯基本構想の策定については、広島県以外は、「必ずしも積極的とはいえない」し「今後の基本構想制度の活用の進展の展望も必ずしも明らかとはなっていない」との総務庁の当時の監察結果が報告されていた（1996年12月）。

② 社会教育法制と生涯学習振興整備法……2つの法の矛盾　生涯学習振興整備法は、社教法制にくさびを打ち込む点では、短期間に大きな足跡を残してきた。第1は、生涯学習審議会の位置づけの高さと、政策的影響力の大きさである。同審議会答申の多くは、生涯学習振興整備法の体系下に、「社会教育」（行政、活動）を組み入れる先導役を果たした。第2に、学校教育との関係性においては、生涯学習審議会は、中教審答申との連動性を急速に強め、ついには、中教審の一分科会に吸収された（生涯学習分科会）。生涯学習審議会は、都道府県にも設置ができるとされ、社会教育法のもとでの社会教育委員制度の形骸化を市町村にも引き起こした。第3は、生涯学習振興整備の名のもとに、都道府県が大きく位置づけられたことである。社会教育法の市町村主義による「一定区域」内の自治的な、社会教育事業が都道府県主導型の「地方分権」に統合されていく傾向が強まった。これは、市町村や集落の狭域的な社会教育の抑圧となり、市町村合併を促した。また、都道府県教育委員会の「事務」（社教法6条）と「事業」（生涯学習振興整備法3条）との差異は、2つの法の立場の違いを明確にし、首長部局事業と教育機関の事業との区別の曖昧性を誘引した。第4は、公民館での事業の展開における非営利性原則の修正が「文部省通知」（1995年9月、「民間営利社会教育事業者」に対する公民館使用を認める法解釈）で示され、社会教育の公共性原則が不明確となり、さらには、指定管理者制度の導入を用意したといえる。第5は、社会教育関係団体への指導助言性の問題である。生涯学習振興整備法では、基本構想の実施について関係団体に「必要な協力を求める」（8条）とし、旧社教法12条の不当な統制的支配、干渉の禁止規定と大きな落差があった。第6は、「社会教育関係法令の見直し」を水路づけたことである。

4　2008年社会教育法改正の内容と構造

(1)　2008改正社会教育法の特徴と構造　　2008年5月27日の衆議院本会

議、6月4日の参議院本会議において、「社会教育法等の一部を改正する法律案」（社会教育法、図書館法、博物館法）が可決された。立法過程は、審議期間の短さ、関係団体や政党間の考えの違いなど複雑な面があり、それらを含めて不透明性（反対は共産党のみ）があり、3つの個別法の独自審議ではなく一括審議であり、両院いずれも「附帯決議」（衆議院7項目、参議院8項目）付きであったなどである。「附帯決議」では、法改正で危惧される問題点が逆に浮き彫りにされた。すなわち、「社会教育施設における人材確保」、「指定管理者制度の導入による弊害」への配慮、「地域間格差を解消」すること、「自発的意思で行われる学習に対して行政の介入とならないよう留意」すること、「評価の透明性、客観性」の確保、「有資格者の雇用確保」、「社会教育委員の制度等を積極的に活用」すること（以上衆院）、「国民の自発的、主体的な学習が担保されるよう配慮」すること、「各個人の学習活動と地域社会の教育活動との循環」の支援（参院）等である。この法改正は、基本的には、改正教育基本法に基づくものであり、以下の危惧される問題点を有していた。①上位概念としての生涯学習振興法にうたう「生涯学習」への社会教育の組み込み、②学校支援型行政としての社会教育行政の新たな位置づけ、③成果主義型評価の導入、④一般行政へのスポーツ・文化部門の所管事務移動と指定管理者の一層の活用による社会教育行政の空洞化の恐れ、⑤社会教育主事、司書、学芸員の資格、養成、等の改編、⑥補助金交付における社会教育委員が置かれていない場合の他の審議会の代用の承認、などであった。

5　2014年地方教育行政法の改正

　2014年6月に、地方教育行政法が改正され、2015年4月から施行されている。教育委員会制度という戦後教育行政三原則の根幹に大きな変動が生じることになった。教育委員会は、合議制執行委員会という制度枠組みを存続させたものの、新「教育長」、「大綱」、「総合教育会議」などにおいて、首長部局との新たな関係枠組みの再編が迫られることになった。社教法17条（社会教育委員）、28条（公民館長等の任命）は、連動して改正されるが、社会教育の住民自治・地方自治の再構築が課題とされよう。

《参考文献》
・姉崎洋一「教育委員会制度改革と社会教育」（坪井由実・渡部昭男編『地方教育行政法の改定と教育ガバナンス』三学出版、2015年）

【姉崎洋一】

⑦ 教育職員免許法

1 教員養成の原則と本法の目的

　日本では、国公私立を問わず学校の教員となるには免許状をもっていなければならない。免許状制度は教員の専門資格を公証するしくみであり、大学における教員養成と開放制という戦後の教員養成の原則を支えてきた。これらにより、教職課程を置く大学であればいずれの大学・学部からも教員になることができ（課程認定制度は1953年改正で導入）、異なるバックグラウンドをもつ多様な教員が生まれることが期待されたのである。

　教育職員免許法（1949年5月31日公布）1条は、「この法律は、教育職員の免許に関する基準を定め、教育職員の資質の保持と向上を図ることを目的とする」と規定している。免許取得の資格・基準を法定し、教職の専門性を担保することが教育職員免許法のそもそもの趣旨である。ここで教育職員とは、学校教育法1条に定める幼稚園、小学校、中学校、義務教育学校、高等学校、中等教育学校および特別支援学校並びに就学前の子どもに関する教育、保育等の総合的な提供の推進に関する法律2条7項に規定する幼保連携型認定こども園の主幹教諭、指導教諭、教諭、助教諭、養護教諭、養護助教諭、栄養教諭、主幹保育教諭、指導保育教諭、保育教諭、助保育教諭および講師をいう（免許法2条）。

　本法制定当初は、教員のほか、校長、教育長、指導主事それぞれの免許状があり、免許状によって専門性を担保するという原則は、教育行政組織にも適用されていた。1954年改正により校長、教育長、指導主事の各免許状は廃止され、任用資格となり、免許状は教員のみとなった（学教法8条、学教施規20条～22条）。

　本法は、第1章　総則、第2章　免許状、第3章　免許状の失効及び取上げ、第4章　雑則、第5章　罰則、附則、から成る。第1から第8までの別表は、教諭等の免許状授与の要件を詳細に定めている。

2 免許状制度

　教員は、学校種や担当教科等に応じた免許状を有していなければならない（相当免許状主義　3条）。規定に違反して免許状を授与したり、相当免許状を有しない者を任命または雇用した場合、相当免許状を有しないにも関わらず教

育職員となった場合等には、いずれも罰金が科せられる（21条～23条）。

(1) 免許状の種類　免許状には、普通免許状、特別免許状、臨時免許状がある。

普通免許状は学校の種類ごと（中等教育学校および幼保連携型認定こども園、義務教育学校〔2016年4月1日から〕を除く）の教諭、養護教諭、栄養教諭それぞれの免許状に大別され、基礎資格によって専修（修士の学位を有すること）、一種（学士の学位を有すること）、二種（短期大学士の学位を有すること）がある。高等学校教諭には二種免許状はない。中等教育学校の教員については固有の免許状はなく、中学校および高等学校の教員の免許状が必要である。同じく義務教育学校の教員については、小学校および中学校の教員の免許状を有する者でなければならない。特別支援学校の教員については、特別支援学校教諭免許状の他、特別支援学校の各部に相当する学校の免許状が必要である。

特別免許状は、学校の種類ごとの教諭の免許状、臨時免許状は同じく助教諭および養護助教諭の免許状である。

栄養教諭の創設（2005年4月）に伴い、栄養教諭免許状が設けられた。また、2007年度から、従来の盲学校教諭免許状、聾学校教諭免許状、養護学校教諭免許状が特別支援学校教諭免許状に一本化された（障害種の領域はある）。さらに、認定こども園法の改正、幼保連携型認定こども園の創設（2012年）に伴い、保育教諭が位置付けられた。これは、幼稚園教諭と保育士資格の両方を有していることが原則とされる。

(2) 授　与　普通免許状の授与を受けるためには基礎資格を有し、かつ、①大学もしくは文部科学大臣の指定する養護教諭養成機関において所定の単位を修得する（別表第1、第2もしくは第2の2）、②教育職員検定（人物、学力、実務および身体について授与権者が行う　6条）による、の2つの方法があるが、特例として文部科学大臣もしくは文部科学大臣が委嘱する大学が行う教員資格認定試験（16条の2）による方法がある。ただし、欠格事由（消極的能力要件　5条1項）のいずれかに該当する者には授与されない。なお、2002年改正により免許状取上げの処分を受けた者について免許状を授与しないこととする期間が2年から3年に延長された。

特別免許状は、教育職員検定に合格した者に授与される。「担当する教科に関する専門的な知識経験又は技能を有する者」「社会的信望があり、かつ、

教員の職務を行うのに必要な熱意と識見を持っている者」のいずれにも該当することが要件である（5条4項）。これは、免許状を有しない、すなわち大学での養成教育を受けていない社会人などを教員として採用するためのしくみであり、学校教育の多様化への対応とその活性化をねらいとして1988年の改正により導入された。当初は、担任できる教科や有効期限に制限があったが、後の改正でいずれも廃止されている。

臨時免許状は、普通免許状を有する者を採用できない場合に限り教育職員検定に合格した者に授与され（5条6項）、有効期間は原則として3年間である。

(3) 失効および取上げ　　第5条1項に掲げる欠格事由に該当するに至ったとき、公立学校の教員であって懲戒免職の処分を受けたとき、公立学校の教員であって分限免職の処分を受けたとき、には免許状は失効し、失効した者は免許状を免許管理者に返納しなければならない（10条）。国立または私立学校の教員で懲戒免職、分限免職の事由に相当する理由で解雇された場合、公立学校の教員であって分限免職の事由に相当する理由で免職処分を受けた場合には、免許管理者は免許状を取り上げなければならない（11条）。2007年改正で、分限免職が処分事由に加えられ、欠格事由と同様、厳格化が進んでいる。

3　免許状主義の特例

免許法はたび重なる改正を経てきたが、とりわけ近年では教職に関する科目の拡大と単位増、教育実習期間の長期化、介護等体験の義務づけ（小・中学校免許状）等により、免許基準が引き上げられてきた。このため、教員養成系大学・学部ではない、いわゆる一般大学・学部では免許状取得は少なからぬ負担を伴うものとなってきている。また、文科省が行う教職課程認定や実地視察などにより、修得すべき科目や単位数のみならず、授業の内容まであらかじめ設定された基準に沿うことが強く求められるため、教員養成カリキュラムに大学の独自性や多様性を取り入れることは容易ではない。

その一方で、いわゆる民間人校長・教頭の任用や特別免許状制度など、免許状をもたなくても校長や教員になれるルートがつくられ、免許状制度の空洞化ないし二重基準化が進んでいる。

校長の資格要件は、①教諭の専修免許状または一種免許状を有し、②かつ、教育に関する職に5年以上あったこと、と定められている（学教施規20条）。

しかし、中教審答申（「今後の地方教育行政の在り方について」1998年9月）が校長・教頭の任用資格の見直しを提言したことを受け、「学校の運営上特に必要がある場合」には、上述の資格要件を有する者と「同等の資質を有すると認める者」を校長として任命または採用することができることとなった（学教施規22条 2000年4月施行）。現在では、副校長・教頭についても同様に資格要件が緩和されている（準用 学教施規23条）。日本では知識・経験を有する教員が校長・教頭など学校管理職になるものとされてきたが、「民間人」校長等「教員ではない学校管理職」の出現は、学校組織の性格・あり方を変容させるものである。

4 教員免許更新制

普通免許状および特別免許状は、これまで失効したり取り上げられたりすることがなければ終身有効であったが、2009年度から免許更新制が実施されることとなった。免許状更新講習を受講せず、もしくは修了認定を得られない（不合格）場合には、免許状は失効し当該教員は職を失うことになる。免許状が終身有効となったのは1900年の教員免許令および小学校令によってであるから、免許更新制の導入は歴史的な出来事といわねばならない。

概要は以下の通りである。普通免許状および特別免許状の有効期間を授与の翌日から起算して10年と定めたこと（9条）、有効期間の更新および延長について定めたこと（9条の2）、更新の要件となる免許状更新講習について定めたこと（9条の3）、改正前の規定により授与された免許状を有する者（旧免許状所持者）は、修了確認期限までに免許状更新講習の課程を修了したことについての免許管理者による確認を義務づけ、確認を受けなかった場合には免許状は失効すること、失効した免許状は返納し、これを怠った場合には10万円以下の科料が科せられるとしたこと（改正法附則2条〜4条）。

教員免許更新制の目的は教員として必要な資質能力が保持されるよう、最新の知識技能を身につけることであり、不適格教員の排除を目的とするものではないと説明されている。しかし、実際には適格性審査の側面が否定できないこと、現職研修、とりわけ10年経験者研修との重複、そもそもの実効性など多くの問題点が指摘されている。

附則8条に基づく施行5年後の制度の再検討を受け（「教員免許更新制の改善について（報告）」教員免許更新制度の改善に係る検討会議 2014年3月18日）、教育職員

免許法施行規則の一部改正が行われた（2014年9月26日）。必修領域、選択領域に加え新たに選択必修領域を設け、領域ごとの時間数と内容の見直し（必修領域を12時間から6時間へ、選択必修領域を6時間、選択領域を18時間から12時間）等を行った（2016年4月1日施行）。

　「これからの学校教育を担う教職員やチームとしての学校の在り方について」の諮問（2014年7月29日）を受け、中教審では教員の養成・採用・研修を一体的に見直し、再構築するための方策について検討が進められている（「論点整理」教員の養成・採用・研修の改善に関するワーキンググループ　2014年7月、「これからの学校教育を担う教員のあり方について（報告）」教員養成部会　2014年11月6日、「これからの学校教育を担う教員の資質能力の向上について（中間まとめ）」教員養成部会2015年7月16日）。義務教育学校創設や学校間連携等への対応措置（免許状の併有等）等を講じた後、免許状制度の総合的な在り方の検討を行う予定とされている。教職大学院を中核に据えた教員養成の高度化や学校種横断的な免許状の創設等免許状の見直し、大学と教育委員会の連携等の検討課題は、いずれも現行制度を大きく変えるものであり、その動向が注目される。

《参考文献》
・佐藤学『専門家として教師を育てる―教師教育改革のグランドデザイン』岩波書店、2015年

【吉岡直子】

Ⅱ　自治立法・条例

1 教育関係条例・規則

はじめに

　地方分権一括法（1999年7月16日公布）に結実した1990年代以降の分権改革は、自治体の教育行政にとっても大きな意味があった。第1に、指揮監督権等の国・中央省庁の関与が大幅に縮減され自治体による政策決定の裁量権限が拡大したこと、第2に、縦割り行政の制度的しくみでもあった機関委任事務の廃止等で自治体行政の総合化に弾みがつき、教育委員会によって主要に担われてきた従来の教育政策決定や教育行政運営から、首長・議会そして首長部局との連携・協力のもとに多元的で協働型の政策決定と行政運営が求められていること、そして、第3に、そうした自治体の自己決定権の拡大に伴う政策決定過程における政治の「復権」と協働型の政策決定および行政運営のしくみづくりが、地域の利害・要求を適正・的確に調整し政策決定と行政運営の民主的原則や手続きに関する地域的ルールづくりの1つとして自治立法の意義を高めることになってきている点である。

1　地方分権改革と自治体行政の変化
　　——政治の「復権」と多元的で協働型の行政づくりの課題

　分権改革により国の強い関与と縦割り行政のしくみとなっていた機関委任事務制度が廃止されたことで、縦割り教育行政の象徴ともいわれてきた教育委員会制度のあり方が問われてきている。

　分権改革による自治体の裁量権限の拡大は、自治体の政策決定過程における政治の「復権」や自治体行政の総合化を促す。機関委任事務を軸とした旧来の国―自治体の行財政制度は、国の中央省庁別の縦割りに分割された法令を執行する行政優位のしくみであり、自治体の政策過程から「政治」を消失させる装置でもあった。分権改革により条例制定権や国の法令に関する解釈権も含め自治体の自己決定権が格段に拡大したことで、自治体の政策過程における「政治」の復権が促され、教育政策の多くも、ますます、自治体の政策過程＝利害調整の政治過程におかれる傾向を増し、首長の主導性や議会で

の教育政策審議の比重が高まるとともに、教育委員会部局をこえた他部局との連携・協働の政策として決定、執行されるようになっている。加えて、これまで教育の「客体」と見なされてきた住民・市民とその組織等が、NPO等の胎動に見られるように地域の教育・学習事業を直接担う主体となり、専門的な学校教育活動においてさえも不可欠な担い手・パートナーとなってきている。

そうした住民・市民等の動きは、自治体の総意・合意形成をすすめていくうえでさまざまな利害・意見の調整を担う行政や議会の役割をこれまで以上に高めることを意味するし、利害・意見の調整を適正、的確にすすめる地域的ルールづくりを強く要請させてくる（松下・西尾・新藤2002）。こうした要請は、これまで行政監視の役割を主に期待されてきた議会に、新たに審議機関＝政策立案の役割を求めることにもなり、これまで以上に議会における教育政策の審議が量的にも質的に高まっていくことが期待される。

上記のような自治体行政をめぐる変化のもとで、これまで教育委員会部局が主要に担ってきていた地域の教育政策の形成や教育事業の運営を各界各層の人々や組織等で協働する多元的な教育行政のシステムづくりが求められている。ただ、教育・学校をめぐる課題の専門的深化と領域複合化等が進行するなかで、自治体の教育政策と教育行政は、従来にも増してこれまでになく高い専門性や総合化、そして、敏速な対応力を求められている。そうした今日的な課題に対応しようとする時、教育委員会の活動力を一段と高めるとともに、各自治体が抱える教育課題に知悉している専門家を教育委員として任命したり、教育委員会の下に地域の教育課題を精査し政策立案機能を担う教育審議会等の組織を設置するなどの工夫で教育委員会の政策立案能力等を高める等の取り組みも必要である。また、教育委員会事務局の政策立案機能や政策形成能力を高めていくという点では、事務局職員の個別政策の政策開発能力が問われることになるが、旧来のジェネラリスト重視型の人事管理ではそうした今日的課題に対応しきれないため、教育行政専門職の育成・配置や事務局ポストに外部の専門家を登用する等のほか、自治体内外に存在する高い専門性・技術を保有する企業・団体、大学・教育機関、NPO等の組織等とのネットワークづくりに取り組むことも必要である。そうした試みは自治体職員の資質にプランナー型ないしプロデューサー型の職能を加えていくこと

になる点も留意し人事・研修等の見直しを図っていくことも求められる（松下・西尾・新藤2002：258頁）。

2　自治立法の種類と旧制度の問題

　分権改革により自治体の政策決定・運用の裁量権限が拡大するのに伴い、政策決定と行政運営において利害調整の比重が高まり「政治」が活性化することが想定されるが、その分、政策決定と行政運営には透明で公正なルールづくりが重要になる。そうした自治体における法的ルールづくりの役割を担うのが自治立法である。自治立法とは、自治体が制定する法令であるが、それらは、議会の議決によって定められる条例、首長・行政機関が行政運営を補完するために制定するルールのうち、法令の授権を要し外部効果をもつ「法規命令」である規則と、法律の授権を要さないが行政内部のルールという性格を有する「行政規則」＝訓令、通達、要綱等に大別される（要綱は、実定法上の用語ではなく、行政運営に関して「基本的な、又は重要な事柄、又はそれをまとめたもの」の総称とされる［木佐1998：184頁～185頁］）。

　自治体が必要な法令を制定することは、憲法で自治体の基本的権能として保障され（第94条）、それを具体的に規定した地方自治法でも、自治体の事務に関して国の法令に違反しない限りにおいて条例・規則を制定できるとされている（地自法14条、15条）。自治立法のなかでも、住民の直接選挙により選出・構成される議会で議決・制定される条例は、特に政治的に重要な意味をもつ。ただ、分権改革前の旧制度では、①都道府県事務の6～7割、市町村事務の3～4割を占めていたとされる機関委任事務については条例を制定できないとされていたこと、②自治体の事務であっても国の法律や基準等で定められている場合には、国のそれがナショナル・マキシマムであり自治体が独自に拡充・強化するような条例は制定できないとされてきたこと（法律先占（専占）論）、③都道府県と市町村は対等で各々の事務に関して条例を制定できるとされていたが、市町村事務でも都道府県単位で統一を図る必要がある場合には都道府県が市町村に優越し「統制条例」を制定できるとされ市町村の条例制定が制約されていたこと等、自治体の条例制定を制約・抑制するしくみもあって自治体は必ずしも条例制定に前向きに取り組んできたわけではなかった。そのため、自治体の条例制定をめぐる制約や国・都道府県との軋轢、議会内の政治的確執を忌避する方策として、条例ではなく策定が容易な

規則・要綱等を活用した行政運用に傾斜する傾向があったことも否めない事実であった。行政担当者が安易に要綱等に頼る理由として、「指導要綱は法的建て前としては強制力のない単なる事実上の協力要請に過ぎず、行政機関の任務又は所掌事務の範囲内であれば、法律の根拠を必要としないことから……自治体は法的拘束を受けずに行政課題に臨機応変に対応することが可能であ」り、また、「指導要綱は地方自治体の有する多様な権限を背景とした実効力を有しており、実際は権力的な規制にほとんどかわらない効果をもつ」ことから、条例制定に関わるさまざまな問題を忌避して簡便な行政運用ができるということ等が指摘される。しかし、他方では、要綱行政への大幅な依存は、法治主義の空洞化を招き行政の無責任性と行政の不透明性を助長することになるとも批判されてきた（木佐1998：188〜189頁, 磯崎2002）。

3　分権改革と自治立法の課題、可能性

　分権改革とそれに先立つ行政手続法の制定（1993年）は、自治体における要綱行政の見直しと自治立法としての条例の役割を高めることになった。

　まず、行政運営の公正性と透明性の確保を目的として定められた行政手続法の第4章「行政指導」で要綱行政の限界が明文化され、これら国の規定趣旨にのっとり、自治体の行政運営においても公正の確保と透明性の向上を図るために必要な措置を講ずることを求めており（同法38条）、事実、国の行政手続法制定を機に自治体の多くが行政手続条例の制定に取り組んできたことがあげられる。第2は、機関委任事務制度が廃止されたことにより、自治事務の拡大とともに法定受託事務についても条例制定が可能になり、また、国の法律の標準法化や基準の大綱化・弾力化が図られたことで自治体における裁量権限が拡大したことである。そして、第3には、都道府県と市町村の関係をより対等平等な関係にしていくために都道府県の役割として認められてきた「統一的な処理を必要とするもの」（地自法旧2条6項）の規定が新地方自治法では削除され、都道府県の「統制条例」や「県域にわたる基準設定」が廃止されることになったこと等である。そうした分権改革による法制度の見直しに加え、自治体の裁量権限の拡大に伴い自治体の政策決定過程の「政治」化がいっそう促されることで、より顕在化する地域の利害・要求等を適正・的確に調整していく政策決定の民主的原理や手続きを公正化・透明化していく地域的ルールづくりが期待されてきていることも自治立法への関心が高ま

っている理由でもある。

上記のような自治体の政治・行政の新たな状況は、旧来の自治立法の見直しとその整備、体系化を求めてきているが、その際、以下のような諸点に留意しておくことが肝要である。

第1は、自治基本条例制定の取り組みの重要性である。これまでもまちづくりや行政運営の理念、目標を掲げた「宣言」や「憲章」等を謳う自治体が多くあったが、今日求められている自治体憲章は、まちづくりや政策決定、行政運営の基本ルールを具体的に実効ある法として規定することである。それは自治体の憲法である自治体基本条例によって制定されることが望ましく、自治体経営の基本原理・ルールとして他のさまざまな分野における条例・規則等に優先し、また、住民からの政策・行政評価の基準ともなるもので行政運営の公正性と透明性の確保に資することが期待される（木佐1998：69～71頁,辻山2002）。特に、近年の市町村合併の動きのなかでは、新しい自治体のあり方やまちづくりの基本理念・ルールを行政と住民が一体となって模索する契機と捉え自治基本条例への取り組みに自覚的であることが期待される。

第2は、既存の条例・規則・要綱等を分権時代の新しい観点で見直し、再整備、体系化していく取り組みが求められる。自治体には、国の法令・基準等に基づいて作成された条例・規則等や、旧来の機関委任事務に関する補完要綱が多く存在している。分権改革で国の法令・基準等の標準法化と大綱化・弾力化で自治体の裁量権限が拡大したことをふまえて、条例・規則に自治体独自の政策判断を加味することや、要綱等は本来の「内部指針」にとどめ条例・規則に盛り込むことがふさわしい内容は、可能な限り条例・規則に切り替えていくことが必要である。また、旧・機関委任事務に関して補完要綱を策定し実施していた事務のなかで、自治事務化された事務についても関連要綱を新たに条例・規則化していくことが望ましい（木佐1998,磯崎2002）。

4　自治体の教育関係立法

従来、教育分野の自治立法は、自治体の独自性や多様性という点で特徴があるとはいえなかった。その原因として、第1に、義務教育に関する国の責任とナショナル・ミニマム確保の要請や国による自治体への法令・基準遵守の統制・指導が強かったこともあって、国の法令や基準が広範囲に、かつ、詳細に定められ自治体独自の法令制定の余地が大きく狭められてきたことが

あげられる。条例においても、国の法律で委任され制定される委任条例が多く、その内容は国や都道府県の法令・条例に準じ全国的に画一的なものとなった。第2は、都道府県教育委員会と市町村教育委員会の関係でも、都道府県教育委員会に県域にわたる基準設定権が認められていたことで市町村の教育関係規則等の画一化が促されたことが指摘できる（具体的には、地教行法旧49条で「都道府県委員会は、法令に違反しない限り、市町村委員会の所管に属する学校その他の教育機関の組織編制、教育課程、教材の取扱その他学校その他の教育機関の管理運営の基本的事項について、教育委員会規則で、教育の水準の維持向上のため必要な基準を設けることができる」と規定。この規定に基づき、都道府県教育委員会が作成した「学校管理規則準則」をモデルに県下の市町村教育委員会は「学校管理規則」を制定してきた経緯がある）。

　しかし、分権改革により、①国の教育関連法令でもその標準法化や基準の大綱化・弾力化が進められたこと、②都道府県の役割とされていた「統一的な処理を必要とする事務」に関する旧地方自治法2条6項の規定が新地方自治法で削除されたことに伴い旧地教行法49条（都道府県教育委員会の市町村教育委員会への基準設定規定）も削除されたこと、③機関委任事務廃止により就学事務、学級編制基準設定等の自治事務化で自治体の教育政策決定の裁量権が拡大したこと等で、自治体・教育委員会による教育自治立法の役割とその可能性は大きくなった（小川・西尾2000、小川2003）。

　都道府県・市町村の教育関係立法については、各自治体・教育委員会が「例規集」を発行しているし、現在では、インターネットのホームページで各自治体・教育委員会の例規集を簡単にみることができる。各自治体・教育委員会の「例規集」を概観して、まず分かることは、たとえば条例をみてみると、学校や教育機関・施設等の設置条例、教育支援委員会等の設置条例、教育委員定数等の教育委員会の構成、組織、運営等に関する条例、通学区域審議会等の教育関係審議会に関する条例、教職員の給与・懲戒等に関する条例等がほぼすべての自治体に共通して存在していることである。実は、これら多くの教育関係条例は、国の法令で自治体に義務づけられている教育事務の実施に関わるものであり、そのために自治体毎に特徴を出しにくいものになっている。ただし、そうした性格を有する条例・規則等であっても、前述したように、国・都道府県の法令の標準法化、基準の大綱化・弾力化等の流れもあ

り、自治体毎の独自性を発揮できる余地は大きくなっている。

　そうした教育関係自治立法の全体的な傾向をおさえた上で、最後に、近年、全国の自治体のなかで特徴的な教育関係条例・規則等を紹介しながら、いくつかの基本的課題を指摘しておきたい。

　教育関係自治立法を見る上で、まず、それに優先し前提とする理念・原則・ルール等を謳い定めている総合条例というべき自治基本条例や行政分野毎の個別基本条例の存在に注目したい。日本初の自治基本条例として有名な「ニセコ町づくり基本条例」（2000年12月27日）の制定以降、全国的に制定が広がってきている基本条例であるが、情報の共有、住民の情報アクセスへの権利、参加・住民投票制度、行政の説明責任・評価等、まちづくりのための政策決定と行政運営に関する原則やルール、システムづくりが明記される基本条例は、教育自治立法に優先し前提となる条例として重要である。行政分野毎の個別基本条例の例としては、情報公開条例、個人情報保護条例等があり（「東京都情報公開条例」1999年3月19日、「神奈川県個人情報保護条例」1990年3月30日、等）、教育分野にも適応される条例として無視できない。また、教育を含めた芸術文化・科学技術・生涯学習を重視したまちづくりを謳った「出雲市文化のまちづくり条例」（1997年9月26日）等も特徴的な条例として注目したい。

　第2に、2014年地教行法改正により首長主宰の総合教育会議の設置と大綱策定が自治体に義務づけられたことにより、首長と教育委員会の関係や大綱策定等の教育行政運営に関する条例・規則制定の動きも出てくると思われる。教育振興基本計画の策定手続き等の規定ぶりで知事・市長の教育行政への関与のあり方が論議を呼んだ「大阪府教育行政基本条例」（2012年3月28日公布）や「大阪市教育行政基本条例」（2012年5月28日公布・施行）は、2014年地教行法改正の先例ともいえなくもないが、総合教育会議の設置や大綱策定の義務づけにより、自治体が首長と教育委員会の役割分担、教育振興基本計画（大綱）の策定手順や協議・調整等に関してどのような条例・規則を制定するか注視したい。

　第3に、分権改革の動きもあって教育委員会を「活性化」する取り組みが少なくない自治体で試みられてきている。教育行政への住民参加を保障し、また、教育委員選びに住民の意向を反映する取り組みをすすめる「中野区教育行政における区民参加条例」（1997年3月26日）や「中野区教育委員候補者区

民推薦制度要綱」(1996年3月29日) 等は、教育委員会改革の基本的原則をふまえたものといえる。そして、「鶴ヶ島市教育審議会設置条例」(2000年3月23日)、「岡山市教育行政審議会条例」(2000年3月22日) 等のように、教育委員会に対する住民参加の拡充と政策立案機能を補完する工夫として、教育委員会の下に住民代表や学識経験者等で構成される審議機関を設置した事例もある。教育委員会事務局内部の政策立案機能向上の試みに関しては、重要施策について急施を要する調査研究・計画策定の業務のため柔軟な組織運営をして作業チームを設置することを謳った「福井県教育委員会プロジェクトチーム設置および運営規定」(2002年4月1日) や事務局内における社会教育の「専門的職員」確保と育成を目的とする「鶴ヶ島市教育委員会社会教育部門における専門的職員に関する規程」(2000年3月24日) 等は全国的にも珍しいものである。

第4には、学校、地域、家庭、行政の連携・協力による教育への取り組みが全国的に広がりを見せているが、地域での良好な教育環境の醸成を謳った「東京都中央区の教育環境に関する基本条例」(1999年4月1日) や、国の学校災害救済の不備を補い学校の教育活動を支援する「さいたま市学校災害救済給付金条例」(2000年5月1日)、家庭教育に対する学校や地域の連携と支援等を謳った「くまもと家庭教育支援条例」(2013年4月1日) 等も貴重な条例である。

教育自治立法をめぐる今後の課題としては、第1に、子ども条例などにみられるが、自治基本条例に対応するような教育分野の基本条例・総合条例がいっそう必要とされてきていること、第2に、分権と開かれた行政が要請されている時代にふさわしく、内部的措置で運営しがちな教育行政・学校の構造を是正するために可能な限り要綱等の条例・規則化を図り、要綱は本来的な「内部指針」に切り替えることが求められる。特に、旧機関委任事務に関し補完要綱を策定して実施してきた事務—たとえば、就学事務の自治事務化に伴い、「指定学校の変更に関する取扱い要綱」に盛られている変更基準等は、教育委員会の内部指針にとどまることは許されず、広く住民に周知し討議に付すため「就学校指定変更条例」というような形で条例化することも考えられるべきである (木佐1998：196〜197頁)。第3には、学校の管理・経営にとって重要な意味をもつ学校管理規則を、参加、公開、基礎単位組織・機関への権限委譲等の今日的趨勢に沿って見直し整理する課題である。その際、市町村教育委員会ならびに学校の各段階で関係者・団体等の当事者を見直し

作業の過程に参加させることなども留意することが大切である。

《参考文献》
・磯崎初仁「自治立法の可能性」（松下圭一・西尾勝・新藤宗幸編『自治体の構想2　制度』岩波書店、2002年）
・小川正人・西尾勝編著『分権改革と教育行政』ぎょうせい、2000年
・小川正人『合併自治体の教育デザイン』ぎょうせい、2003年
・木佐茂男編著『自治立法の理論と手法』　ぎょうせい、1998年
・辻山幸宣「自治基本条例の構想」（松下圭一・西尾勝・新藤宗幸編『自治体の構想4　機構』岩波書店、2002年）
・松下圭一・西尾勝・新藤宗幸編『講座自治体の構想5　自治』岩波書店、2002年

【小川正人】

② 子ども条例

　子ども条例とは、目黒区や豊田市のように固有名詞として「子ども条例」と名づけているものを含めて、広義には、子どもの支援や子どもの権利保障を地域・自治体レベルで行っていくための法的根拠となる条例を指す。その意味では、従来の保護・健全育成的な子ども施策の推進を図る条例とは異なる。

1　保護型の青少年健全育成条例の制定

　戦後まもなくから地方で制定されてきた子ども関連の条例としては、青少年健全育成条例がある。この類の条例は、子どもをもっぱら「保護の対象」として、自治体、地域住民の責務や営業等の取り締まりについて定めてきたところに特徴がある。条例の多くは、18歳未満の者を「青少年」として、有害な興行、観覧等の制限、有害な図画、文書の販売規制、みだらな性行為、猥褻な行為等の場所提供、斡旋の禁止などのほか、深夜（午後11時以降）の外出制限などを定め、非行対策や有害な環境から子どもの保護、健全育成を目的にし、これを推進していくための条例であった。

2　権利保障型の子ども条例の登場

　こうした保護型の条例にかわって、登場してきた子ども条例が、1994年4月の子どもの権利条約批准・国内適用以降につくられた条例であり、その条例の主要な構成要素として①子どもの権利の視点に立ち、②子どもに対して直接的な支援を含んだ施策を方向付けてきた。では、そのような子ども条例

が、なぜ日本の地域社会に求められるようになったのか。

それを考える前提条件として、まず地方自治体における子ども施策づくりの基盤の変化について考えておく必要がある。地方自治体が推進してきた子ども施策は、1990年代半ば以降大きな変化が生じた。1つは、上記のような子どもの権利条約が批准されたこと、もう1つは同時期の1995年に成立した地方分権推進法それに続く1999年に成立した地方分権一括法によって、いわゆる国からの機関委任事務が廃止され、地方自治・市民自治の視点に立った地域に独自な子ども施策が求められてきたことである。子ども条例は、そのような地方自治にふさわしい子ども政策を遂行する法的基盤として注目されるようになったのである。

上記のとおり、日本では、子どもの権利条約の批准（1994年）のあと、国レベルだけでなく、自治体・地域レベルで子どもの権利条約が活かされ、子ども施策のなかに取り入れていくことが課題となった。それらは、条約の広報・普及、条約の子ども観に依拠した子ども支援、「子育ち」支援、たとえば子どもの参加支援、いじめ、虐待などの権利救済、子どもの居場所づくり、それらを総合した子ども計画の策定・推進・評価など、多様な形で取り組まれてきた。そのなかで近年、これらの子ども支援の施策を継続的にかつ総合的に実施していくために、従来のような縦割り行政に依拠した①青少年行政＝青少年健全育成、②福祉行政＝子育て支援、③教育行政＝教育施策の個々バラバラな施策ではなく、横断的な行政のもとで、地域における子ども支援の施策を総合的に企画し、推進し、評価・検証していくことが重要である。子ども条例は、これを根拠づけるまちづくり条例でもある（喜多・荒牧・森田・内田編『子どもにやさしいまちづくり』日本評論社等を参照）。

3　子ども条例がめざすもの

子ども条例は、従来から実施してきた保護型の健全育成条例や子育て支援型の条例では解決できなかった子ども問題、とりわけいじめ・暴力、虐待・体罰、非行、障がい、不登校問題などに対して、積極的に問題解決を図ることが念頭に置かれている条例であり、子どもへの直接的な支援、子どもの権利実現をめざすまちづくり条例としての性格を強くもつものといえる。

そこに共通している「問題解決」への鍵は、子ども観である。子どもは、もっぱらおとなから守られ、教え導かれる存在であるという子ども観から脱

却して、子ども自身が、学びの主体、育ちの主体であって、問題を解決する主体であるという子ども観に立つことが要請されている。

このような子ども観に立った子ども支援が必要になってきた背景には、子どもの自己肯定感の落ち込みがある（日本青少年研究所調査など）。子どもの権利条約総合研究所の調査で明らかなように、子どもの自己肯定感は、その子どもの能動的な活動意欲、参加意欲と相関性があり、生きる意欲や学ぶ意欲、参加（人とかかわる）意欲、そして苦境に立った際はこれを乗り越える力、立ち直る力の源泉となっていた（詳しくは、荒牧ほか編『子ども支援の相談・救済』日本評論社）。子どもにとっては、このような力の源泉である自己肯定感を高めていくことこそが最重要の実践的な課題となっており、子どもの参加活動の支援やありのままの自分を出せる居場所づくり、子どもの気持ちに寄り添う相談・救済活動などの子ども支援が求められている。こうした子ども支援の施策は、子どもの意思とニーズに、すなわち子どもの権利の視点に依拠しなければ効果を発揮しない。

4　子ども条例の種類と制定状況

上記のような特徴や性格を有する子ども条例は、以下に示すとおり、①子どもの権利に関する総合条例、②子どもの権利に関する個別条例（A　権利救済、B　安全・防犯、その他）、③子ども施策推進の原則条例に大別できる。

(1) 子どもの権利に関する総合条例

先の川崎市条例を皮切りとして、子どもの権利を総合的な施策・制度のもとで保障しようとする総合条例は、北海道札幌市、北広島市、士別市、奈井江町、幕別町、芽室町、青森県青森市、宮城県石巻市、岩手県遠野市、奥州市、新潟県上越市、栃木県日光市、長野県松本市、長野県、東京都目黒区、豊島区、世田谷区、小金井市、神奈川県相模原市、岐阜県多治見市、岐阜市、富山県魚津市、射水市、石川県白山市、内灘町、三重県名張市、東員町、愛知県名古屋市、豊田市、岩倉市、日進市、知多市、知立市、幸田町、大阪府泉南市、福岡県志免町、筑前町、筑紫野市、宗像市など40自治体にのぼる（2015年6月現在、子どもの権利条約総合研究所編『子どもの権利研究』25号、2014年8月、を合わせて参照）。

このような総合条例は、子どもの権利についての理念、家庭・学校・施設・地域など子どもの生活の場での関係づくり、子どもの参加や救済のしくみ、子ども施策の推進や検証のあり方などを規定し、子どもの権利保障を総合的

に捉え、理念、制度・しくみ、施策などが相互に補完し合うような内容になっている。

(2) 子どもの権利に関する個別条例　地域や子どもの実情、各自治体の行財政事情などから、総合的な施策を前提とした条例ではなく、個別の問題・課題、重点課題に対応していくことを目的とした個別条例がある。

①　子ども相談・救済　子どもからの相談を念頭に置き、子どもの権利救済を図ることを目的とした条例がある。

その先陣をきった川西市の条例は、オンブズパーソンを子ども固有の第三者相談・救済機関として、条例で設置した点に意義がある。条例の目的に子どもの権利条約の積極的な普及と子どもの人権の確保を掲げ、オンブズパーソンを「子どもの利益の擁護者」「代弁者」「公的良心の喚起者」と位置づけ、その職務として子どもの権利救済、権利侵害の防止、子どもの権利擁護のために必要な制度改善の提言などをあげている。

そのような相談救済機関を子ども条例により全体もしくは部分的に備えた自治体は、川西市を皮切りとして、北海道札幌市、北広島市、奈井江町、芽室町、石川県白山市、青森県青森市、秋田県、埼玉県、東京都目黒区、世田谷区、豊島区、神奈川県川崎市、松本市、岐阜県多治見市、愛知県豊田市、岩倉市、日進市、知立市、幸田町、三重県名張市、兵庫県宝塚市、福岡県志免町、筑前町、筑紫野市、宗像市など26自治体ある。

②　子どもの安全・防犯　子どもが安全、安心して生きていけるよう、事件を契機として学校災害（さいたま市）、、いじめ（兵庫県小野市、岐阜県可児市、滋賀県大津市、高森町、千葉県等の「いじめ防止条例」など）、学校防犯（奈良県、長浜市、東京都荒川区など）、子どもの虐待・差別防止（武蔵野市、三重県、埼玉県行田市、東大阪市、和歌山県など）などで〝子ども版〝生活安全条例ともいえる条例がつくられてきている。千葉の障害者差別禁止条例は、差別の定義、県知事への勧告、障害者への公的助成などが具体的に定められている。

③　その他、多彩な条例化　その他、子どもの意見表明・参加支援に関連する条例（東京都中野区、埼玉県鶴ヶ島市、神奈川県大和市など）や、教育環境の整備関連（東京都中央区）、「幼保一元化」関連の条例（東京都千代田区）などがある。特に中野区「教育行政における区民参加条例」では、その4条において、教育行政における区民参加として子どもの意見表明・参加に配慮しなけ

ればならないと規定しているところが注目される。

(3) 子ども施策を推進していく原則条例　　上記の条例は、具体的な施策や制度の実施を念頭においた条例であるが、財政事情もあり即実施が困難な自治体においては、将来の子ども施策を総合的に推進するための原則・理念等を定めた条例、いわゆる原則条例を定めていく傾向がある。

①　子どもの権利に基づく施策推進条例　　上記の原則条例のなかでも、箕面市、高知県などの自治体では、具体的な施策や制度まで踏み込まずとも、子どもの権利の視点に立ち、今後の子ども施策の推進をはかる条例が制定されてきた。これらの条例は子ども条例の範疇にはいるものといってよく、基本となる理念や政策を示し、その推進計画の策定と評価そして推進体制のあり方などが定められる傾向にある。基本的な施策としては、子どもの居場所づくり、子どもの参加、虐待の禁止・いじめへの対応、相談・権利擁護などがあげられるが、文言上は子どもの権利だけでなく保護や責任が強調されるところもある。

②　子育て支援・次世代育成、健全育成のための施策推進条例　　秋田市、秋田県、東京都調布市、神奈川県、滋賀県、鹿沼市、石川県、大阪府、岐阜県、愛知県、京都府、佐賀市、山口県、熊本県、熊本市、大東市など、子育て支援の総合的推進、次世代育成の施策を意識して制定されてきた条例、あるいは青少年の健全育成の考え方が強く反映してきた条例がある。これらの条例は、近年の次世代育成法に依拠した子育て支援のための行動計画推進をはかるための条例として広がる傾向にある。現代の子育て支援型の条例と言ってよく、子育てに不安をもつ親・保護者などの支援を通して少子化対策などを進めていく条例といえる。

《参考文献》
・子どもの権利条約総合研究所編『子ども条例ハンドブック』日本評論社、2008年
・荒牧重人・喜多明人・半田勝久編『解説子ども条例』三省堂、2012年
・子どもの権利条約総合研究所編『川崎発子どもの権利条例』エイデル研究所、2002年

【喜多明人】

Ⅲ　国際教育法と日本

　日本の教育の大元になる法律である教育基本法は「新しい時代にふさわしい教育基本法を」という名目で2006年に全面改定された。ところが、教育法にかかわる重要な国際文書である世界人権宣言（1948年）、国際人権規約（経済的、社会的及び文化的権利に関する国際規約〔以下、社会権規約〕、市民的及び政治的権利に関する国際規約〔以下、自由権規約〕、1966年）、児童の権利に関する条約（以下、子どもの権利条約、1989年）など、教育法に関係する重要な人権条約について何ら言及や検討もないというのは、条約上の実施という点からも問題であるし、「時代や社会の変化に対応」しているとはいえない。

　ここでは、教育法にかかわる条約・宣言・勧告等を考察するなかで、日本の教育法との関係を検討していこう。

1　国際教育法とは

　教育への権利（right to education）は、世界人権宣言（26条）において国際的保障の対象とされ、今日の国際人権秩序の基礎である国際人権規約（社会権規約13条・14条等）において国際実定法規範となっている。そして、難民の地位条約（22条、1951年）、教育差別禁止条約（ユネスコ、1960年）、人種差別撤廃条約（5条、1965年）、女性差別撤廃条約（10条、1979年）、子どもの権利条約（28条、29条等）、移住労働者権利条約（30条、1990年）、障害のある人の権利条約（24条等、2006年）、先住民族の権利宣言（14条等、2007年）をはじめ、国際連合・ユネスコ・ILOなどの総会や会議で採択された多数の条約・勧告・宣言などにより具体化されている。このような教育への権利の国際的保障の法体系を国際教育法という。

　人権条約は教育への権利の保障を重視している。これは、ファシズムや戦争のもとでの教育の反省から教育の国家主義等による悪用・濫用を防ぐことの大切さ、ならびに教育が人間の発達や社会の発達に果たす役割への期待を示している。この権利の承認と保障なしには自らの権利を認識することも十分に行使することもできない。その意味で、教育への権利は権利行使に不可欠であり、ほかの権利を強化し実質化する機能をもっている。

教育への権利は人権全体がそうであるように、各国内の保障に加えて、国際社会における保障が不可欠であると認識されている。しかし、教育が人間形成や文化さらには国家の存在や発展などに深くかかわっていることから、国際的合意も容易ではないので、その国際法規範化と実施には今なお多くの困難がともなう。こうしたなかで、関連国際文書を体系的に把握し、規範内容をより明確にし、保障システムを実効的に構築することが求められている。

世界人権宣言

　国際連合は、2つの世界大戦の反省にたって、平和と人権の密接な関係を認識し、人権の尊重を目的の1つにしている。国連は、この目的を実現するために、国際人権章典の制定に取りかかり、当初単一の国際人権章典の作成（宣言、条約、実施措置という3部構成）をめざした。しかし、人権認識や保障方法の違い、審議の進行具合などから、共通の基準としての宣言の部分を先行させ、1948年12月10日（現在、世界人権デー）に世界人権宣言を採択した。宣言は、前文と30条から構成され、いわゆる伝統的な自由権、社会権などを列挙している。宣言は、道徳的・政治的権威のみならず、国際慣習法になっており、憲法98条が遵守を求めている「確立した国際法規」であると理解されている。

2　国際教育法と日本の教育法

(1)　条約と国内法との関係

　条約が国内効力をもつためには批准または加入（条約の締結。将来的な批准の意思を示す署名を経ずに条約を締結することを加入という。以下、批准で統一する）という手続きが必要である。批准は内閣が行う。ただし、事前に（時宜によっては事後に）国会の承認が必要である（憲法73条3号）。

　日本では、憲法98条2項（条約および確立された国際法規の誠実な遵守義務）により、条約を含む国際法規について一般的受容体制を採用していると解されており、日本が批准した人権条約は公布とともに自動的に国内法としての効力を生ずる。そして、国内法の序列上、条約は憲法より下位にあるが、少なくとも国会の制定法よりも優位の法的効力をもつことについては学説上も実務上も争いがない。したがって、条約の求める立法があれば立法が必要であるし、条約に反する法律があれば改正が必要となる。人権にかかわる立法あるいは法改正をする場合には、人権条約の趣旨や規定をその基準にし、それらを反映しなければならないということである。このことは条約の批准にあ

たって抵触する国内法はないという立場をとったとしても当てはまる。したがって、教育関係法の改正・制定においても、憲法適合性と同様に、批准した関連人権条約との適合性が内閣法制局あるいは国会等で審査・審議されなければならない。

また、行政は法律に基づく行政という原則に基づき、条約の実施義務を負う。自治体もローカルガヴァメントとして条約の実施主体である。ところが、一部の自治体を除けば行政には、条約を誠実に実施しようという姿勢は十分にみられない。

さらに、批准された条約は裁判規範でもある。ところが裁判所は、人権条約に対して消極的な態度をとり続け、裁判規範としてほとんど援用していない。特に最高裁においては、弁護士等の主張を受けて言及した場合であっても、援用することはほとんどない。援用したとしても、人権条約の解釈をそれとして行うのではなく、当該立法あるいは行為が憲法の規定に反していないので、同旨である人権条約にも違反しないという解釈態度をとることが多い（ただし、2013年9月4日の婚外子相続分差別事件最高裁大法廷決定のように、人権条約および同委員会の総括所見に言及する判決が出され、最近若干の「変化」がみられる）。

(2) 条約の解釈・運用のあり方　　たとえば、同時代に制定された日本国憲法26条の教育を受ける権利規定および旧教育基本法と世界人権宣言26条の教育への権利規定とを比較してみればわかるように、両者は基本的には同じ趣旨・方向性をもっているといえる。それは、社会権規約や子どもの権利条約の教育規定においても同様である。しかし、両者はまったく同一ではない。そこで人権条約の教育への権利をいかに理解し、日本社会にどのように組み入れるかが問題となる。このことは、国際人権両規約5条、子どもの権利条約41条などにみられるような「既存の権利の確保」規定からも要請されている。これらの条約の規定よりも人権を効果的に保障している国内法や批准している条約などがあれば、それらの適用が優先されるのである。

その際、人権条約の規定を日本語による「文言解釈」に基づいてのみ活用する態度、また憲法解釈の枠組から解釈論を展開する姿勢、あるいは憲法等と「軌を一にする」ので国内法の改正は不要であるというような理解などが問題になってくる。

人権条約の解釈・運用にかかわる原則は、条約法に関するウィーン条約（以

下「ウィーン条約」）に定められている。当事国は、「条約を誠実に履行」する義務があり（条約26条）、「条約の不履行を正当化する根拠として自国の国内法を援用すること」はできない（27条）。また、人権条約の規定は、「文脈によりかつその趣旨及び目的に照らして与えられる用語の通常の意味に従い、誠実に解釈」しなければならない（31条1項）。また、解釈にあたっては、文脈とともに、(a)「条約の解釈又は適用につき当事国の間で後にされた合意」、(b)「条約の適用につき後に生じた慣行であって、条約の解釈についての当事国の合意を確立するもの」、(c)「当事国の間の関係において適用される国際法の関連規則」を考慮しなければならない（同3項）。

① 一般的意見と総括所見　　人権条約の解釈において特に重要になるのは、国際人権規約や子どもの権利条約など主要な人権条約の国際的実施機関である委員会（以下、一般的に人権条約委員会と略す）の「一般的意見（general comments）」や「総括所見（最終見解　concluding observations）」である。一般的意見は、条約の実施を促進し、締約国による報告義務の履行等を援助するために、人権条約委員会が締約国の報告審査や当該テーマの一般的討議などに基づいて採択した正式の文書であり、当該規定についての条約実施機関の有権的な解釈として位置づけられるものである。したがって、一般的意見は、条約の実施にかかわる国会での立法、政府・自治体による行政、裁判所での判決などいずれにおいても考慮され、尊重される必要がある。また、総括所見は、締約国から提出された報告書を審査した後に出される文書であり、当該国の人権条約の解釈・運用に直接関係する。人権条約委員会は、締約国が提出した報告書を審査した後に総括所見を採択し、特定の問題・分野等について懸念を表明するとともに、当該問題点を解決するために必要と考える措置を提案・勧告するという報告制度のもとで、条約の実施を監視・促進している。総括所見は、締約国としては、裁判所の判決のような直接の法的拘束力はないが、正当に尊重され誠実に履行しなければならない。なぜなら、総括所見は、条約が実施措置として採用している報告制度の一環であり、それを誠実に履行することは条約上の義務の一部といえる。「政府の見解と違う部分がある」などという理由でこの所見の実現を怠ることは、報告制度が成り立たなくなるといってもよく、条約の実施措置からしても許されない。総括所見は当該人権条約についての権威ある見解として司法判断においても尊重

していくことが条約上要請されているといえる。

　人権条約においてこれまで採択された一般的意見のなかで特に教育への権利にとって重要なものは、社会権規約委員会による「初等教育のための行動計画」（一般的意見11、1999年。以下、括弧内では社11と略す）、「教育への権利」（一般的意見13、1999年。同様に、社13と略す）、子どもの権利委員会による「教育の目的」（一般的意見1、2001年。子1と略す）等である。なお、複数の人権条約委員会が採択している一般的意見を1つのテーマにつき同列に扱って論じることに対して疑問があるかもしれないが、各人権条約委員会は相互に影響しあいながら一般的意見を採択しており、そこに共通の理念や内容を見出すことができる。

　②　人権条約の報告審査　　報告審査に関して日本は、社会権規約について、1982年から86年に3回に分けて第1回締約国報告書提出、第2回は1999年提出、2001年審査、第3回は09年提出、13年審査がされている。子どもの権利条約については、第1回締約国報告書1996年提出、1998年審査、第2回は2001年提出、04年審査、第3回は08年提出、10年審査がされている。なお、自由権規約については、第1回（1980年提出、1981年審査）、第2回（88年提出、同年審査）、第3回（92年提出、93年審査）、第4回（97年提出、98年審査）、第5回（2006年提出、08年審査）、第6回（12年提出、14年審査）と回を重ねているが、いずれも日本の規約実施状況に厳しい懸念や勧告が示されている。

国際人権規約

　国連は、世界人権宣言の採択に続き、条約の形式・内容を備えた条約の作成にあたった。人権保障に対する国の義務についての考えの違いなどから、経済的・社会的・文化的権利に関する規約案と市民的・政治的権利に関する規約案に分けて審議され、それぞれ1966年に採択された（76年発効）。経済的、社会的及び文化的権利に関する国際規約は、社会権規約といわれるように、国家の積極的な関与によって個人の生存や自由を確保しようとするものである。社会権規約には、両規約にほぼ共通の総則および人民の自決権に加えて、労働や労働条件に関する権利、労働基本権、社会保障や生活水準の権利、家族・母親・子どもの保護、健康権、教育への権利、文化・科学に関する権利などが規定されている。市民的及び政治的権に関する国際規約は、自由権規約ともいわれるように、伝統的な自由権を中心に規定している。生命の権利、思想・表現・集会・結社・プライバシー・

移動等の権利、人身の自由、裁判を受ける権利、参政権、法のもとの平等、家族の権利、子どもの権利、マイノリティの権利などが保障されている。両規約が不可分のものであることは国連採択時から再三強調されている。

日本は両規約を1979年に批准している。その際、公休日の報酬支払（社会権規約7条d）、罷業権（同8条1d）、中等・高等教育の無償化（同13条2bc）の規定を留保し、消防職員が警察職員に含まる（同8条2、自由権規約22条2）という解釈宣言をした（13条2bcに対する留保は2012年9月11日に撤回）。

なお、第1選択議定書により、規約上の人権侵害について、被害者個人が国内救済手続きを尽くした上で自由権規約委員会へ申立てる途を開いている（個人通報制度。日本は未批准）。また、1989年には死刑の廃止をめざす市民的及び政治的権利に関する国際規約の第2選択議定書（死刑廃止条約）が採択され、1991年に発効している（日本は未批准）。さらに、2008年12月には、社会権規約についても、第1選択議定書と同様の議定書が採択されている（日本は未批准）。

3　国際教育法の理念と内容

(1)　教育への権利についての考え方とその内容　　先述したように、人権条約では、教育への権利の保障を重視している。言葉は認識を表すので、世界人権宣言26条の制定過程において、right to receive an education ではなく、より能動的で積極的な right to education に進展したこと、instruction ではなく、知的・道徳的・身体的な面を含む education になったことなどにも注目しておこう。社会権規約は、13条に加えて14条の初等教育実施義務を含む詳細な国の義務を規定し、子どもの権利条約は、28条に加えて29条で教育目的を独立の条文で規定するなど、条約のなかでも特別かつ詳細に規定されている。

教育はそれ自体で人権であるとともに、他の人権を実現する不可欠な手段でもある（社13、パラ1）。また、この権利は、経済的権利、社会的権利、文化的権利としてさまざまに分類されてきた、そのすべてであり、この権利は多くの点で市民的権利でもあり政治的権利でもある。教育への権利はすべての人権の不可分性と相互依存性の縮図となっている（社11、パラ2）。

このような教育への権利の捉え方、および後述するような教育の目的に基づく権利保障のあり方などに、教育への権利の特徴をみることができる。

①　すべての者のあらゆる段階での権利　　教育への権利はすべての者の権利である。

この権利は特に子どもの権利として固有のしかも重要な意義と役割をもつ。子どもの権利条約が発効している現在、子どもの教育への権利を権利の主体としての子どもから捉え直すこと、とりわけどう保障されるかにとどまらず、どのように行使しうるのかという点が重要になっている。この点、子どもの権利条約が子どもを権利の全面的主体として捉え、教育への権利をはじめ子どもが一人の人間として自立していくうえで必要な権利をほとんど規定している意味は大きい。

すべての者の権利という側面は、教育における差別の禁止と平等なアクセスの促進、ならびにこれまで充分に保障されてこなかった女性・障害のある人・難民さらには少数者・先住民族などの主体別の教育への権利保障という2つの方向で実質化されている。

また、ユネスコ「学習権宣言」(1985年) に象徴されるように、国際社会においても、教育への権利の保障において学習権という理念とその具体化が重要な意味をもっている。そして、このことは、教育への権利が生涯にわたるあらゆる段階での権利であるという認識をいっそう高める。ILO「有給教育休暇条約」(1974年) などはその実質化を図るものといえる。

②　保障される教育の内容を問題にする権利　　詳細な教育の目的規定をもつ世界人権宣言、社会権規約、子どもの権利条約のいずれの制定過程においても、教育の目的規定は、法的文書にそぐわないとか、合意が困難であるとか、かえって教育の概念を狭くするというような反対意見にもかかわらず、教育の目的を法定してきた。このことは、教育への権利が価値志向性をもつ権利であり、保障されるべき教育の質を問題にする権利であることを示している。教育への権利は、教育へのアクセスの平等やそのための条件整備をせずして実現しえないし、これらが権利性において何よりも重要である。しかし、これだけで教育への権利が保障されたとはいえず、各人が上の教育理念にふさわしい教育をいかに獲得するかがこの権利実現の鍵である。

教育の目的として合意されている内容としては、世界人権宣言、社会権規約、子どもの権利条約、さらには障害のある人の権利条約の規定には差異がみられるが、それらの審議過程や実施状況を検討すれば、次のようなものをあげることができる。人格の全面的発達と人格や自己価値の尊厳の意識の発展、人権・基本的自由・人間の多様性の尊重、すべての民族・集団等の相互

理解・寛容・ジェンダーの平等・友好の促進、文化的アイデンティティ等の尊重、平和の構築・維持、自然環境の尊重、自由かつ民主的な社会への効果的な参加など。

条約29条1項の教育の目的規定は条約の核である価値観、すなわちすべての子どもに固有の人間の尊厳および平等かつ不可譲の権利を促進し、支え、保護するものである（子1　パラ1）。この29条1項の強調点は、特定の質を備えた教育に対する個別のかつ実体的な権利である。そして、鍵となるのが「すべての子どもは独自の特性、関心、能力および学習上のニーズを有している」（ユネスコ「サラマンカ宣言」パラ2）という認識に立った、個人としての子どもの人格、才能および能力の発達である（子1　パラ9）。

また、子どもの教育への権利が、アクセスの問題のみならず内容の問題でもあるとして（子1　パラ3）、教育は、子ども中心の、子どもにやさしい、子どものエンパワーにつながるものでなければならない（同パラ2）。教育はまた、必要不可欠なライフスキルがすべての子どもに伝えられることを目的としなければならない。そのライフスキルとは、十分にバランスのとれた決定を行い、紛争を非暴力的に解決し、健全なライフスタイル、良好な社交関係および責任感を発達させる能力であり、批判的に考える方法であり、創造的な才能であり、かつ、人生の選択肢を追求するために必要な手段を子どもに与えるその他の能力である（同パラ9）。

さらに、教育の目的はあらゆる差別と相容れず、人種主義・人種差別・排外主義および関連の不寛容に対する闘いとつながることも強調している（同パラ11）。そして、特に人権教育について強調し、人権教育が包括的な、生涯にわたるプロセスであるべきであり、かつ、子どもの日常的な生活および経験における人権の価値観を振り返るところから開始されるべきである（同パラ15・16）。

③　教育への権利を保障する条件の整備　　社会権規約や子どもの権利条約は、教育への権利に対応する国の義務として、初等教育の義務制と無償制、中等教育および高等教育へのアクセス、教育・職業に関する情報・指導へのアクセス、定期的な通学の確保、学校の規律における子どもの尊厳と権利保障、基礎教育の促進、学校制度の発展、教育職員の条件の改善などを規定している。これらの規定が制定過程のなかで、教育への権利を空虚な約束に止

めないためにも国家がとるべき措置をいっそう明記する必要があるという理由から詳細になっていったことに留意すべきである。

④ 「教育の自由」「学問の自由」　教育への権利の保障に国が積極的に関与し義務を果たさなければならないからといって、人権条約は国の役割に全面的な信頼を寄せているわけではない。たとえば社会権規約は、教育の目的、親の私立学校選択および宗教的・道徳的教育確保の自由、個人および団体の私立学校設立の自由という3つの点から、教育の国家的独占・支配について歯止めをかけている。

他方、子どもの教育に関する親の自由は、子どもの権利の前に絶対的でありえない。世界人権宣言26条3項では、親が子どもの教育種類を選択する優先的権利を有すると規定されていた。それが国際人権規約では、親の宗教的・道徳的教育の自由に限定された。この自由は、社会権規約13条にみられるように国の教育支配・独占を排除するという系と、自由権規約18条4項が同様の規定をもつことからも明らかなように宗教・思想の自由という系から意義づけられ理解されている。そして子どもの権利条約では、条約の規定の仕方も関係している面はあるが、親の宗教的・道徳的教育の自由は規定されず（14条で、子どもの思想・宗教の自由を認め、「子どもの能力の発達と一致する方法」で親の指示する権利・義務を規定している）、親は子どもの最善の利益を基本にした子どもの養育と発達の第一義的責任者であり（18条）、子どもが権利を行使するにあたって適切に指示・指導する責任・権利・義務がある（5条）と位置づけられている。親の教育の自由は、子どもの権利条約からすると、子どもの権利保障のための自由として位置づけられる。これらの関係をどのように把握するかについては、さらに検討が必要であるが、国家に対する場合と子どもに対する場合とを区別して理解することができよう。

なお、教育への権利は学問の自由の保障とも密接にかかわる。社会権規約委員会では、規約13条の報告審査において、学問の自由の侵害も問題にしており、教育への権利は教職員および生徒・学生の学問の自由がともなわなければ享受できないという見解をとるようになった。社会権規約・一般的意見でも、高等教育機関に特に注意を払っているが、教育部門のすべてにわたる教職員および学生が学問の自由への権利を有していることを強調している。そして、学問の自由および高等教育機関の自治の内容を示している（社13、

パラ38〜40）。ここで注目すべきは、教職員のみならず生徒・学生の自由まで含めて学問の自由を認識していることである。

⑤　学校の規律や懲戒における権利保障　　子どもの権利条約では、学校の規律や懲戒を人間の尊厳に適合する方法で、かつ条約の権利を尊重して運用するよう定めている（28条2項）。子どもの権利委員会は、「体罰その他の残虐なまたは品位を傷つける形態の罰から保護される子どもの権利」に関する一般的意見8（2006年）で子どもの人間の尊厳に適合しない体罰・心理的罰等を法律で禁止するよう求め、「あらゆる形態の暴力からの自由に対する子どもの権利」に関する一般的意見13（2011年）で子どもを暴力から保護するための詳細な実施措置を提示している。社会権規約・一般的意見でも、体罰が人間の尊厳に一致しないことを確認し、いかなる形態の規律の維持も、規約に基づく人権を侵害すべきではないことを強調して、規律の維持に関しては非暴力的なアプローチを導入するよう積極的に学校に奨励する取り組みを歓迎している（社13、パラ41）。

(2)　教育の目的の進展　　人権条約が規定する教育の目的は、学校だけではなく家庭・地域・企業その他あらゆるタイプとレベルでの教育活動の指針となる。そしてなによりも国の教育政策・行政を拘束するものである。

①　教育の目的についての認識や内容　　これらについては、社会権規約・一般的意見や子どもの権利条約・一般的意見等で進展してきているほかに、特に人権教育、平和・軍縮教育、環境教育、国際（理解）教育の諸分野でいっそう具体的にされてきている。

たとえば、ユネスコ「国際理解・国際協力および国際平和のための教育ならびに人権および基本的自由についての教育に関する勧告」（1974年）、ユネスコ「平和・人権・民主主義教育に関する総合的行動要綱」（1995年）などが平和・人権・民主主義等のための総合的な教育の指針や内容等を示している。人権教育については、ユネスコの「国際人権教育会議最終文書」（1978年）があり、「人権教育のための国連10年」（1995年〜2004年）および「人権教育のための世界プログラム」（2005年〜）が人権教育の今日の水準を示している。ここでは、人権教育が生涯教育体系の一部分と位置づけていること、社会権規約や子どもの権利条約などで法規範化されている教育への権利に根拠づけられていること、人権とは国際人権法も含むこと、知識・スキル・態度そして

行動の形成を重視していることなどに留意しておこう。

　平和教育に関しては、ユネスコの軍縮教育世界会議最終文書（1980年）が軍縮教育を平和教育の本質的構成要素であると位置づけ、軍縮教育の原則を示している。また、国連も2000年を「平和の文化国際年」とし、「世界の子どものための平和と非暴力の文化国際10年」（2001年〜2010年）に取り組んだ。このなかで、「平和の文化」という考え方を具体化し、平和を非暴力の課題にまで高めたことの意義は大きい。

　環境教育については、「トリビシ環境教育政府間会議宣言」「同勧告」（1977年）、「環境と開発に関するリオ宣言」「持続可能な発展のための行動計画：アジェンダ21」（1992年）、「開発（発展）教育」については、国連「持続可能な開発のための教育の10年」（2005年〜2014年）、人種差別等に反対する教育については、「人種主義・人種差別等に反対する世界会議宣言」「行動計画」（2001年）等が重要な文書である。

　このような人権・平和・環境・発展・民主主義等についての教育は密接不可分であると、総合的かつ体系的に認識されてきている。これらの教育理念を教育への権利に裏づけられ、その内実を形成するものとして教育への権利論のなかに位置づけていくことが要請される。これらの国際文書は、保障されるべき教育の質に刷新をもたらすばかりではなく、教育への権利を促進させる条件でもある。

　②　教育の目的を実現する方法　　教育の目的規定は、教育への権利を促進するプロセスを重視する。これには、カリキュラムの内容だけではなく、教育課程、教育方法、および教育が行われるすべての環境が含まれる。子どもは校門をくぐることによって人権を失うわけではない。したがって、たとえば教育が提供される方法は子どもの固有の尊厳を尊重し、条約12条に従って子どもの自由な意見表明や学校生活への参加を可能にするようなものでなければならない。また、学校生活への子どもの参加、学校共同体および生徒会の創設、ピアエデュケーションおよびピアカウンセリング、ならびに学校懲戒手続への子どもの関与が、権利の実現を学びかつ経験するプロセスの一環として促進されなければならない（子1　パラ8）。

　また、子どもの権利条約29条1項は教育に対するホリスティックなアプローチを強調している。このようなアプローチは、身体的・心理的・精神的・

情緒的側面、知的・社会的・実際的側面、および子ども期と人生全体の側面のそれぞれを促進することの間で適切なバランスが反映されるようにするものである（子1　パラ12）。

③　教育の目的の実現と監視　　先述したように、社会権規約・一般的意見は、条約の教育の目的と一致しない教育課程を用いることや、それらとの適合を監視する透明かつ効果的なシステムを維持しないことも、条約違反になるとしている。この点について、子どもの権利委員会一般的意見は教育の目的規定の実施やモニタリングについて次のように指摘している。

教育の目的を、あらゆるレベルの教育政策に正式に編入するために必要な措置をとること（子1　パラ17）、カリキュラムを根本的に策定し直すこと、教科書その他の教材や教育技術や学校方針を体系的に改訂すること、教職員に対し事前研修および現職者研修を行うこと、学校での教育方法が子どもの権利条約の精神や教育の目的を反映したものであること、学校環境そのものが第29条1項(b)(d)を反映していなければならないこと（同パラ18）、などをあげる。

また、教育の目的に関わる長期的変化を測る手段を立案すること（同パラ22）、どのような進展がみられたかを評価するために、そのプロセスに関与するすべての関係者の意見を考慮した調査を行うこと（同）、教育の目的規定の実現を促進およびモニターする包括的な国内行動計画を策定すること（同パラ23）なども、必要な措置である。

さらに、現行の教育方針または実践が条約29条1項に一致していないという苦情申立てに対応する審査手続の設置を検討することも要請している（同パラ25）。

教育の目的規定を実施するにあたって、国は、人権条約のなかに教育の目的が規定された経緯からしても、教育への権利の意義や規範内容からしても、「教育の自由」を尊重し、諸条件整備の義務を果たすことが求められており、教育の目的を実現する方法ならびにそれに反する教育を排除する方法は非権力的でなければならない。

(3)　教育への権利の実現にむけた国の義務

①　国の義務のありよう　　社会権規約は漸進的実現を規定し、利用可能な資源の限界による制約を認めているものの、締約国に対して教育への権利

がいかなる差別もなしに行使されることを保障し、同規約13条の全面的実現に向けて行動をとる義務のような即時的義務を課している。そして漸進的実現とは、締約国に13条の全面的実現にむけてできるかぎり迅速にかつ効果的に行動する具体的で継続的な義務があることを意味する。教育への権利の関連でなんらかの後退的措置をとることについては、その許容性を認めない強い推定が存するのである（社13、パラ43〜45）。

そして、社会権規約13条の違反は、締約国の直接的な行動（作為）または規約が求める行動をとらないこと（不作為）を通じて生じうる。たとえば、教育の分野において個人または集団を差別する立法を導入すること、またはそのような立法を廃棄しないこと、事実上の教育差別に対応する措置をとらないこと、同規約13条1項の教育目的と一致しない教育課程を採用すること、13条1項との適合を監視する透明かつ効果的なシステムを維持しないこと、義務的でありかつすべての者が無償で利用できる初等教育を優先的に導入しないこと、13条2項(b)〜(d)に従い、中等・高等および基礎的教育の漸進的実現にむけた計画的・具体的かつ明確に目標づけられた措置をとらないこと、私立の教育機関を禁ずること、私立の教育機関が13条3項および4項の求める最低限の教育基準に従うことを確保しないこと、教職員および学生の学問の自由を否定すること、などが該当する（社13、パラ59）。

以上のことは子どもの権利条約における教育への権利規定にも当てはまる。

②　教育への平等のアクセス　　教育への権利保障の中心的課題は現状ではなお教育への平等のアクセスである。

差別の禁止や平等のアクセスにかかわる具体的な措置としては、第1に、国は、女子、低収入の子ども、農村地域の子ども、障害のある子ども、移民・移住労働者の子ども（正規の在留資格を有しない移民・移住労働者の子どもも含む。移住労働者権利条約30条および国連・移住労働者権利委員会一般的意見2「不正規な状態にある移住労働者およびその家族構成員の権利」、パラ75〜79参照）、言語的・人種的・宗教的少数者の子ども、先住民の子ども、婚外子、ストリートチルドレン等に特に留意し、平等なアクセスを保障しなければならない。そのためにも第2に、国はユネスコの教育差別禁止条約3条が規定するような義務を果たさねばならない。すなわち、教育上の差別を含む法律上の規定や行政上の命令あるいは慣行を廃止すること、教育機関への生徒の入学について無差別の確

保、授業料や奨学金またはその他の生徒に対する援助などにおいては成績や必要性に基づく場合を除き国民の間に公の機関によるいかなる取り扱いの相違も許さないこと、公の機関が教育機関に与えるいかなる形態の援助についても生徒が特定の集団に属するという理由のみで制限や優先を許さないこと、自国領域内に居住する外国民に自国民に与えるのと同一の教育を享受する機会を与えること。第3に、平等なアクセス保障のために積極的な措置、アファーマティブ・アクションが要請される。自由権規約27条や子どもの権利条約30条に従い、言語的少数者や外国民の子どもに対しては、母語・母文化を学ぶ機会および母語による教育を保障することも求められる。

　さらに、人権条約委員会による報告審査においては、立法などの措置のみならず、識字率・就学率・退学者率・卒業率などが具体的な指標にされている。

　また、教育差別禁止条約4条は国内政策として教育水準の同等、教育の質に関わる条件の同等を義務づけ、女性差別撤廃条約10条は教育における女性差別の撤廃のための措置として、同一の教育課程、試験、同一水準の資格の教育職員ならびに同一の質の学校施設・設備、さらに男女の役割についての定型化された概念の撤廃をあげている。

　なお、障害のある人のアクセス保障については、障害のある人の権利条約が詳細に定めている。関連して、ユネスコ「特別ニーズ教育に関するサラマンカ宣言・行動枠組」(1994年)、「障害のある子どもの権利」に関する子どもの権利委員会一般的意見9 (2006年) 等がある。これらのキーワードはインクルージョンであり、そのための条件整備 (個人のニーズに応じた合理的な配慮を含む) を具体的に要請している。

　さらに関連する国際文書としては、特に「万人のための教育に関する世界宣言」「同行動計画」(1990年)、「万人のための教育に関するダカール行動枠組」(2000年) 等がふまえられねばならない。

　また、教育への平等のアクセスを保障する義務は災害や紛争等の緊急事態時にも継続して履行されるべきである。子どもの権利委員会が「緊急事態下における子どもの教育への権利」についての一般的討議勧告 (2008年) で指摘するように、教育は「他の基本的権利と分かちがたく結びついた奪うことのできない権利であり、緊急事態にあろうがなかろうがすべての子どもに保障されなければならないもの」(パラ23) であり、むしろ「緊急事態下におい

ては教育への権利を享受する子どものニーズが高まる」と考えられる（パラ29）。

③　義務的で無償の初等教育　　教育への権利の保障において、義務的で無償の初等教育確保と発展はその基本的要素として位置づけられてきた。初等教育の義務は、特に子どもの権利の視点から理解され、初等教育の保障において無償制と義務制は不可分であると理解されている。

教育の無償制においては、子ども・親または保護者に対して対価を要求することなく初等教育を利用できることが基本である。政府・地方の公的機関または学校が課す料金その他の直接の費用はこの権利の享受に対する阻害要因となる。親に対する強制的負担要求のような間接的な費用あるいは比較的高価な制服の着用義務も、同じ範疇に含まれうる（社11、パラ7）。また、古くは国際公教育会議の「学校備品の無償供与に関する勧告」（21号、47年）が、学校備品の無償供与の原則が義務制学校教育の本来的で必然的な系として考慮されるとし（パラ1）、必要不可欠な最低限のニーズは義務教育に求められるすべての学校備品の無償供与にあるとして（同2）、学校図書も義務教育終了時において生徒の所有物になることが望ましく（同4）、さらに、遠距離通学者には輸送の手段が無償で用意されなければならない（同6）、としていた。国際公教育会議の「学校給食および衣服に関する勧告」（33号、51年）もある。これらの勧告は、世界人権宣言や社会権規約の無償制の規定に影響を及ぼしている。

④　中等・高等教育へのアクセス　　中等教育および高等教育へのアクセス保障については、社会権規約13条2項(b)(c)では、「すべての適当な方法により、特に無償教育の漸新的な導入により」と規定されており、子どもの権利条約28条では(b)中等教育で、「例えば、無償教育の導入、必要な場合における財政的援助の提供のような適当な措置をとる」、(c)高等教育では、「すべての適当な方法により」のみで、規約にあった「特に無償教育の漸進的な導入により」が規定されていない。この点にかかわって、日本では、中等教育の無償化について、条約28条1項の最初に「漸進的に…達成する」という文言があることや、「例えば」と例示しているにすぎないとして、中等教育の無償化する義務を負っていないとする見解もある。しかし、制定過程を検討してみると、「必要な場合には」は、無償教育の導入と財政的援助の提供は

オプショナルで必要な場合にとる措置の例であるという日本の主張は採用されなかったこと、such as をあえて「例えば」と訳す必要性はないこと（他の規定では訳出していないところがある）、さらに子どもの権利条約の制定過程で規定はこれまでの国際水準と同等かそれ以上の水準にすることが常に配慮されており、権利内容の水準を下げるような理解をすべきではないことなどから、子どもの権利条約の規定も社会権規約と同様に「無償教育の導入」を基本にして理解することが求められている。そこでの「無償教育の漸進的な導入」とは、国は無償の初等教育の提供に優先順位を置かなければならないものの、無償の中等教育および高等教育の達成にむけて具体的な措置をとる義務もある（社13、パラ14）。

　この中等教育には、自律的で非組織的な教育も含まれる。また、技術的および職業的教育が教育への権利と労働権（規約6条等）にまたがるもので、あらゆる段階の教育の不可欠な要素である（社13、パラ16）。関連国際文書としては、ユネスコ「技術教育および職業教育に関する条約」（1989年）などが参照されなければならない。

　社会権規約も子どもの権利条約も、中等教育は一般的にあるいはすべての子どもがアクセスしうるものと規定され、他方、高等教育ではそれがなく「能力に応じ」が規定されている。社会権規約委員会や子どもの権利委員会で明確に合意されているとはいえないが、中等教育については、「能力」を問わずその意思がある者はすべてアクセスでき利用可能になるような措置をとることが国には求められ、高等教育については、「能力」以外の事由で高等教育へのアクセスを制限・限定してはならないという解釈も可能である。

　教育情報・指導および職業情報・指導へのアクセス保障については、ユネスコ「技術教育および職業教育に関する条約」（1989年）やILO「人的資源の開発における職業指導および職業訓練に関する条約」（1975年）などがある。

　⑤　基礎教育の奨励・強化　　社会権規約は、教育への権利保障の現実に対応して、初等教育を受けなかった者またはその全課程を終了しなかった者に対して少なくとも初等教育に相当する基礎教育を保障しようとする（13条2項(d)）。この義務が「できる限り奨励されまたは強化される」ことになっているのは、基礎教育分野の解決を緊急課題としている多くの国々が基礎教育に関する義務づけが最も困難なところであることなどの理由による。基礎教

育への権利は、基本的な学習ニーズを満たしていないすべての者に及び、成人教育および生涯学習の不可欠な構成要素である（社13、パラ23・24）。

この点にかかわっては、特にユネスコ「成人教育の発展に関する勧告」（1976年）、ユネスコ国際成人教育会議「成人の学習に関するハンブルグ宣言」（1997年）、さらに「万人のための教育に関する世界宣言」「同行動計画」（1990年）、「万人のための教育に関するダカール行動枠組」（2000年）等をふまえることが重要である。

⑥　教育職員の物質的条件の改善　　教育への権利の実質的保障にとって、制度的な条件整備にとどまらず、教育に直接携わる教育職員の物質的条件の不断の改善が不可欠である。この点では、特にILO・ユネスコの「教員の地位に関する勧告」（1966年）およびユネスコの「高等教育職員の地位に関する勧告」（1997年）の内容がふまえられなければならない。

「教員の地位に関する勧告」では、教育の仕事は専門職であるとし、教員はその地位にふさわしい保障が与えられるとする。さらに、継続教育（6章）、雇用の安定や身分の保障（7章）、学問の自由・市民的権利・ストライキ権を含む教員の権利（8章）、学級規模等を含む効果的な授業と学習のための条件（9章）、適正な給与（10章）、適切な社会保障（11章）なども規定されている。教育職員の物質的条件の改善は、教育職員の職業上の自由や権利の保障を含むものであり、かつその発展につながるものでなければならない。

学校制度に関しては、締約国は総合的発展戦略をもつ義務があり（社13、パラ25）、教育職員の物質的条件の改善にあたっては、「教職員の地位に関する勧告」および「高等教育職員の地位に関する勧告」などをふまえる必要がある（同パラ27）。

なお、教職員および学生の学問の自由を否定することが人権条約の教育への権利違反になる、と理解されている点を改めて強調しておきたい。

子ども（児童）の権利条約

条約の成立　　条約は、国際連合・子どもの権利宣言30周年にあたる1989年11月20日、国連総会において全会一致で採択され、1990年9月2日に発効した。条約は、理想を定めているのではなく、ユニセフが「静かな緊急事態」と呼ぶほど世界中で深刻になっている子どもの危機的状況を解決するために、人類共通の権

第2部　Ⅲ　国際教育法と日本

利保障の基準を示し、具体的なとりくみを求めている。

　条約の淵源は、国連・子どもの権利宣言（1959年）であり、さらにジュネーブ宣言として知られる24年の国際連盟・子どもの権利宣言までさかのぼる。条約制定の客観的要因は、世界の子どもたちが置かれている現実である。条約制定の主体的な契機の1つは第1次・第2次世界大戦で何百万人も子どもが犠牲になったポーランドのイニシアティブである。また、ユニセフなどの国際機関、非政府組織（NGO）が条約の制定を促進させた。

　条約の内容　　条約は、前文（条約の背景・趣旨・原則）と、第1部（総則・個別的権利を含む実体規定）、第2部（条約の国際社会における実施措置）、第3部（発効・批准などの最終条項）の54条で構成されている。

　条約は、あらゆる差別の禁止（2条）、子どもの最善の利益確保（3条）、生命・生存・発達への権利（6条）、子どもの意見の尊重（12条）を一般原則にしている。そのうえで、表現の自由・プライバシーの保護などの市民的権利、子どものケアや家庭環境にかかわる権利、教育や福祉の権利、法に抵触した子どもの権利、難民・先住民の子どもや障害のある子どもの権利など、子どもが一人の人間として自立していく上で必要な権利を、ほとんど規定している。また条約は、これまでもっぱら保護される客体と捉えられていた子ども観の転換を求めている。子どもは、独立した人格と尊厳を持ち、権利を享受し行使する主体として捉えている。

　条約は、実施措置として、締約国による定期的報告制度を採用する。そして、個人資格の専門家で構成される子どもの権利委員会（18人）を設置し、締約国の条約実施状況を監視させている。

　日本の批准　　日本政府は、「子どものための世界サミット」にあわせて1990年9月21日に署名し（109番目）、1994年4月22日に批准書を国連事務総長に送り（158番目の締約国）、条約は同年5月22日に国内発効した。批准にあたって政府は、37条c第2文の留保と9条1項・10条1項の解釈宣言をつけている。

　選択議定書　　世界中で多くの子どもたちが性産業に従事させられ、人身売買・売買春・ポルノグラフィによる被害は増大している。また、世界のいろいろな地域で武力紛争が発生し、相当数の子どもたちが兵士として戦闘に参加をさせられたり、軍隊のなかで暴力や虐待の被害を受けたりしている。こうした事態に対応するために、条約の内容を補完し具体化する2つの議定書＝「児童の売買、児童買春及び児童ポルノに関する児童の権利に関する条約の選択議定書」と「武力紛争における児童の関与に関する児童の権利に関する選択議定書」が、2000年5月に国際連合で採択され、2002年1月と2月に効力が発生している。前者の議定書は、条約34条（性的搾取・虐待からの保護）、35条（誘拐・売買・取引の防止）、39条（犠牲になった子どもの心身の回復と社会復帰）などを具体化するものである。後者の議定書は、条約38条（武力紛争における子どもの保護）および39条の規定を進展させ、具体化するものである。日本は、両選択議定書を2002年5月に署名し、

140

前者は2005年2月24日、後者は2004年9月2日に国内発効している。

さらに、2011年12月19日には個人通報制度にかかわる3番目の選択議定書として「通報手続に関する児童の権利に関する条約の選択議定書」が採択され、2014年4月14日に発効した（日本は未批准）。

4 国際教育法と日本

ここで、日本の教育（法）について、子どもの権利委員会や社会権規約委員会等の人権条約委員会の総括所見は端的に問題状況を指摘し、改善の提言をしているので、それらの内容を検討しておこう（以下、括弧内の数字は総括所見の出された年とパラグラフ番号）。

(1) 過度に競争主義的な教育制度の見直し

① 日本の教育の根幹にかかわる問題として、子どもたちが過度に競争主義的な教育制度のストレスにさらされ、心身の健康に悪影響が生じ、発達障害を起こしている（子98パラ22、子04パラ49、子10パラ70、社01パラ31）。また、学校において体罰やいじめなどの子どもに対する暴力が頻繁に生じている（子98パラ24）。さらに、プライバシーの権利保障も不十分である（同パラ15）。これらは学校で子どもの権利が尊重されていない典型的な事例である。しかも、学校制度のなかで子どもの意見表明・参加の権利を行使できないでいる（同パラ13、子10パラ43）。これらの現状に追い打ちをかけるように、文部科学省は2007年から小学6年生と中学3年生に国語と算数（数学）の2教科の全国一斉学力テストを行っており、2科目の点数による学力評価、それに基づく競争が激化している。

このような状況に対して、子どもの最善の利益、生命・生存・発達の権利、子どもの意見の尊重という子どもの権利条約の一般原則とともに、教育の目的、遊び・休息・文化的活動の権利に照らして、過度のストレスをなくすような措置をとること（子98所見パラ43）や、過度に競争主義的な教育や不登校・病気・自殺等の問題に焦点を当てた教育制度の包括的な見直しが必要である（社01パラ58、子10パラ71）。それには、子どもの意見の尊重および参加が権利であることを子どもや親・教職員等に周知し、この権利を促進しファシリテートしていくこと、学校等での政策決定過程に子どもが制度的に参加すること（子04パラ28）、子どもや親・教職員等の意見を考慮しながらカリキュラム

を見直すこと（同パラ50）などが重要になる。また、学校等から体罰やいじめを解消するための包括的な計画を策定し、実施を監視しなければならない（子98パラ45）。その際、学校・教育委員会等は子どもや親と連携していくことが大事である（子04パラ50、子10パラ71）。

②　また、改めて社会問題化している体罰に関しては、文科省が「問題行動を起こす児童生徒に対する指導について」という通知（2007年2月5日）を出し、そのなかで従来の体罰禁止の考え方を後退させ、時と場合によっては容認できることもあるかような見解を示していた。さらに、最高裁が、非常に簡単な理由で（不十分な事実認定と当該行為の「目的、態様、継続時間等から判断」するという安易な審査基準など）、体罰を容認するかのような判決を出した（最判2009年4月28日）。流れが体罰を容認する方向に向かいつつあるときに、大阪府立桜宮高校体罰死事件（2012年）等が起こり、改めて体罰根絶にむけた取り組みが徹底されつつある。

この体罰について、子どもの権利委員会は日本に対し総括所見で3回にわたり勧告をしている。その内容は、学校だけではなく家庭や施設における体罰も法律で明示的に禁止すること、体罰根絶のための包括的な計画策定など体罰の禁止を効果的に実施すること、体罰に替わる非暴力的な規律やしつけについて広報・啓発すること、苦情申立てのしくみを強化することなどである。（子98パラ46、子04パラ36、子10パラ47）。

(2)　**教育目的の実現**　　人権条約の教育目的を実現しようとすると、2006年教育基本法の教育目的との適合性がまず問題になってくる。先に検討したように、人権条約の教育目的が教育にかかわる立法・行政等を方向づけ（義務づけ）、教育への権利保障を実質化しようとするのに対して、2006年教育基本法の教育目的は「徳目」的な内容や「態度を養う」という表現にみられるように、国民の側や教育活動を統制しようとしている。両者の教育目的の考え方には大きな隔たりがあり、しかも教育基本法全面改定の過程で人権条約との適合性について審理していないので、教育基本法の教育目的規定の改正が必要であるといえる。改正されないとしても、2006年教育基本法の教育目的は、日本国憲法のみならず人権条約の教育目的規定と適合的に運用されなければならない。

また、学校教育において学習指導要領や教科書検定などを通じて、人権条

約の教育目的に反するような内容を強制していることが問題になる。教育目的の国際的水準をふまえ、その趣旨を学習指導要領やカリキュラムのなかに盛り込むことが求められる（もちろん、その実現の仕方は非権力的でなければならない）。さらに、検定制度自体やその運用が合憲・合法かという問題は残るが、少なくとも人権条約の教育目的に反するような検定意見をつけることは許されないので、社会権規約委員会の一般的意見13号や子どもの権利委員会の一般的意見1号に具体化されている教育の目的および目標を反映した検定基準の改訂や運用の改善が必要となろう（社01パラ59、子04パラ50、子10パラ75等）。

　教育目的の実現にかかわっては、特に人権教育にかかわる分野で人権条約委員会から出されている勧告を実施することが求められている。文部科学省も人権教育の重要性を強調し、その方法等についても提示しているが、現実には子どもの権利バッシングが起こっており、人権教育特に子どもの権利教育は十分に進展しているとはいえない。それどころか、道徳が特別の教科にされ、いっそう強化されようとしている。今日の道徳や規範意識の根底には人権の理念と内容が置かれなければならない。この点では、人権条約およびそこに体現された「権利基盤アプローチ」を十分に理解し、子どもが権利の主体であることを基本にして、意識啓発・教育・研修等をすすめ、それらがどのような効果をもたらしたかを評価することなどが必要である（子98パラ44、子04パラ50等）。また、固定的な性別役割意識を解消するために、人権教育および男女平等教育についての包括的なプログラムを策定し実施していかなければならない（社13パラ13、女性差別撤廃委員会2003年総括所見パラ360等）。

　このように、教育目的の国際的水準を形成する一連の文書に基づいて、平和・環境・国際教育などの分野で、そのプログラム・教育方法・教材などの作成あるいは教師の研修などの促進にむけた条件整備をいっそう進展させることが求められている（平和教育について、武力紛争における子どもの関与に関する子どもの権利条約の選択議定書についての子どもの権利委員会2010年所見パラ11）。

(3)　すべての者の教育への権利保障

　①　教育への平等のアクセス　　日本では、すべての者が学校教育への平等なアクセスを保障されているとはいえない現状がある。

　女子、障害のある子ども、アメラジアン、コリアン、部落、アイヌその他のマイノリティ、移住労働者の子ども、難民・庇護申請者の子ども等に関し

て社会的差別が根強く残っており、これらの社会的差別と闘い、かつ基本的サービスが受けられるよう、とりわけ教育・意識啓発キャンペーンを通じてあらゆる必要な積極的措置をとることが求められている（自由権規約委員会1998年所見パラ13〜16、社01パラ13・32・60、子04パラ24・25、子10パラ34等。なお、女性差別撤廃委員会はマイノリティの女性の状況を把握することを勧告している〔2003年所見パラ365-6〕）。

　少し具体的にみていくと、いわゆる朝鮮民族学校は学校教育法の1条校に該当しないなどの理由で、日本の高校・大学への進学に際し原則として入学資格が認められていない。日本の中学校・高校を「卒業した者と同等以上の学力があると認められる者」は高校・大学に入学させることができる（学教施規63・69条）とされているが、受験すら認めない学校がなお多数存在する。この点について、朝鮮学校の教育課程が日本のカリキュラムに加えて朝鮮語や歴史等の教育を行うという現状においては当該学校を公的に認め、補助金その他の財政援助を得られるようにすること、いわゆる高校授業料無償化がなされ、その対象が外国人学校にも拡大したにもかかわらず、政治的な理由で適用外にされている朝鮮学校にも適用すること、および当該学校の卒業資格を大学入学試験の受験資格として承認することが必要である（文部科学省は各大学の判断に委ねている）。これらは人権条約委員会から勧告され続けている事項である（社01パラ60、子04パラ50、子10パラ73、社13パラ28等）。

　また、マイノリティグループの子どもが自己の文化を享受し、自己の宗教を表明しまたは実践し、かつ自己の言語を使用する機会を拡大できるようにしなければならない。それには、言語的マイノリティに属する生徒が相当数就学している公立学校の正規のカリキュラムに母語による教育を導入することが必要である（社01パラ60）。アイヌ民族について政府も先住民族として認めるに至ったが、アイヌ民族の現実に即し、当事者の声を反映した取り組みが至急求められている。加えて、自由権規約委員会が同じく先住民族と認め勧告している琉球・沖縄の人々が自らの言語で教育等が保障されるようにすべきである（自由権規約委員会2008年総括所見パラ32、同2014年所見パラ26）。

　さらに、日本人等のアジア人とアメリカ人の間に生まれた、いわゆるアメラジアンの教育について、日本語と英語によるダブルの教育ができるよう人的・物的条件整備が必要であろう。

日本に在住する外国籍または無国籍の子どもの教育について、文部科学省は小・中学校への就学義務はないが、希望すれば日本人の子どもと同様に機会が与えられるとしている。しかし、就学にかかわる文書が当事者の分かる言語で、内容が理解できるよう伝えられる必要がある。また、外国人登録をしていない者の子どもや無国籍の子どもなどの就学を促す新たな行政措置も必要である（社13パラ28）。さらに、就学後の教育の内実―修学にかかわる問題は山積しており、なによりも子どもたちの母語を話せる教師が非常に不足している。日本語指導やいわゆる適応指導に限定されることなく、人権条約の教育目的にふさわしい内容のための教育プログラムの開発などがすすめられねばならない。

障害のある子どもの教育については、障害のある人の権利条約を批准している現状をふまえて子どもの権利条約（23条）等の規定を解釈・運用することが求められている。障害のある子どもの教育への権利の実現はあらゆる段階におけるインクルーシブな教育制度および生涯学習の確保を基本にしなければならない（障害のある人の権利条約24条）。そして、障害を理由として一般教育制度から排除されずに、その生活する地域社会においてインクルーシブで質の高い無償のかつ義務的な初等教育または中等教育にアクセスできることが求められている。また、完全なインクルージョンという目標に合致する効果的で個別化された支援をすることが必要である。日本では、特別支援教育という名のもとで、なお特別支援学校が一般教育制度とは別の形で存在しているが、障害のある子どもの教育制度そのものの見直しが求められている（子10パラ59）。加えて、高校や大学への進学・就学にむけての諸条件の整備も要請される。

② 子どもの修学の保障　小・中学校で病気やお金等の理由以外の要因で学校に行けない・行かない子どもたちが約12万3千人いる（2014年度）。義務教育を実質的に終了していない者は相当数にのぼると推定される。フリースクール等で学び生活している子どもも一定数いるが（2015年の文部科学省の調査では、全国に474施設）、多くの子どもは学習等の機会が保障されないままである。フリースクールあるいはホームベーストエデュケーション等の多様な学びの場を公的に認知し、そこでの学習が保障されるよう諸条件の整備をすることが必要である。

さらに、公立の夜間中学校が1都2府5県で31校存在し、多様な背景を持つ約1850人が学んでいる。自主的な夜間中学校も154市区町にあり、約7400人が学んでいる（文部科学省調査。2014年段階）。この点で、子どもの貧困対策推進法（2013年）に基づく「子供の貧困対策大綱」（2014年）の「当面の重点施策」のなかに夜間中学校の設置の促進が盛り込まれた意味は大きい。設置にあたっては、夜間中学校を正規の学校体系に位置づけ、少なくとも夜間中学校の増設、生徒の実態に見合った修学年数の設定やカリキュラム・教材の作成、教職員の増員と待遇改善などを進めるべきであろう。

総じて、代替的な形態の教育制度を公的に認知して、正規の学校以外にも多様な学習の機会を保障し、教育への権利を実質化していくことが求められている（子04所見パラ50）。この点では現在、フリースクール・ホームエデュケーション・夜間中学校等の多様な教育機会の確保に関する施策を総合的に推進することを目的とした「義務教育の段階に相当する普通教育の多様な機会の確保に関する法律」の制定にむけた動きがすすんでいる。

また、生徒数の減少や財政上の問題で定時制高校をはじめ少子化等に伴い学校の統廃合も進行している。そこでは、財政的な観点からだけではなく、子どもの学習権や意見表明・参加の権利の保障、地域コミュニティの形成等の観点から検討が少なくとも必要である。

③　無償制の拡大　　いわゆる格差社会が急速に進行するなかで、就学援助を受けている小・中学生の人数が増えている。OECDの調査（「図表で見る教育2014年版」）では、日本における教育への支出のうち公的負担が非常に少なく（GDP比では最下位）、私費負担の割合はOECD平均の約2倍である。日本国憲法26条2項は義務教育を無償とすることを定めているが、これを受けた教育基本法5条4項（旧法4条2項）や学校教育法6条では授業料を徴収しないことに限定している（最高裁もこれを容認している。最大判1964・2・26）。そして義務教育諸学校の教科用図書無償法と同措置法により、教科書が無償配布されている。26条をめぐる学説上、授業料無償説、修学必需費無償説、あるいは漸進的無償拡大説など議論はあるが、無償の範囲を授業料と教科書以外にも拡大していくための立法を含めた措置が求められる。さらに、日本が社会権規約13条2項(b)(c)の「とくに、無償教育の漸進的導入により」の部分に付した留保を撤回した（2012年9月11日）ことをふまえ、いわゆる高校無償化法の

改定（2013年）により所得制限等が盛り込まれたことの再改定が求められており、高校授業料の無償化をはじめ高校（社13パラ29）や大学へ無償教育を拡大していくことも望まれる。

(4) 教職員の物質的条件の改善　教職員の病気休職者数（精神性疾患が半数以上）や定年前退職者数の増大、仕事量の増加、管理の強化にみられるように、教職員の勤務をめぐる状況は深刻である。OECDの調査（「国際教育指導環境調査」2013年）では、日本の教師の1週間あたりの勤務時間は参加国のなかで最長の53.9時間という長時間労働が指摘されている。しかも、子どもの成長を阻害するさまざまな問題も生じており、教職員と学校を取り巻く現状はけっして良くない。ILO・ユネスコ「教員の地位に関する勧告」の、特に教員の権利の保障および効果的な授業・学習の条件整備をすすめるために適切な措置をとることが求められている。ILO・ユネスコ共同専門委員会は、「教員の地位に関する勧告」の適用・実施にかかわって、日本の教職員評価や「指導力不足教員」の人事管理に関する調査をするため、2008年4月に調査団を派遣し、11月に日本の教職員の労働基本権保障にむけた調査結果を公表している。また、社会権規約委員会は、教職員を含めたすべての公務員のストライキが全面的に禁止されていることは規約違反であるので、ストライキの権利を保障するよう勧告している（社01パラ21・48）。これらは、教育制度・カリキュラム等の改革に教職員を当事者として位置づけ協働していくためにも必要なことである。

3　子ども・親の宗教的・道徳的教育の自由

宗教上の理由で格技授業に参加しない者に対して、それを根拠に進級拒否などの不利益な取り扱いが許されるかどうかが問題になった。最高裁は、授業の代替措置を講じないままに処分したことを違法であると判決した（最判1996・3・8）。2008年の中学校学習指導要領の改訂により保健体育において武道が必修化されたこともあり、宗教上の理由で格技を拒否できることや代替措置をとるべきことなどを含め、学校教育においても子ども・親が宗教的・道徳的教育の自由を確保できるような措置をとることが望まれる。

また、「日の丸」「君が代」問題については、裁判所の判決ではもっぱら教師の思想・良心の自由から検討されているが、子どもの権利という視点から、またそれを保障するためにも教育の自由という視点からの検討が必要である。

少なくとも、国旗・国歌として起立・敬礼や斉唱することを拒否する子ども・親に対し、それらを強制したり、あるいは拒否したりする場合に不利な取り扱いをすることは許されない。

《参考文献》
・国際教育法研究会編『教育条約集』三省堂、1987年
・宮崎繁樹編『解説　国際人権規約』日本評論社、1996年
・喜多明人・森田明美・広沢明・荒牧重人編『逐条解説　子どもの権利条約』日本評論社、2009年
・社会権規約NGOレポート連絡会議編『国際社会から見た日本の社会権』現代人文社、2002年
・子どもの権利条約NGOレポート連絡会議編『子どもの権利条約から見た日本の子ども』現代人文社、2011年

【荒牧重人】

Ⅳ　教育法の展開と課題

1 情報公開と教育

1　情報公開の進展と教育情報

　学校をはじめとして教育機関は相当な量の教育情報を保有している。「教育情報」にはさまざまなものが含まれるが、大別すれば、①自治体の教育委員会が教育行政上保有する「教育行政情報」と、②学校が教育活動や学校運営上保有する「学校教育情報」とに分けることができる。

　かつては、父母や生徒が必要な教育情報を容易に得ることができない反面、児童生徒に関する情報について教育機関からいともたやすく流出しているという事件が報じられ、知らないうちに不利益を被っているのではないかという不安が高まっていた。自治体で情報条例（情報公開条例、個人情報保護条例）を制定されるなかで、教育情報も情報人権（知る権利、自己情報コントロール権）を保障する制度と無縁でなくなっていることが意識され、その適用例・活用例も増えていった。

　他方、個人情報保護法が制定され、2005年4月に民間の規制を対象として全面施行されるようになると、「個人情報保護」を理由として、逆に、必要な情報が得られないという過剰反応が問題とされ、緊急連絡網がつくれないなど教育現場でも混乱がみられた。こうしたことを受けて、文部科学省は、「学校における生徒等に関する個人情報の適正な取扱いを確保するために事業者が講ずべき措置に関する指針」（ガイドライン）を示している。過剰反応をことさら強調することも慎重でなければならないが、教育現場で連携して何かに対処しようとしたとき、情報の共有が必要な場合があり、教育における子どもの情報人権をふまえた上で、これに取り組む必要がある。

　なお、情報公開制度は、個人情報など例外的な場合を除き、情報を一般に「公開」する効果をもつのに対して、個人情報保護制度は、個人情報の取扱のルールを定めるとともに、個人情報を本人に開示し、訂正・削除等の請求に応じようという人権保障のしくみである。教育情報もこうした一般人権保障と無縁なはずがなく、教育法上もむしろ積極的に位置づけることが求めら

れている。

2 教育行政情報の公開

　教育活動を支える条件整備を担う教育行政機関が、教育に関する要求を十分把握する必要があることはいうまでもないが、今日の市民参加・協働の流れのなかで、教育行政においても関係者を含めた市民参加は不可欠である。そうした参加の前提条件になるのが教育行政情報の公開である。

　教育行政情報のうち代表的なものをみてみると、まず、教育委員会や教育関係審議会の会議録があげられる。教育委員会の会議録については、会議公開の必要性にふれた上で、会議公開原則が会議録の閲覧請求を含むとした判例がある（大阪地判1980・9・24判時992号32頁）。教育委員会や教育関係審議会の多くは、委員に民間人が任命されるしくみになっており、専門性のみならず民主性を確保することをその原理的要請として含んでいる。こうした原理に従えば、会議録の公開は原則として行われなければならない。

　統計調査情報も公開されるべきであろう。判例としては、中途退学者数と原級留置者数の高校別統計情報についての県教育委員会の非公開決定を取り消したものがある（福岡地判1990・3・14判タ724号139頁、福岡高判1991・4・10行裁集42巻4号536頁）。県教育委員会が、公開による社会的な影響・弊害を非公開理由としてあげているのに対して、判決では、むしろこうした情報が公開される場合には、「県立高校の教育についての県民の関心を喚起し、教育行政に対する県民の積極的な参加を促す効果を生ずることが期待できる」としている。

　ところで、近年、「全国学力・学習状況調査」（以下「全国学力調査」という。詳細については、Q21参照。）の結果公表が問題となっている。文部科学省は、全国学力調査の結果の公表について、かつて行われていた全国学力調査の経緯もふまえ、2007年当初、都道府県ごとの平均正答率など全体の状況をまとめて公表する一方で、自治体による公表を認めていなかった。しかし、結果は、各都道府県、市区町村教育委員会および各学校に提供されており、一部の自治体等から、これを自治体独自の判断で、たとえば学校別の成績の公表などをできるようにすべきとの意見が強く出されたことから、文部科学省は、2014年からは、条件つきで、こうした公表が可能となるよう実施要領を変更している。いずれにせよ、自治体が保有するこうした情報に情報公開請求が

なされた場合、文部科学省の見解とは別に、教育委員会は、当該自治体の情報公開条例に基づいて、独自に公開の是非を判断しなければならないが、その際、条例の関係機関間情報のほか、事務事業情報上開示することに支障がある情報などの不開示規定をふまえて判断することになる。公表についても、公表できないという判断は、これらの規定をふまえることになるが、全国学力調査の結果は統計調査情報ではあるが、過去の経緯もあり、学校別の成績などは後述の学校教育情報でもあることから、公表・開示について、「教育上の支障がない」との判断は慎重に行う必要がある。

そのほか、教育施設設備、予算、保健・衛生、環境などの教育行政情報があるが、いずれも原則として公開されなければならない。なお、国の教育行政情報として、教科書検定意見等の公開の問題がある。裁判で提出命令が出された例はあるが（東京地決1968・9・2判時530号12頁）、それ以外で文書公開はされてこなかった。家永教科書裁判の影響等もあって、現在では、検定終了後に申請図書（いわゆる白表紙本）、検定意見書やそれに対する修正表、教科用図書検定調査審議会の議事概要は公開されるようになったが、合否の判定基準や審議会の議事録等は公開されておらず、教科書検定における情報公開の問題はなお残されている。

3 学校教育情報の公開と学校の自治

教育行政情報の原則公開に対し、学校の保有する「学校教育情報」の公開については、学校への保護者・市民参加あるいは子ども参加など「参加と合意形成」との関係で重要な役割を期待されている。このような教育参加の視点に立つと、学校教育情報も原則として保護者や市民に公開されなければならない。その意味では、情報公開条例に基づく公開を待つことなく、学校教育情報は地域の学校自治・共同体的な取り組みのなかで、原則として広く情報提供されていくべきものである。

自治体で制定されてきている情報条例は、条例の実施機関である教育委員会を通じて学校教育情報にもその規律を及ぼしている。したがって、公開・非公開等は教育委員会の決定として示されることになるが、実際の判断は学校の自治・共同体的なしくみに依拠していくべきものと考えるべきである。情報条例の一般的なしくみとして、たとえば一般行政では、公開・非公開の決定は知事・市区町村長名で表示されるが、実際の判断は通常、事務を所管

している課の長が決裁という形でこれを行っている。同様に、教育行政においても、決定の表示は教育委員会であるが、決裁は各学校長が行うしくみをとっているところが多い。ただし、校長は、所管課の長とは異なり、実施機関と職務上の上下関係にあるわけではなく、むしろ学校自治的な決定を形式的に代表するものである。

　ただ、実際に公開が求められているもののうち、学校自治的にみても、あえて非公開にする学校教育情報はそう多くないと思われる。各種会議記録などは、学校にとってみれば神経質にならざるをえない問題に関するものであることが多いが、個人情報に当たるものを除き、子ども・保護者・市民との共同体的学校づくりを進めていくためには広く情報が共有されていることは必要である。学校自治的な議論が明らかになれば、保護者や地域住民の信頼感をかえって生むことになる。学校事故、体罰、いじめに関する事故報告書についても、当事者本人による開示・訂正に及ぶ場合は個人情報保護のしくみによらなければならないが、性質上、将来の教育環境や条件整備に関係する以上、個人情報部分を除いて公開されるべきである。さらに、教育裁量基準を示した教務内規についても原則的に公開されるべきである。とりわけ出欠席、成績評価、進級・卒業判定等の内規は、子どもの学習権保障に関わり、かつ子どもの法的地位の変動に関わる学校自治的基準である以上、公開されるべき性質のものである。

　以上のような学校教育情報の公開は、情報公開条例のもとで教育委員会の決定の形をとるが、前述の通り、学校自治が生かされた決定であるので学校共同体として主体的に受けとめる必要があろう。また、より積極的いえば、学校教育情報は、こうした情報条例のルートで公式に請求されるのを待って公開されるだけでなく、むしろ教育活動を通じて自治的に子ども・保護者に広く情報提供されているべきである。なお、こうした情報公開は、文書・記録の存在と「対」をなしており、公開の反作用として文書の不作成や廃棄が安易になされないよう留意する必要がある。

《参考文献》
・兼子仁・蛭田政弘『学校の個人情報保護・情報公開』ぎょうせい、2007年

【野村武司】

② 参加と合意形成

1 現代教育改革と改革手法の改革の必要性

今日、日本では、教育の政治化にともなって、「政治主導の教育改革」が続いている。近年では、安倍政権下の教育再生実行会議の提言を受けて、道徳の教科化などが進行している。

たとえば読者が、道徳の教科化の問題を取り上げて、その「教育改革」の是非を議論するとする。おそらくその多くは、愛国心など道徳教育のあり方や、国主導の道徳・徳目主義教育の問題など、「教育改革」内容に議論が集まるだろう。確かに教育改革・政策分析の方法として、改革内容に注目することは当然のことであるが、現代の民主主義国家の時代にあっては、その「教育改革」の改革手法についても目を向けることが重要である。たとえ、どんなに教育改革の中身が優れていたとしても、特定の政治家などによって独裁的に進められていたとしたら、それは現代の民主主義国家にふさわしいものとはいえない。

21世紀に入り、日本の教育改革、政策の策定に関しては、改革の中身だけでなく、いやそれ以上に、改革手法のあり方が問われていると考える。

安倍「教育改革」に限らず、21世紀に入って、政府がとる改革手法は一貫している。それは一言でいえば、「一部の政治家の教育介入」方式である。その始まりは、森政権時代の教育改革国民会議（小渕首相の私的諮問機関として発足）まで遡る。それは、教育改革国民会議が「教育基本法改正」の提言（最終報告）を出した2000年暮れのことであった。

「その提言の仕方は異様なもので、教育改革国民会議24人の委員のうち『必要だ』と考えていた委員は、三分の一程度。残りの三分の二は『改正』の必要性をほとんど認めていませんでした。ところが急逝した小渕首相の後を継いだ森喜朗首相が第2回目の全体会から出席するようになり、教育基本法改正についても審議してほしいと繰り返し発言し、当時の首相補佐官であった町村信孝議員も同様の発言を繰り返したといわれています。しかも国民会議での審議はとても十分だと言えるものではなく、『特定の政治家と一部の委員のイニシアティブにより「改正・見直し」提言の報告がなされることになった』（藤田英典委員）のです。」（辻井喬・藤田英典・喜多明人『なぜ変える？教

育基本法』岩波書店、2006年10月、「はしがき」より。なお、国民会議委員であった藤田英典氏は、改革手法の「改悪」問題などから改正反対の市民団体「教育と文化を世界に拓く会」を立ち上げていくことになった（2002年7月）。）

2　教育改革手法としての「参加と合意形成」の意義

　21世紀日本の国レベルの「教育改革」は、民主党政権の一時期を除いて、森（小渕）政権時代から同じ改革手法であったといえる。小渕（森）首相の私的諮問機関＝教育改革国民会議で実質的な政策意思が決定されて、中教審追認→法改正・政策実施の手法であり、安倍首相＝教育再生（実行）会議（懇親会）での政策意思決定→中教審追認→法改正→政策実施とその基本構造は変わらなかった。教育の専門性が考慮されていたはずの中教審などの教育審議会は、形式的な手続きとしてその政策意思の追認機関と化してしまったといえる。この「特定の政治家の教育介入」方式は、地方にも影響を与え、石原東京都知事、橋下大阪府知事（市長）も同じ手法で地方の「教育改革」が進められてきた。

　このような特定政治家の教育介入の動きに対して、教育改革論議のなかで、その改革手法のあり方を問う視点が弱かったことは否めない。

　現時点で考慮されるべき改革手法のあり方としては、その基本は、以下のような「参加と合意形成」の原則が貫かれる必要がある。

　第1には、特定の政治家や一部の委員による密室的な政策意思の決定方式ではなく、広く国民・市民論議を起こしていくことである。現在では、形式的には「パブリックコメント」などの市民参加の方式が取られているが、教育改革をめぐって実質的な市民参加は進んでいない。

　第2には、学校現場や教育界の意思が反映されなくなっていることである。一時期、教育再生会議に教育学者が入っていないことが問題視されたが、長年の教育の経験や知恵などが蓄積されてきた教育学・実践の成果、あるいはその教育の専門性が軽視されていることは看過できない。

　第3には、現代の教育改革論議のなかで、地方分権・地方自治の視点が不在であることである。現代では、「地方分権の小さな政府」が目指されていたはずであるが、こと教育分野に限っていえば、「中央集権の大きな道徳国家」が支配している。東京や大阪のように、国の「教育改革」を先取りするような「改革」が目につくなかで、地方分権・地方自治にふさわしく地域共

同体（子ども、保護者、教職員、市民）による教育改革・学校改革が進むことが期待される。

3　教育の当事者性とパートナーシップ

　以上のような参加と合意形成の法的な裏づけは、教育の権利性に求められる。国民・子どもの権利としての教育（憲法26条）は、教育法原理的には、これを享受する主体である国民＝市民・保護者、子どもの参加と合意の原則を内在させてきたといえる。

　1947年制定教育基本法では、教育の国民直接責任制の原理（旧10条）が採用されており、人々が教育のあり方、意思決定のシステムに関与、参加していくための貴重な実定法原理であった。戦後日本の教育改革期においては、その教育改革手法の中心は、国民直接責任制を受けて発足した「公選制教育委員会」制度（旧教育委員会法1949年）にあったといえる（地方自治と市民参加、民意の反映としては、専任職の教育長公選制も重要な改革手法となりえよう）。

　しかし、現行教育法の法原理としては、実定法的にも援用できる「教育の自主性」（06教育基本法16条1項）、「学校の自治」の原理を基本に据えた教育、学校の改革手法が求められる。その場合には、子ども・保護者・市民（地域住民）・教職員など教育の当事者性を土台とした地域教育（学校）共同体づくりが、実質的な教育改革となるといえないか。

　こうした教育当事者・市民参加の改革手法原理は、教育行政組織原理としては、47年教育基本法10条2項の後段削除により、文言上は後退したとみられている。しかし、2014年に批准20周年を迎えた子どもの権利条約の、3条（子どもの最善の利益）、5条（子どもの権利行使と親の指導）、12条（子どもの意見の尊重）、18条（親・保護者の第一次養育責任）、28条（教育への権利）、29条（教育の目的）に基づき、教育当事者としての教育自治共同体による「教育改革」手法が正当化される、と解される。

　そのような法原理のもとにあって、「学校運営協議会」制度（地教行法47条の5）や「学校評議員」制度（学教施規49条2項、3項）などが、地域の教育自治共同体として発展的に解釈される必要がある。すでに、こうした法原理のもとでは、地方・地域の教育自治慣習法レベルにおいて、ひろく子ども、保護者、市民、教職員の協議体が形成されつつあるといえる。

4 参加と合意形成を支える基本条件

こうした参加と合意形成のためには、以下のような基本条件を満たしていく必要がある。

① 参加と合意形成に欠かせない情報アクセス　教育のあり方に意見を述べたり、参加していくためには、最低限、「参加に欠かせない情報を事前に受ける権利」(情報権＝ドイツ：ノルトライン・ヴェストファーレン州「学校法」『解説　教育六法』所収) が保障されなければならない。

また、学校側が都合が悪いときに、よく「乱発」されてきた「内申書に響くよ」等の脅し文句も、子どもの参加の障がいになっていた。内申書が「非開示文書」扱いとされて、長く学校側が情報を独占してきたことから、子どもや保護者はいつ不利益を受けるかと疑心暗鬼の意識のもとで、学校教職員との上下関係を生んでいた。しかし近年では、個人情報の開示が進み、個人情報のコントロール権の行使によって、参加の自由が確保される傾向にある。

② 学校、地域における合議・協議システムの形成　近年は、さまざまな教育当事者の間で協議し、合議していくシステムが形成されてきている。国レベルでは、前述した「学校評議員」会や、「学校運営協議会」、地方レベルでは、地域の学校自治慣習法としての合議システムの発展 (長野県の高校三者協議会など) や子どもの権利条例による合議システムの形成 (川崎市「学校教育推進会議」、北海道幕別町「学校運営協議会」など) が見られる。

③ 参加や合意形成を支える法的基盤の形成　先述した子どもの権利条例などによる「子どもの参加する権利」の理念普及、「子ども会議」制度の導入など、また市民の教育行政参加をうたった東京都中野区「教育行政における区民参加条例」(1997年3月) や教育政策決定への市民参加を促した「鶴ヶ島市教育審議会設置条例」(2000年3月) なども注目される。

④ 意見表明・参加を理由とした不利益を受けない環境・システム　上記の「内申書」問題もそうであるが、意見表明・参加したことで、当事者が不利益を受ける可能性がある場合は、参加と合意形成への明らかな障がいとなる。したがって、不利益や権利侵害が起こりそうな場合には、安心してすみやかに相談できるシステムが必要である。子どもオンブズパーソン制度のように第三者性のある相談・救済機関がこの役割をになうと考えてよい。

【喜多明人】

③ 学校安全

1 学校災害の現状と学校安全

　日本スポーツ振興センターの統計によると、学校の管理下（登下校中含む）において子どもが負傷したり疾病にかかったり、不幸にも死亡や障害に至るような災害の発生件数は2014年度で約110万件となっている（負傷・疾病の場合は医療費5000円以上のもの）。このような災害の発生件数は近年、少子化の影響もあり微減の傾向にあるが、小学校で年間約6％、中学校で約10％、高校で約8％の割合で子どもが災害に見舞われている状況を考えれば看過できない状況といえる。なぜなら、学校は教育を通じて子どもの心身の成長・発達を支えていくことが目的であり、このような災害はこの目的を妨げると同時に子どもの未来を閉ざしてしまうからである。「学校安全」はこのような災害の防止のための理念や活動等を捉える概念であり、活動面では大きく①「安全管理」と②「安全教育」から構成されている。具体的に①はさらに「対人管理」「対物管理」で構成される。すなわち、前者が子どもの心身の状況や行動等に対する管理、後者は学校施設・設備の整備を通じて災害を防止し、安全を保障していく営みである。つまり、管理や物的な条件整備などといった外的作用により子どもや学校の安全を保障していくものといえる。他方、②は「安全指導」と「安全学習」とで構成される。これは教職員による子どもへの指導や、子ども自身が安全に関する知識を学ぶことを通じて災害を防止していく営みであり、子どもや教職員による内的作用を通じて子どもや学校の安全を保障していく営みといえる。

2 学校安全と教育法学

　教育行政や学校現場では従来からこのように「学校安全」を捉えた上で、さまざまな取組が行われてきた。ところが学校の災害の発生は前述のような状況で、これまでの経緯をふまえると全体としては増加傾向にある。このような問題に対して、教育法学の研究では主に学校事故に関する判例研究と、学校災害による被害者（子どもとその家族）を救済する立法研究の面から取り組まれてきた。

　前者の研究ではさまざまなケースの学校災害の判例研究を通じて、教職員の注意義務（安全配慮義務）や結果回避義務の必要性、また、学校設置者の管

理責任等の課題が見出された。また、後者による立法研究では学校災害の被害者を救済する制度が不十分であることや、学校災害の原因究明と再発防止の視点（予防的観点）と制度が未整備であること等の課題が提起された。そして、このような研究成果は立法研究として大きく2つの社会的活動に還元された。1つは国による被害者救済制度（現在の日本スポーツ振興センター災害共済給付制度）を補完する自治体条例（さいたま市学校災害救済給付金条例、当時大宮市）の立法である。これは、1973年に日本教育法学会に設置された学校事故問題研究特別委員会（略称、事故研）による「学校災害補償法」要綱案等の研究成果が結実したものである。そして、もう1つは「学校安全法」要綱案の提案である。これも事故研の研究によるもので、学校災害の増加傾向の背景に、「学校安全」に関する役割が学校現場に依存している状況（教育行政による通知・通達主義）や、法的責務や位置づけが曖昧であること等をふまえたものである。すなわち、「学校安全」の法律主義の必要性を唱え、国や地方公共団体（学校設置者）、学校それぞれの法的責務を明らかにすることやそれを支える人的条件や制度等を提起したものである。この要綱案は2004年に日本教育法学会で公表され、当時野党だった民主党による「学校安全対策基本法案」の提出（第164回国会参議院2006年2月23日、審議未了により廃案）と、後述の「学校保健安全法」（与党による法案）の立法化に影響を与えた。

3　学校安全と法——学校保健安全法の意義と内容

　現在、「学校安全」を規定した法律として「学校保健安全法」がある。この法律は上記のような教育法学の研究や「学校安全」に対する社会的要請を受け、2008年1月の中教審答申「子どもの心身の健康を守り、安全・安心を確保するために学校全体としての取組を進めるための方策について」を経て、同年6月に学校保健法の一部を改正して成立した。同法は2009年4月から施行され今日に至っている。

　この法律で「学校安全」については特に26条から30条において規定されている。まず、26条では学校設置者に子どもの安全を守るために「事故、加害行為、災害等」から生じる危険を防止し対処できるような物的条件、人的・組織的条件を整備する努力義務が課されている。これはこれまで曖昧だった学校設置者の責務を規定したものである。また、ここで注目すべきは「加害行為」という文言である。これは、この「学校安全」の立法化の背景として、

2001年の大阪教育大学付属池田小学校への不審者侵入事件（8名の子どもの命が奪われた事件）をはじめとする学校の「防犯」問題があったことを示すものである。また、この加害行為には文科省通知（2008年7月9日付）による解釈で「いじめや暴力行為など児童生徒同士による傷害行為も含まれる」「いじめ等により児童生徒等が身体的危害を受けるような状態にあり、当該児童生徒等の安全を確保する必要があるような場合には、学校安全の観点から本法の対象」とされている。つまり、いじめ防止対策推進法の成立を待つまでもなく、「いじめ」を防止し対応する責務が「学校安全」の観点から学校設置者に課されていたのである。

　そして、27条には学校施設・設備の安全点検（管理）や安全指導、職員研修を含めた計画を策定し実施する責務が規定されているが、名宛人は「学校においては」とされ、その主体は教育委員会であるのか、学校であるのか判然としていない点は責務を明確化するという意味で課題として残っている。この点は、29条1項における「危険等発生時対処要領」（いわゆる危機管理マニュアル）の作成義務や、同3項における被害者（子ども）と心理的外傷等を受けた他の子どもや保護者等の心身の健康回復に向けた支援義務、さらに30条における子どもの安全を守るための保護者や関係機関（警察署等）や地域住民・団体との連携義務についても同様となっている。他方で、28条と29条2項では校長に、それぞれ学校施設・設備に安全上問題がある場合の措置と学校で措置できない場合の学校設置者への申し出に関する義務、危機管理マニュアルの職員への周知と訓練の実施等の義務を課している。なお、国に対しては、同法3条1項において「学校保健」と合わせて「学校安全」の「取組が確実かつ効果的に実施されるようにするため、学校における保健及び安全に関する最新の知見及び事例を踏まえつつ、財政上の措置その他の必要な施策を講ずる」義務、同2項で「学校安全の推進に関する計画」（学校安全推進計画）の策定義務が課されている。

　このように、「学校安全」が国内法で初めて明確に位置づけられ、「学校安全」に関する具体的な取組内容やそれに対する責務が規定化されたことは一定の評価ができるといえる。ただ、前述の事故研が提案した「学校安全法」要綱案では、「学校安全」専門職員の配置や学校災害の再発防止に向けた原因究明組織と被害者救済のための相談体制の整備等が示されていたが、「学

校保健安全法」ではこれらの点が規定されていない点は立法上の課題といえる。なぜなら、いずれも「学校安全」保障を担保する上で欠かせない条件だからである。

4　東日本大震災と学校安全

2011年3月11日の東日本大震災の発生は「学校安全」があらためて問われる契機となった。周知の通り、東日本大震災は岩手・宮城・福島の被災三県を中心とした学校に人的・物的両面で甚大な被害をもたらしたからである。特に、津波による被害のあった学校は施設・設備が全壊したり、子どもや教職員が避難途中など学校管理下で津波に巻き込まれ死亡したりするケースもあった。なかでも宮城県石巻市立大川小学校の事例は子ども・教職員合わせて84名が死亡した。また、このケースについては危機管理マニュアルの内容と教職員への周知や訓練、安全（防災）教育が不十分だったことや、教育委員会による指導・助言等が行われていなかったこと等が指摘されている。他方、国も震災発生時には同法施行から約2年を経ていたにも関わらず「学校安全推進計画」を策定していなかった（2012年4月に策定）。このように、東日本大震災は学校保健安全法の「学校安全」規定の現実化（学校安全の実践）を問うものだといえる。今日、さまざまな学校の防災や防犯に関する取組が展開されつつあるが、同法に基づいた「学校安全」全般における点検と改善が求められている。

5　いじめと学校安全

滋賀県大津市公立中学校における中学2年生のいじめによる自殺事件（2011年12月）は周知の通り、学校や教育委員会の対応の不手際から社会問題化し、結果的にはいじめ防止対策推進法の成立に至った。この問題は国の「学校安全」政策にも新たな局面をもたらした。すなわち、2012年8月に文科省に「子ども安全対策推進室」（文科相決定）が設置されたのである。この支援室はいじめによる子どもの自殺や教育指導中の事故、凶悪事件、自然災害をはじめ子どもや学校の安全が損なわれる重大事件・事故等が発生した場合に「学校や教育委員会が、その原因・背景等について把握し、迅速に効果的な対応が行えるよう支援する」ことを目的としている。そして、2014年4月には「学校事故対応に関する調査研究」有識者会議が設置され、再発防止に向けた学校事故調査の体系化（検証組織の在り方）等について検討されはじめた。事故

研が提起してきた原因究明に向けた体制整備がようやく踏み出されたのである。原因究明における第三者性の担保や調査手法、再発防止へのフィードバック、被害者の救済等のあり方等は「学校安全」の研究上、今後、大いに注目される。

《参考文献》
・日本教育法学会編『「不当な支配」と教育の自由』（日本教育法学会年報42号）、有斐閣、2013年
・喜多明人・堀井雅道編著『学校安全ハンドブック』草土文化、2010年
・喜多明人・橋本恭宏他編著『解説学校安全基準』信山社、2008年

【堀井雅道】

④ NPOとの連携・協働

1 市民の学びとNPOの新たな役割

「21世紀は市民の時代である」というメッセージに象徴的にあらわされているように、生涯学習社会における市民によるNPO活動が広がりをみせている。それらが教育や教育法に提起している課題は何か。

NPO（Non Profit Organization ＝非営利団体）とは、アメリカのレスター・サラモンが提示した、①公式に設立されたもの、②民間（非政府組織の意味）、③利益配分をしない、④自主管理、⑤有志によるもの、⑥公益のためのもの、という6つを内包しながら、概念規定の第1要件として外に開かれた組織民主主義をもち、法人化・公式化されない人の出入りの流動的な運動体も含んで、アソシエーションの特性をもつものである（詳しくは、佐藤慶幸『NPOと市民社会』、有斐閣、2002年、参照）。1998年に制定（2013年に最終改正）された特定非営利活動促進法（以下、NPO法）には、「ボランティア活動をはじめとする市民が行う自由な社会貢献活動」（第1条）の推進を図る団体で、別表に示された20の活動分野において、「不特定かつ多数のものの利益の増進に寄与することを目的」（第2条）として法人格を取得した団体、と規定されている。

日本におけるNPOは、平和・人権・環境・共生、子ども・青年＝若者・女性・労働者・障害者などの領域での課題に取り組む、市民の自主的な団体・グループがすでに存在していたところに、後からNPOとして法律によって位置づけられたところにその特徴をもっている。その意味で、日本における

表1

行政	協同組合	ボランティア	NPO
団体自治・住民自治	自発性・自主性	自発性・自主性	自発性・自主性
公益・公共	共益	対価を求めない	利益追求ではない・しかし収益可
地方政府・中央政府 公共性	非政府性	非政府性	非政府性・非企業性
行政責任	協同性	善意	使命（ミッション）

NPOのもつ新しい役割は、行政・協同組合・ボランティアなどとの関連において把握される必要がある（表1を参照）。

また、市民の自主的な団体・グループは、従来より、社会教育法における「法人であると否とを問わず、公の支配に属しない団体で社会教育に関する事業を行うことを主たる目的とするもの」（第10条）である「社会教育関係団体」として把握され、これらの団体・グループの行う活動は社会教育活動と捉えられてきた。一方、NPO法が規定する活動分野には、「社会教育の推進を図る活動」があげられているが、実際には、社会教育活動とNPO活動は同じものを指している。その意味で、「NPOは、〔中略〕市民的立場からの共同学習の組織者・学習機会の提供者として意義づけることができよう」（佐藤一子編著『NPOと参画型社会の学び』エイデル研究所、2001年、参照）という指摘からは、NPOのもつ学習活動機能というもう1つの特徴が理解できる。

なお、NPOという用語は、アメリカをのぞく諸外国では、NGO（Non Governmental Organization＝非政府組織）と区別されずに使われ、また、ヨーロッパでは、NPOという用語は使われずに、NGO、アソシエーション、ボランティア団体、協同組合、共済組合という用語が使われている。

2 NPOをめぐる論点

NPO法は、その制定過程より、法制度と実態の関係について、いくつもの問題点が指摘されている。たとえば、第2条（定義）や第12条（認証の基準等）などを解釈する上で法的な問題となるのが、「法人」についてである。①自由な社会貢献活動を行うNPOは、届出制度によって法的に認められるべきだが、NPO法では、許認可制度を採用していること、②NPOは、自由な社

会貢献活動を行う組織だが、NPO法では、NPOは所轄庁の管理・監督を受けなければならないことなど、NPO法の具体的な手続きや運用の問題が考えられる。当面する検討すべき課題としては、次の3点に集約することができる。（詳しくは、姉崎洋一「市民の学びとNPO法」『月刊社会教育』NO.517、国土社、1998年12月号、田中雅文・三宅隆史「民間セクターにおける生涯学習の展開」日本社会教育学会編『講座現代社会教育の理論Ⅲ』、東洋館出版社、2004年、参照）

第1は、NPO法のインパクトと具体的対応と関連して、NPO活動支援の政治・文化・財政環境、法人としての課題・専門スタッフ養成・事業展開などである。第2は、NPO法と第三セクター論と関連して、国・自治体や企業組織との類似性やダミー性の危険、ボランティア・企業・行政との関連と区別などである。第3は、NPOのもつ新たな「市民像」の構築の課題と関連して、行政責任の批判的改善要求主体になれるのか、権利の掘り崩しか、権利の拡大寄与か、ミッションの理解などである。

3　NPOのもつ可能性

以上のような論点を含みつつも、教育法学的観点からすると、NPOにはある可能性があると思われる。

その第1は、NPOが「学習する組織」であるということである。NPO法は、すでに先行して存在していたNPOを根拠として制定されているが、施行後、教育領域でいえば、企業を母体とするNPO法人が、教育特区を活用して学校設置・経営を行うなど、その実態はさまざまである。このような実態がありつつも、NPOが学習活動を通して、その存在意義を証明しているとすれば、NPO法の内実をNPOがつくり、それがNPO法の新しい解釈へとつながると思われる。これは、国民の学習権の現代的展開として捉えることができ、また、生涯学習の公共性の重要な視点を提示しているということである。

その第2は、NPOのスタッフ養成についてである。NPOのスタッフは、従来の教育専門職と違い、養成機関をもっていない。そのため、十分な資質能力をもっていないNPOのスタッフが多いことも確かである。しかし、NPOのスタッフは、NPOにおける学習活動を通して、自らの人間観・教育観を再構築し、その専門性を捉えなおしている。その意味で、NPOは教育力をもっているということである。

これら2つの可能性は、NPOの自己教育運動と深い関係にある。たとえば

フリースペース・コスモのような、子どもの居場所づくり・地域づくりのネットワークや、「非行」と向きあう親たちの会のような、子ども・おとなの生存・成長・学習を支える人間発達援助に関わる諸分野の新しい社会的共同にみられるように、NPOが現代の人間形成に果たす役割は大きい。それは、NPOが、ノンフォーマル・エデュケーションであるからであり、学校教育に相対して把握される時、学校や教師を捉えかえす契機ともなるからである（詳しくは、姉崎洋一「地域の教育機能の向上と地域コミュニティの育成」西尾勝・小川正人編著『分権改革と教育行政』ぎょうせい、2000年、参照）。

《参考文献》
・佐藤一子『生涯学習と社会参加』東京大学出版会、1998年
・佐藤一子編『NPOの教育力』東京大学出版会、2004年
・宮盛邦友編著『子どもの生存・成長・学習を支える新しい社会的共同』北樹出版、2014年
・宮盛邦友『現代の教師と教育実践』学文社、2014年

【宮盛邦友】

5 教育裁判・判例のもつ意味

1 教育紛争と裁判

　主として学校教育や社会教育のあり方をめぐって生じる紛争には、国の教育政策や教育行政のあり方を問うものや学校事故、いじめなどさまざまなものがある。このような紛争は現場で、当事者間で解決されることが望ましいことはいうまでもない。教育紛争には司法審査の対象になりうるか否かが微妙で、裁判にはなじみにくいものも少なくない。とはいえ、事柄の重大性や紛争の長期化、また当事者間での解決が望めないなどの場合には、裁判による紛争解決が図られる。

　裁判には刑事裁判、民事裁判、行政裁判がある。刑事裁判は、犯罪を認定し、刑罰を科すか否かを確定するもので、教師のセクハラや贈収賄などはもちろんのこと、体罰が暴行事件として刑事裁判となることもある。このほかに、歴史的には勤評裁判や学テ裁判のように、教育政策に対する反対行動を理由として、教職員等が刑事訴追されたものもある。民事裁判は、私人間の紛争を対象とし、私立学校内の事件や国公立学校における学校事故（国家賠償訴訟は、訴訟手続としては民事訴訟の一種として扱われている）などがこれに当た

る。また、いじめの加害児童・生徒やその保護者が被告となることもある。行政裁判は、行政上の法律関係について公権力の行使の適法性などを争い、行政処分の取り消しや無効、また義務づけなどを求めるもので、学校の設置廃止や教職員の任免などさまざまなものがある。また、国公立学校の教育活動を形式的に行政処分（「公権力の行使」）と見立てて、その違法を問うこともある。

　裁判所のほかにも、行政内部に準司法的機能を有する機関があり、当事者間の紛争処理や違反行為の監視・是正、不服審査などを行っている。たとえば、地方公務員法に基づき設置され人事行政に広範な権限を有する人事委員会は、不利益処分の審査を行う。

2　教育裁判・判例の意義

　教育裁判とは、狭義には教育制度に固有の法理を擁する裁判を、広義には事案が教育に関連するものを指し、一般的には後者が多く用いられる。裁判は、個別具体的な紛争の解決（権利・義務関係の確定）を直接の目的とするものである。判断の前提となる事実関係はそれぞれ異なるから、判決を安易に一般化することはできないが、類似の判例が蓄積されていくなかで新たなルールが形成されることもある（判例法）。学校事故判例における学校や教師の安全配慮義務の確認などはその好例といえよう。また、裁判が新たな法律や制度制定のきっかけになることもある。

　個別紛争の解決という直接の目的以外にも、判決の法論理が教育をめぐる権利・義務関係をより明確にし、理論をさらに精緻にする役割を果たすことがある。また、判決のみならず、提訴から終結までの裁判過程、さらに紛争の生起から裁判過程および判決が教育の現実や教育運動、教育政策に影響を及ぼしていくという裁判の総過程にも注目すべきである。これらからは、生きた教育現実やそれが法規範・法意識とどのように一致しあるいは乖離しているのかをみてとることができる。

　他方で、司法制度には問題点や限界があることも事実である。違憲立法審査権が与えられていることにも明らかなように、三権分立は司法権の独立を前提とし、司法は立法・行政に左右されず、また、裁判官は自らの良心に従い独立して（憲法76条）判断を下すものとされている。しかし、実際には政策・制度に批判的な判断や先例と異なる判断が下されることは少ない。

3 教育裁判の展開

1950年代から60年代にかけて教師に対する管理強化と能力主義教育を特徴とする教育政策が進行し、これに対する反対運動が教職員組合（日教組）を中心に展開され、「恒常的教育紛争」と呼ばれる事態となった。代表的な勤評（勤務評定）事件、学テ（学力調査）事件では、各地の紛争が裁判になったが、その多くは反対運動に関わった教師等が公務執行妨害罪等で逮捕され訴追される刑事裁判であり、その言動が地方公務員法に違反するとして処分された教師が処分の取消等を求める行政裁判であった。これらの裁判は基本的には労働事件であったが、同時に教育のあり方を問うもので、教育裁判の端緒といわれている。

1965年の第1次訴訟提訴から30余年にわたった教科書裁判は、教科書検定の違憲・違法を争う本格的教育裁判となった。なかでも第2次訴訟東京地裁判決（1970年7月20日　杉本判決）は、教育を受ける権利保障の立場から国の教育内容決定権を限界づけたものとして今日まで高い評価を受けている。そこで示された教育を受ける権利の学習権的理解は、後に学テ最高裁判決に受け継がれた。

1970年代以降、教育裁判は多様に展開していくが、その特徴の1つは子ども・親が教師・学校を訴える裁判が現れ、定着したことであろう。生徒・学生の懲戒処分や学校の教育課程、入学・進級・卒業など事案はさまざまである。教育裁判はその時々の教育現実を反映し、80年代には校則やいじめ、90年代には情報公開や教師の公務災害、近年では卒業式・入学式における日の丸・君が代処分などに関して、短期間のうちに判例が集中的に蓄積されている。

4 学テ最高裁判決の読み方

最高裁判決は先例としての拘束力をもつが、教育判例のなかでしばしば引用されるのが学テ最高裁判決（1976年5月21日）である。

この判決は、国の教育内容決定権とその範囲、学習指導要領の基準性など、教育にとってきわめて重要な事柄についてのリーディングケースとされている。そこでどのような判断がなされているのか、少し長くなるが引用しておこう。判決は、教育内容に対する国の関与を認めた上で、学習指導要領の法的拘束力とその範囲について以下のように述べている。

5 教育裁判・判例のもつ意味

「教育に対する行政権力の不当、不要の介入は排除されるべきであるとしても、許容される目的のために必要かつ合理的と認められるそれは、たとえ教育の内容及び方法に関するものであつても、必ずしも同条〔注：1947年教育基本法10条〕の禁止するところではないと解するのが、相当である。」

「〔注：も学習指導要領は〕おおむね、中学校において地域差、学校差を超えて全国的に共通なものとして教授されることが必要な最小限度の基準と考えても必ずしも不合理とはいえない事項が、その根幹をなしていると認められるのであり、そのなかには、ある程度細目にわたり、かつ、詳細に過ぎ、また、必ずしも法的拘束力をもつて地方公共団体を制約し、又は教師を強制するのに適切でなく、また、はたしてそのように制約し、ないしは強制する趣旨であるかどうか疑わしいものが幾分含まれているとしても、右指導要領の下における教師による創造的かつ弾力的な教育の余地や、地方ごとの特殊性を反映した個別化の余地が十分に残されており、全体としてはなお全国的な大綱的基準としての性格をもつものと認められるし、また、その内容においても、教師に対し一方的な一定の理論ないしは観念を生徒に教え込むことを強制するような点は全く含まれていないのである。それ故、上記指導要領は、全体としてみた場合、教育政策上の当否はともかくとして、少なくとも法的見地からは、上記目的のために必要かつ合理的な基準の設定として是認することができるものと解するのが、相当である。」

この判決文は一体どのように読めるだろうか。「全国的に共通なものとして教授されることが必要な最小限度の基準と考えても必ずしも不合理とはいえない事項」や「全国的な大綱的基準」が何を指すかには触れられていないのだが、少なくとも、学習指導要領のすべてに法的拘束力があるという判断ではないことは明らかである。歯切れの悪い限定的な表現も多くみられるが、判決は学習指導要領のあり方に少なからぬ疑義を呈している。教育内容・方法に対する国の関与は条件付きであって、「教師による創造的かつ弾力的な教育の余地や、地方ごとの特殊性を反映した個別化の余地」があること、「教師に対し一方的な一定の理論ないしは観念を生徒に教え込むことを強制するような点」が含まれていないことが満たされてはじめて認められるものとしているのである。

本件判決中、国の教育内容決定権を認める部分のみが引用されることも少

なくないが、判決文をみればそうでないことがよくわかる。重要な判決であるから、その全体を正確に理解するようにしたい。

《参考文献》
・市川須美子『学校教育裁判と教育法』三省堂、2007年

【吉岡直子】

6 いじめ防止対策推進法

はじめに——いじめ防止対策推進法の成立

滋賀県大津市立中学2年生がいじめを苦にして自死した事件（2011年10月）とそれに対する教育委員会の対応をきっかけにして、改めていじめが社会問題になった。それを受けて、2012年12月の衆議院選挙において複数の政党が立法による対応を公約に掲げた。また、13年2月26日には教育再生実行会議が「いじめ問題等への対応について（第一次提言）」を公表した。このような状況を背景にして、「いじめの防止のための対策の推進に関する法律」（以下、いじめ対策法と略す）は、6月21日に成立し、9月28日に施行された。そして、10月11日に文部科学大臣決定「いじめの防止等のための基本的な方針」（以下、「国の基本方針」と略す）が公表され、その付属文書として「学校における『いじめ防止』『早期発見』『いじめに対する措置』のポイント」が別添された。

いじめ対策法は、子どもや家庭や学校に対する不信感を前提にして、国等からのトップダウンのいじめ対策、厳罰化あるいは道徳主義的な対応を推進しようとしている。不信感から出発する法律や政策は、いじめ問題を克服するためにさまざまな取り組みをすすめてきた学校現場や子どもの相談機関等に戸惑いを生じさせている。

いじめについては、国連・子どもの権利条約の趣旨や規定をふまえた子どもの権利の視点に基づいて問題を捉え、子どもの理解・受けとめ方を見直し、問題解決にあたって子どものいのちと成長発達の権利、子どもの意見の尊重・参加と最善の利益の確保などを基本に置くことが求められている。

以下、いじめ対策法の内容と課題についてみていこう。

1 いじめについての捉え方や対応についての基本的な問題点

(1) いじめについての捉え方と解決の方向性　　いじめ対策法1条「目的」では、「児童等の尊厳を保持する」ために、いじめ防止対策を「総合的かつ

効果的に推進する」と定めている。このことは重要であるが、総合的かつ効果的ないじめ対策を推進するには、いじめという行為が子どもの権利を侵害する行為であるという認識を基本におき、いじめられた子どもの人格と権利を救済・回復することをいじめ問題への対応の根本におく必要がある。「いじめはどの子供にも、どこの学校でも起こりうる」といいつつ、「いじめ根絶」を基本においた対策では現実を無視した、あるべき論や道徳論になってしまう。

いじめ対策法では、17条・18条等にみられるように、「いじめを受けた児童等」の「支援」と、「いじめを行った児童等」の「指導」との単純な対立図式に立脚しており、全体としては子どもの救済よりも、むしろ加害者対策に傾斜しているといえる。現実のいじめは、いじめる側といじめられる側との境がない場合も多く、相互に入れ替わる可能性もあるなど、単純化できるものではない。この点で、「国の基本方針」では、いじめ防止にあたって、いじめの背景にあるストレス等の要因に着目しつつ、子どもが安心でき、自己有用感や充実感を感じられる学校づくりが重視されている。

(2) 解決の主体としての子どもの視点　いじめ対策法3条「基本理念」において、1項で「いじめが全ての児童等に関係する問題であることに鑑み、児童等が安心して学習その他活動に取り組むことができるよう」対策をとる、3項で「いじめを受けた児童等の生命及び心身を保護することが特に重要であることを認識しつつ、国、地方公共団体、学校、地域住民、家庭、その他の関係者の連携の下」で問題の克服を目指すとしていることなどは重要な視点である。

しかし、保護的側面を強調するにとどまり、いじめ問題の克服における、解決主体としての子どもの視点が欠如している。この点では、第3章「基本的施策」で学校でのいじめの防止措置の1つとしてあげられている「いじめの防止に資する活動であって当該学校に在籍する児童等が自主的に行うものに対する支援」(15条2項)を基本におくことが求められる。

2　いじめの「早期発見」、いじめへの対処

(1) 教職員・子ども相談従事者・保護者のいじめ「通報」規定　いじめ対策法23条1項では、いじめに関する教職員・子ども相談従事者・保護者の学校への通報等の規定が定められている。いじめ通報規定は、子どもからの

相談やSOSの訴えをきちんと受け止めることなく通報することにより、結果として軽視する事態を招くおそれがある。

(2) **学校での定期的調査**　学校では、いじめの早期発見のための措置の1つとして、「定期的な調査その他の必要な措置を講ずる」(16条2項) ことになっているが、アンケートをはじめ調査の内容・場所・方法などは、子どもたちの意見を聴いて子どもたちの視点で工夫しなければならない。

(3) **学校での相談体制**　いじめ対策法16条3項では、学校において「相談体制」を整備すること、4項では、その整備にあたって「家庭、地域社会等との連携の下、いじめを受けた児童等の教育を受ける権利その他の権利利益が擁護されるよう配慮する」と定めている。

これらは大切なことであるが、学校での相談体制の整備は、現状の教職員やスクールカウンセラーの体制のままでは困難であり、多忙化や学級生徒数をはじめ教職員の置かれた状況の改善、スクールカウンセラー等の効果的な配置、実績のあるNPO等の連携をはじめ条件整備することが大切である。

子どもが、いじめに限定せず、「つらいとき」「苦しいとき」などに一人でも安心して相談できる意識の醸成やしくみこそが必要であり、子どもの生活圏レベルに、子どもの最善の利益確保を最優先に考え活動する「子どもに寄り添う」相談・救済のしくみ（子どもオンブズパーソンのような公的な第三者機関）をつくり、子どもが安心してアクセスできるようにする取り組みの充実が求められている。

(4) **学校と警察との連携**　いじめ対策法23条6項では、学校と警察の連携の推進を定めている。警察との連携が必要な場合はありうるが、警察に対する「過剰な期待」は学校の問題解決力を弱める結果になろう。学校本来の教育の取り組みを阻害するものとならないよう、とりわけ子どもの最善の利益を損なう結果とならないように取り組まれなければならない。

(5) **いじめ認定後の対応——法律によるさらなる厳罰化**　いじめ対策法25条では、校長および教員が学校教育法11条に基づき懲戒を加えること、同26条では、市町村教育委員会が学校教育法35条1項に基づきいじめを行った児童等の保護者に対し出席停止措置を命ずる等必要な措置を講ずることが規定されている。

これらの規定は、法律によるさらなる厳罰化といえる。これまでの懲戒権

の行使や出席停止措置のありようを検証することなく、これらを法律によって促進するという対応が効果的であると考えている教育現場はほとんどないといってよい。

3 いじめ防止の対策

(1)「保護者の責務」　いじめ対策法9条「保護者の責務等」1項では、保護者は「その保護する児童等がいじめを行うことのないよう、当該児童等に対し、規範意識を養うための指導その他の必要な指導を行うよう努めるものとする」という責務が規定されている。保護者や子育て家庭に対する介入を強化する方針を打ち出すのではなく、身近な生活圏において、親が安心して相談できる、子育てできる環境の整備こそが早急に求められる。

(2)「学校における道徳教育及び体験活動等の充実」　いじめ対策法15条「学校におけるいじめの防止」1項では、道徳教育および体験活動等の充実を強調している。しかし、道徳は、1958年の学習指導要領で位置づけられて以来、強化され続けているにもかかわらず、いじめ問題の解決に効果をもたらせているといえない。国のいじめについての認識──「いじめは絶対に許されない」「いじめは卑怯な行為である」というような認識を上から注入するような道徳の強化であればなおさら効果がない。道徳の教科化が進められているが、国連・子どもの権利委員会から3回（1998年、2004年、2010年）にわたって勧告されているように、人権教育および子どもの権利教育を推進することが必要である。

(3)　いじめ防止基本方針の策定　いじめ対策法は、11条で文部科学大臣に「いじめ防止基本方針」の策定を義務づけ、12条で「いじめ防止基本方針」を参酌し、地方公共団体に「地方いじめ防止基本方針」の策定を努力義務として規定し、13条で「いじめ防止基本方針」、「地方いじめ防止基本方針」を参酌し、学校に「学校いじめ防止基本方針」の策定を義務づけている。このような基本方針の策定は、いじめ防止対策に関して国のトップダウンのもと、地域や学校にその方針に基づく取り組みを推し進めるという上意下達的な政策の推進方法といえる。子どもの声・意見を丁寧に聴いて、子どもを含む当事者・関係者とともに策定することが必要である。

　なお、ネットいじめについて、19条で対策の推進が定められているが、2条の定義の問題を含め対応は不十分なままである。

4　いじめ防止のための組織

　自治体レベルでは、いじめ問題での連携を図るために「いじめ問題対策連絡協議会」(14条1項)、いじめ対策を実効的に行うために「教育委員会の附属機関」(同3項) を設置することができる。

　学校においては、教職員や心理・福祉等の専門家からなる「学校におけるいじめの防止等の対策のための組織」(22条)、重大事態発生時に「調査のための組織」(28条1項) の設置が義務づけられている。

　現在の学校・教職員は多忙極まりない状況にある。いじめ対策に関連しても特別活動その他において取り組みをしている学校も多く、こうした状況下における新たな組織の設置は、場合によっては教職員の負担増となり、有効に機能しないことが危惧されている。このような組織を効果的に機能させるためにも、現場からの要請に応えた学校・教職員支援と条件整備が必要である。同時に、子どもオンブズパーソンのような権利救済のための公的第三者機関の設置などにより、学校外の子どもの救済機関やNPOと連携して、学校内での取り組みを進展させ、かつ学校の負担を軽減していくことが必要である。

5　重大事態への対応

(1)　重大事態における文部科学大臣・首長「附属機関」としての調査機関の設置　　いじめ対策法では、「重大事態への対処」において、学校・学校設置者は調査のための組織を設け (28条)、その調査結果を国立大学附属学校の場合には文部科学大臣 (29条)、公立学校の場合には地方公共団体の長 (30条)、私立学校の場合には知事 (31条) に報告しなければならないとし、首長等がその結果に問題あり不十分であると判断した場合は、「附属機関」を設けて再調査をすることが規定されている。この規定により、重大ないじめ事件が起きた場合、学校や首長部局に「いじめ調査委員会」などが設置される。

　なお、衆議院の附帯決議3および参議院の附帯決議6では「専門的な知識及び経験を有する第三者等の参加を図り、公平性・中立性が確保されるよう努めること」とされている。第三者組織としては、全国で20以上の自治体が設置している「子どもオンブズパーソン」のような公的な第三者機関の設置、およびそこでの実践を基本にした方がより効果的であるといえる。

(2)　重大事態の調査における被害者・遺族に対する配慮・説明責任等 (28

条2項）　　いじめ対策法（28条2項）は、いじめを受けた子どもおよび保護者には「事実関係等その他の必要な情報を適切に提供するものとする」と定める。これまで「事実関係等その他の必要な情報」が適切に提供されていなかった現状からすると、この規定は重要である。その必要性について提供する側が判断するのではなく、子どもや保護者が必要な情報を適切な形で提供することが大切である。

6　「財政上の措置」等

いじめ対策法10条は、いじめ対策推進のために財政上の措置その他の必要な措置を講ずる努力義務を定める。この財政上の措置は、国や自治体に設置することが望まれる子どもの相談・救済のしくみを構築するための諸条件の整備を含むことが必要である。さらに、財政上の措置にとどまらず、人的・物的措置を含めた、子ども支援、教職員支援のための条件整備やしくみが緊急に必要である。「国の基本方針」では、「教職員が子供と向き合うことのできる体制の整備」として、「教職員が子供たちにきちんと向き合い、いじめの防止等に学校として一丸となって組織的に取り組んでいくことができるような体制の整備が重要であり、教職員定数の改善措置や外部人材の活用促進、校務の改善に資する取組の促進などを行う」としている。

7　「学校評価」「教員評価」等

いじめ対策法34条「学校評価における留意事項」では、「いじめの事実が隠蔽されず、並びにいじめの実態の把握及びいじめに対する措置が適切に行われるよう、いじめの早期発見、いじめの再発を防止するための取組等について適正に評価が行われるようにしなければならない」と定められている。この規定は、学校評価のみならず、教員評価においても留意事項とされるべきである。

なお、「附則」2条「検討」の2項では、「政府は、いじめにより学校における集団の生活に不安又は緊張を覚えることとなったために相当の期間学校を欠席することを余儀なくされている児童等が適切な支援を受けつつ学習することができるよう、当該児童等の学習に対する支援の在り方についての検討を行うものとする」と定められている。この検討は非常に重要であり、当事者を含めて検討することが必要である。

おわりにかえて

「社会総がかりでいじめに対峙していく」ためには、こうした「いじめに特化」した法律では問題の解決にならない。いじめ問題に対する教育実践、弁護士会やNPOの取り組み、子どもオンブズパーソン制度に基づく活動等の成果をふまえ、かつ子どもの権利条約等の国際基準もふまえた「子どもにやさしいまちづくり」を進める必要がある。そのためには、国・自治体それぞれのレベルにおいて「子どもの権利基本法」、「子どもの権利条例」等の制定が必要である。

なお、いじめ対策法「附則」2条には、法施行3年（2016年9月）を目途とした見直し規定がある。教育の現場およびいじめの取り組みの現場から、この法律の施行を検証し、総合的かつ効果的ないじめ防止の取り組みが推進できるようにしていくことが求められている。そのためにも、「いじめ防止等のための対策の調査研究」（20条）がインターネットいじめ問題も含めて関係者総がかりで総合的かつ効果的に行われることが望まれる。

《参考文献》
・子どもの権利条約総合研究所『子どもの権利研究第23号』日本評論社、2013年
・同　第25号　2014年

【荒牧重人】

⑦ 体　罰

学校教育法第11条では「校長及び教員は、教育上必要があると認めるときは、文部科学大臣の定めるところにより、児童、生徒及び学生に懲戒を加えることができる。ただし、体罰を加えることはできない。」と規定されており、校長および教員が児童、生徒および学生に体罰を加えることを法律によって禁止している。

1　勅令および法令による体罰の禁止

日本においては、近代的学校制度が整えられた明治期より、勅令によって体罰は禁止されている。1879（明治12）年に公布された教育令では、第46条に「凡学校ニ於テハ生徒ニ体罰殴チ或ハ縛スルノ類ヲ加フヘカラス」と学校における生徒への体罰禁止規定を設けている。そして、義務教育制度の完全施行が決定された1900（明治33）年の第三次小学校令では、第47条に「小学

校長及教員ハ教育上必要ト認メタルトキハ児童ニ懲戒ヲ加フルコトヲ得但シ体罰ヲ加フルコトヲ得ス」と教育上必要があると認めるときの教師の懲戒権を規定するものの、懲戒として体罰が使われることを禁じている。皇国の道を修錬させることを目ざした国民学校令（1941〔昭和16〕年）においても、国民学校職員の懲戒権を明記しつつ、但書きとして体罰を禁止するという法的構造は変わらない。

戦後、勅令主義から法律主義へと移行し、憲法・教育基本法体制のもと教育法制は整備されることとなる。教師の懲戒権は、学校教育法において規定されることとなるが、体罰は一貫して禁止されている。

懲戒権の限界および体罰の禁止については、「児童懲戒権の限界について」（1948年12月22日付け法務庁法務調査意見長官回答）、「生徒に対する体罰禁止に関する教師の心得」（1949年8月2日付け法務府発表）等によって示され、教育委員会や学校でも、長年これらを参考として指導が行われていくこととなる。

2　懲戒権の逸脱としての体罰

法令によって懲戒としての体罰は禁止されているにもかかわらず、なぜ学校現場において体罰が使われてきたという事実があるのだろうか。

懲戒には、叱責、掃除当番を増やすなどといった法的効果が伴わない事実行為としての懲戒と、退学・停学・訓告といった法的効果を伴う処分としての懲戒がある。この事実行為としての懲戒の範囲をめぐる解釈のあいまいさにより、教師の懲戒権の逸脱や本来ならば許されていない身体的性質の懲戒（＝体罰）となってしまっている実情がある。

処分としての懲戒は、生徒等の身分に関わることであるため、校長（大学にあつては、学長の委任を受けた学部長を含む。）に権限があるものの、実際には職員会議等での議論をふまえ、公立学校においては所管の教育委員会ともやりとりをするなかで行使されるのが一般的である。一方、事実行為としての懲戒権は教師の教育権であり、「教育上必要があると認めるとき」に、教師の即時の判断で行使することができる。そこには、教師個々のあいまいな法の解釈が介在する余地があり、体罰問題を引き起こす一要因となっている。

3　ゼロ・トレランスと懲戒・体罰

2005（平成17）年以降、いじめを苦に自ら命を絶つという痛ましい事件が続き、連日マスコミによって悲惨ないじめをめぐる問題が報道されることと

なる。そうした状況をふまえ、いじめの加害者や校内暴力などの問題行動を起こす児童生徒に対して、出席停止や懲戒等の措置も含め、毅然とした対応で指導する方向性（寛容・容赦なしの厳罰化＝ゼロ・トレランス）が教育政策としても推進されるようになる。そこで、文部科学省は2007（平成19）年2月5日に初等中等教育局長名で「問題行動を起こす児童生徒に対する指導について（通知）」を出し、懲戒および体罰に関しては「学校教育法第11条に規定する児童生徒の懲戒・体罰に関する考え方」を取りまとめた。

ここでは、「児童生徒への指導に当たり、学校教育法第11条ただし書にいう体罰は、いかなる場合においても行ってはならない。」としつつも、「児童生徒に対する有形力（目に見える物理的な力）の行使により行われた懲戒は、その一切が体罰として許されないというものではなく」として、水戸五中事件東京高裁判決など2つの裁判例を引き合いに出している。こうした流れに対し、「厳罰的教育は子どもの人間関係の修復を後退させる」、「事実上の『体罰』容認となる『有形力の行使』は、子どもにいじめ肯定のメッセージを伝える」といった批判の声も上がっている（日本教育法学会・学校事故研2007〔平成19〕年5月26日）。

4　体罰肯定論の法社会学的考察

学校教育における体罰が依然としてなくならなかった背景には、「何度口で言っても分からなかったら、有形力を行使するといった厳しさが必要なときもある」、「教師と生徒間に信頼関係ができていて、そこに愛情があればそれは体罰ではない」などといった体罰肯定論がある。「今の自分があるのは、あの時の『厳しい指導』のおかげ」、「先生の情熱を感じた」、「自分の成長のためを思って真剣に向き合ってくれた結果であり、感謝しているし、体罰と思ったことは一度もない」といった肯定的な意見もそれを支えている。

朝日新聞社が私立3大学運動部所属の510人に行ったアンケート結果（2013〔平成25〕年）は興味深い。体罰の影響（複数回答可）は「気持ちが引き締まった」（60％）、「指導者が本当に自分のことを考えていると感じた」（46％）など肯定的なものが、否定的な影響を上回る傾向がみられる。さらには、小中高時代指導者から「体罰を受けたことがある」（33％）と回答したうち、「指導者と選手の信頼関係があれば体罰はあっていいか」との質問には73％が肯定的意見であり、「体罰を受けたことがない」（59％）とした57％より16％高い結果と

なった。「スポーツを教える側になったとして体罰を使うか」の問いには「使うと思う」「時と場合によっては使うと思う」合わせて、「体罰を受けたことがある群」が54%、「体罰を受けたことがない群」が42%と12%高くなっている。ここからは、「体罰を受けたことがある群」が、「ない群」より体罰に肯定的な傾向が示されるとともに、「ない群」にもこれだけ高い体罰容認の意向があることがみえてくる。

体罰の実態・意識調査は横断的に実施されることはあるものの、縦断的に実施されることはまれである。体罰に関する意識が、時代や自分の置かれた環境、獲得した知識や経験によって、どのように変化していくのか、法社会学的な調査および分析が期待されている。

5 体罰を許さないという社会への変化と課題

大阪市立桜宮高校のバスケットボール部顧問の恒常的な暴力を苦に、バスケットボール部主将（当時高校2年生）が自ら命を絶つという事件が、2013（平成25）年1月に市教育委員会から公表され、社会は深い悲痛に包まれることとなった。この事件後直ちに、文部科学省は初等中等教育局長およびスポーツ・青少年局長の連名で、「体罰禁止の徹底及び体罰に係る実態把握について（依頼）」を出し、いかなる場合においても、体罰を行ってはならないこと、また、「教員等は部活動の指導に当たり、いわゆる勝利至上主義に偏り、体罰を厳しい指導として正当化することは誤りである」という認識を持つよう周知徹底し、体罰に係る実態把握のため教育委員会等に報告を求めた。その結果、2012年度に発生した全国の国公私立学校における体罰の件数6,721件（発生学校数4,152校）、その他に体罰の場面や態様が公表された。文部科学省はその結果を重く受け止め、同年8月29日に「体罰根絶に向けた取組の徹底について（通知）」を出し、改めて体罰根絶へ向けた取り組みを点検し、さらなる強化を図るよう教育委員会などに徹底するよう求めた。

教員やスポーツ指導者を毎年多数輩出している日本体育大学では、同年2月8日に学長名で「反体罰・反暴力宣言」を表明し、「身体的・精神的暴力（バイオレンス）行為等の厳禁」について真剣に取り組みを展開している。あわせて、部活動内の縦社会における理不尽な慣習の見直しにも力を入れ始めている。こうした伝統ある体育大学から「体罰・暴力・ハラスメント」を徹底して「葬り去ることを求める」ことは社会に大きなムーブメントを引き起こす

ことにつながる。

　大学の教職課程の授業における体罰問題の取り上げ方も重要になる。筆者が「体罰について考える」と題した講義をしたとき、学生から「体罰を苦に自殺した生徒の家族や同級生・同窓生が報道後何を感じて、どんな苦しみを受けたり、影響があったのか。体罰が再び起きないようにどのような取り組みをしているか。こうしたところにも焦点を当ててほしい。」といったリアクションがあった。ここには、体罰を許さない学校づくりや授業づくりのヒントが隠されているのではないか。

　2014年2月に愛知県立刈谷工業高校の2年生が自殺をした経緯などを調べた県の第三者調査委員会の最終報告書で言及された、直接的な体罰を受けなかったとしても、周辺で体罰を見聞きしたことで心を痛めるといった「体罰による負の影響が存在すること」にも着目したい。体罰を受けた子ども、周囲で見聞きした子どもそれぞれに苦しみがあることを前提とし、子どもの相談・救済のしくみをどのような枠組みで構築し、運営すればよいかといった領域も教育法学の研究課題である。

《参考文献》
・子どもの権利条約総合研究所『子どもの安全・安心ガイドブック』日本評論社、2012年

【半田勝久】

8 教育と福祉

1 教育と福祉の法制

　現代日本の教育法制は、日本国憲法第26条の「教育を受ける権利」に基づき、教育基本法を基本として、学校教育法、社会教育法、私立学校法などによって構成されている。一方、社会福祉に関する法制は、日本国憲法第25条の「生存権」に基づき、社会福祉法、生活保護法、障害者基本法、児童福祉法などによって構成されている。このうち、特に子どもに関する法律としては児童福祉法が基本法的な位置づけを与えられている（第3条）。

　教育法制と社会福祉法制は、第1に、「教育を受ける権利」と「生存権」が、ともに人間の尊厳を確立し保障するための基本的人権にほかならないという意味で密接に関連している。

第2に、教育法制には、義務教育諸学校の教科用図書の無償に関する法律、就学困難な児童及び生徒に係る就学奨励についての国の援助に関する法律、独立行政法人日本学生支援機構法など経済的理由による教育機会の剥奪・差別をなくすための法制、学校保健安全法や学校給食法など児童生徒の生命・健康に関わる法制、あるいは、へき地教育振興法、特別支援学校への就学奨励に関する法律など合理的配慮を要する分野についての個別法制などが含まれている。これらは、「生存権」保障のための生活援助行政に関わる社会福祉法制と相まって、教育がすべての国民に平等に保障されるための立法措置である。

　第3に、社会福祉法制には「個人の尊重」原則（憲法第13条）が基底に貫かれており、その原則は、被援助者の人格を尊重すると同時に、尊厳ある人格としての自己形成を支援するという教育的な側面を有している。たとえば児童福祉法の総則は、国民および国、地方公共団体と保護者の「児童を心身ともに健やかに育成する責任」について規定している。

2　教育と福祉の統一的視点

　日本国憲法制定当時、「教育を受ける権利」は、経済的その他の差別なく、すべての国民が平等に教育を受けることで、読み書きや計算力など生きていく上で必要な能力を形成することができるようにという趣旨から、基本的人権として保障されるべきものと捉えられたが、その解釈は、戦後の教育学および教育実践・運動のなかで、より豊かに育まれてきた。

　たとえば日本国憲法第26条の「その能力に応じて、ひとしく」という規定の解釈は、従来、「能力があるにもかかわらず、経済的理由や性別など本人の能力以外の理由によって教育を受ける機会が妨げられてはならない」という解釈であったが、「能力」による差別を容認することにつながってよいのかが問われることとなり、特に障がい児教育の発展のなかで、「発達の必要に応じて、ひとしく」と読み替えられるようになった。すなわち、従来は「能力がない、もしくは低い」とみなされていた障がい児も含めて、すべての国民に、一人ひとりの個性を尊重しつつその潜在的能力を引き出すような働きかけとしての教育が「ひとしく」保障されなければならないと解釈されるようになった。

　このことは、教育における「能力」観が社会福祉における「個人の尊重」

原則と統合されるようになったものといえる。また、「教育を受ける権利」については、「受ける」という、いわば受動的な権利ではなく、国民・子どもが「受ける」教育の内容を要求し、専門職との協働により自ら編成することを含む権利として捉えられるようになった。

一方、戦後の経済活動に伴う環境破壊や国際的な経済格差の拡大を通して、人々のいのちと健康、人間らしい生活を守るための学習活動が展開された。そのような運動を背景に、1985年のユネスコ成人教育会議で「学習権宣言」が採択された。同宣言は、学習権とは、読み書きの権利などを基本としつつも、「それは、生き残るという問題が解決されてから生じる権利ではない」、「学習権は、人間の生存にとって不可欠な手段である」として、学習と生存、教育と福祉の統一的視点を国際共通合意として提示したといえる。

3　教育と福祉の分断

戦前においては、障がい児だけでなく貧困家庭の子どもも教育の対象から外され（1886年の小学校令第5条および1900年の小学校令第33条における就学猶予・免除規定）、福祉（戦前は社会事業、特に子どもについては児童保護事業と呼ばれていた）の対象と見なされていた。留岡清男（『生活教育論』西村書店、1940年、51頁）は、その背景にある行政の児童観について、「文政型の児童観は、心身異常乃至缺陥というふ意味に於ても、また家庭貧困といふ意味に於ても、およそ異常なる児童は之を捨象し去り、正常なる児童のみを取り上げて、而も之を取り上げる取り上げ方は、正常なるものを超正常なるものに仕立てることに常に方向付けられて」いると、鋭く指摘している。この指摘は、戦後の能力主義教育にも当てはまる。

また留岡は、今日の福祉行政の背景にあるともいえる恤救型の児童観についても、「その根柢に於て、窮民は惰民であり、貧乏は怠惰に原因するといふ観念と、窮民の救助は家族主義や隣保相扶の美風に委ねるべきで、国家や公共団体が義務として之を負担すべきものではないといふ観念とを基礎として」いると、その貧困な福祉観を指摘している（同前、75頁）。この指摘は、国家による生存権保障を規定した憲法第25条によって大きく転換したはずであったが、現実には戦後も依然として引き継がれている。日本の子どもは、今なおひとしく教育が保障されず、さらに、ひとしく福祉も保障されていないというべきである。

4 実践現場における問題状況

　教育と福祉における行政の分断的子ども観は、実践現場でさまざまな問題を生み出す要因ともなっている。小川利夫は、そうした問題状況を「教育福祉」問題として提起した（「児童観と教育の再構成—「教育福祉」問題と教育法学—」小川利夫・永井憲一・平原春好編『教育と福祉の権利』勁草書房、1972年）。小川は、戦後も続く権利保障行政の分断のもとで、また、要保護および準要保護世帯をはじめとする社会的不安定層の増大にともない、「貧困・差別・発達」が複合的問題としてあらためて浮上していることに注目し、「教育福祉」という統一的視点の重要性を提起した。

　同書では、保育所と幼稚園、教育扶助と就学援助など基本的には統一されるべき制度・行政が福祉行政と教育行政に分断されていることから生ずる問題、障害児教育、へき地教育、夜間中学など権利保障行政そのものの貧困の問題などが「教育福祉」問題の具体的問題状況として取り上げられている。そこでは、たとえば養護施設児童の問題について、主な入所理由となっている家庭崩壊や虐待等の背景にあった貧困に加え、施設の生活条件もまた貧困であり、教育保障が著しく制約されていることが指摘されている。同書刊行後も、一般には「高校全入」運動により中学3年生の多くが高校に進学するようになったにもかかわらず、養護施設児童の高校進学率は3割台にとどまり、また、進学したとしても偏差値教育体制のもとで格差づけられた進路を強いられることに対し、小川らは『ぼくたちの15歳』（ミネルヴァ書房、1983年）などを通して問題提起し続けた。すなわち、福祉制度・行政の貧困により児童福祉のもとで教育が「ひとしく」保障されていない現実と、そのことを通して明確になる教育制度・内容の本質的問題を浮き彫りにしたのである。

5 教育福祉問題と教育法

　小川が1970年代に問題提起した「教育福祉」問題は、今日いっそう深刻化している。経済成長政策のもとで潜在化していた貧困問題は、1990年代以降顕在化し、教育条件や進学格差を通して貧困の再生産を引き起こしている。主に貧困に起因する児童虐待が「荒れる学校」問題の背景となっている状況もみられる。また、いじめ問題や不登校・ひきこもり問題などの背景にある子どものウェル・ビーイングの低さが、子ども同士、子どもと教師、子どもと保護者と間の関係性の貧困として注目されている（国連子どもの権利委員会第

3回日本審査最終所見、2010年6月）。

　そうした状況に対して、子ども・若者育成支援推進法（2009年7月）、いじめ防止対策推進法および子どもの貧困対策の推進に関する法律（2013年6月）が制定されるなど、一定の対応がなされている。特に子どもの貧困問題に対して、内閣府は2014年8月に「子供の貧困対策に関する大綱」を策定し、「学校を窓口とした福祉関連機関等との連携」、「スクールソーシャルワーカーの配置」などの方針を掲げている。教育と福祉の統一的な視点に基づく対応が不可欠な状況になっていることを示しているといえる。しかし、いじめ防止対策については加罰的な姿勢が強化されており、子どもの貧困対策については不十分な予算措置しかとられていないのが実態である。

　また、幼稚園と保育所の「二元化」問題に対して、2006年10月の認定こども園法（就学前の子どもに関する教育、保育等の総合的な提供の推進に関する法律）で「一体化」が目指されたが、2012年8月制定の子ども・子育て支援法などを含めた制度改革で、むしろ、少なくとも幼稚園、保育所、認定こども園に「三元化」されることとなった。また同時に、これらの施設の利用については利用者と施設との直接契約制や利用者への保育料の個人給付制が導入されるとともに、施設の設置運営に営利企業の参入が促進されるなど、人権保障に関する国家責任がきわめて希薄になった。

　そうした動向から、あらためて「人間の尊厳をうち立てる」（宗像誠也『私の教育宣言』岩波新書、1958年）という教育の原点に立った教育法の解釈とととともに、子どもの権利条約に立脚した立法措置が課題となっているといえよう。

《参考文献》
・小川利夫・永井憲一・平原春好編『教育と福祉の権利』勁草書房、1972年
・小川利夫・土井洋一編著『教育と福祉の理論』一粒社、1978年
・村上尚三郎『教育福祉論序説』勁草書房、1981年
・小川利夫・高橋正教編著『教育福祉論入門』光生館、2001年
・山野則子ほか編『教育福祉学への招待』せせらぎ出版、2012年

【望月　彰】

第**3**部

事例で学ぶ教育法

第3部　事例で学ぶ教育法

Q1　校則と自主規範

髪型や制服などの強制で、学校生活が魅力のないとても窮屈なものになっていました。これらの校則を改善していくことは大切だと思いますが、でも、校則が全くないと学校生活が乱れてしまうともいわれています。校則はどう考えたらいいのでしょうか。

A　校則問題を考えていく際には、①誰がどのように決めるのか（校則決定主体と方法）、②何を基準とした内容とするのか（校則規範内容）に分けて考える必要があります。

【校則の決定主体】　校則については、校則決定主体と方法の視点が大切です。もともと、校則は、学校に学ぶ子ども・生徒等が学校生活を送る際に守るべきルールや倫理規範を定めた内部規程の総称として用いられてきました。戦前から、校則は、「生徒心得」、「生徒規則」、「生徒規程」と呼ばれてきたものです。それは、学校（当局・教職員等）側が子ども・生徒に求めてきた理想的生徒像を具体化したものであり、「生徒の本分」、生徒らしい行動規律・心構え、当該学校の教育・生活目標等を定める傾向にありました。戦後も生徒手帳に記載されるなどして、校則は、学校側が決めた子ども・生徒社会の内部規範として、慣習法的に形成され受け継がれてきました。

しかし、生徒の人権保障の世論も高まり、また、1989年に子どもの権利条約が国連で採択されたことも影響して、校則の見直しが始まりました。特に子どもの意見表明・参加の権利の考え方が浸透していくことにより、学校によっては、児童会、生徒会等による子ども・生徒社会の独自な生徒自治規範（生徒人権宣言、生徒憲章など）として、あるいは、学校と生徒会、PTAが合同で協議して合意をみた学校自治規範として制定されるところもあります。

【校則の規範内容と生徒の人権】　校則規範内容については、①髪型や制服強制、細かすぎるきまりなどのほか、②生徒の人権を制限、規制しているのではないか、との批判もなされています。基本的には、校則は子どもの意見表明・参加の権利、表現・情報の自由や結社・集会の自由、プライバシー権など子どもの権利の尊重、子どもを人間として尊重するような視点をふまえて作成されるべきです。たとえば、1988年に埼玉県K中学校生徒会が定めた「K中学校生徒会人権宣言」は参考になるでしょう。この宣言では、「K中の

184

生徒は、学年を問わずすべて平等な人権を持っている。」(第1条)、「上級生は下級生に、又同級生同士で、校則にない勝手な規則をおしつけない。それに従う必要もない」(第2条) など7箇条を定めました。

【校則の法的位置と根拠】　ところで、以上のように展開してきた校則については、直接的にこれを根拠づける法令はありません。もちろん、学校の設置認可の申請、届け出に必要な修業年限、教育課程、入学・卒業、授業料等について記載するいわゆる「学則」については、法令上定めがあります (学教施規3条、4条) が、校則とは相対的に区別されてきました。法令上の根拠がなくとも、学校側が校則を生徒に強制しうる根拠としては、これまで、①特別権力関係説：学校は生徒に対して、「いちいち具体的な法律の根拠がなくとも命令や指示に服さしめる」ことができ、「生徒心得などは、学校という営造物利用のための必要な命令を文書化したもの」(菱村幸彦『生徒指導の法律常識』第一法規出版、1977年)、②附合契約説：生徒と学校は、鉄道乗車契約のように、契約の一方当事者が決定したルール (約款等) に対して、乗客 (生徒) 側は事実上従わなければならない、③在学契約説：学校設置者と生徒・保護者との間で、生徒が学校において教育を受けることを契約することによりはじめて成立する在学契約関係のもとでは、校則について両契約当事者の合意が不可欠であるとするもの (兼子仁『教育法・新版』有斐閣、1978年)、④この他、学校が教育目的を達成するために必要な一定範囲の規律権をもつこと (教育目的達成論) 等の見解もありました。校則は、各学校の各々の自治的慣習法規範であり、今日では子どもの権利条約批准を契機として、先のとおり"下からの慣習法化"が進みつつあります。条約では表現の自由等の市民的権利の行使につき、「その制限は、法律によって定め」るものに限定されました (13条2、14条3、15条2)。したがって、校則に含まれていた法的根拠のない生徒の行動規制については、条約違反の疑いがもたれる可能性もあり、慎重な定めが求められています。今後の校則は、"上からの規制"ではなく、子どもの自治力量の形成と教職員・保護者側との協議を経て、子ども・生徒社会の自治規範として発展していくことが期待されています。

《参考文献》
・NHK中学生日記『ザ・校則』ポプラ社、1993年
・中川明『学校に市民社会の風を』筑摩書房、1991年

【喜多明人】

第3部　事例で学ぶ教育法

Q2　校則と裁判

校則をめぐって学校が訴えられたケースがありました。校則やそれに違反した生徒への処分が、法的責任を問われる可能性はあるのでしょうか。

A　1980〜90年代に、学校の校則とそれに基づく懲戒処分の違憲違法性を争う訴訟が立て続けに提起され、「校則裁判」として注目を集めました。校則は学校に古くから定着しており、社会の当然のルールであるかのように思われています。「学校にいる以上、決められた校則には従わねばならない」というような俗論が目立ちます。しかし、学校の校則で何を定めてもいいはずはありません。

　一連の裁判では、主に髪型やバイク乗車に関する校則が問題となっています。髪型規制の例をあげると、まず熊本丸刈り訴訟（熊本地判1985・11・13判時1174号48頁）では、男子生徒に丸刈りを強制する公立中学校の校則について「本件校則の合理性については疑いを差し挟む余地のあることは否定できない」とされながらも、丸刈りが男子生徒の髪型として広く認められていることなどを理由に、当該校則は著しく不合理とまではいえないという結論になりました。修徳高校パーマ退学訴訟（最判1996・7・18判時1599号53頁）では、私立高校の女子生徒が卒業間際にわずかにパーマをかけた・無断で運転免許を取得したことを理由に自主退学を命じたことの違法性が争われました。最高裁は当該校則は民法90条に違反せず、学校の措置も違法ではないとしましたが、大いに疑問が残ります。大阪カラーリング訴訟（大阪高判2011・10・18判例地方自治357号44頁）では、公立中学で染髪をしていた女子生徒が教師に髪を黒く染めなおさせられたことが体罰にあたるなどとして、親が損害賠償を求めた裁判です。判決は、本件指導は体罰に該当せず違法性もないとしましたが、染髪指導のあり方について問題提起する出来事となりました。

　バイク乗車規制をめぐる判例では、まず大方商業高校バイク謹慎事件（高松高判1990・2・19判時1362号44頁）で、学校に無断で原付免許を取得した生徒に対する無期謹慎措置の適法性が争われました。裁判所は、学校が謹慎中も生徒に教科指導を施し、2週間で措置を解除したことなどを考慮し、不適法ではないとしました。しかし修徳高校バイク退学処分事件（東京高判1992・3・19判時1417号40頁）では、「退学処分は、生徒の身分を剥奪する重大な措置で

186

＜子ども問題＞

あるから、当該生徒に改善の見込みがなく、これを学外に排除することが教育上やむを得ないと認められる場合に限って選択すべきものである。」としたうえで、無断乗車が発覚してからわずか10日で退学処分を下したことに違法性を認めています。

　以上のように、校則裁判で学校側の違法性を認めた例は少ないのが実情です。しかしそのような判例の態度は、学界より長年強い批判を受けています。校則裁判が話題になり始めた1980年代からすると、少年非行は大幅に減りました。しかし当時の管理主義的な校則・生徒指導は、因習化して今なお続いています。この現状は改めねばなりません。現行の校則が本当に教育上必要かつ合理的なものなのか、徹底的に見直す必要があります。その際には子どもの権利条約の「子どもの意見の尊重」（12条）をふまえ、生徒の意向を聞くことも重要です。

　憲法13条はすべての人々に、私的事項を自律的に決める権利（自己決定権）を保障しています。生徒たちの髪型・服装・バイク乗車・休日の過ごし方などは、最高法規である憲法が認める自由です（子どもの権利条約31条も、余暇・遊び等の権利を保障しています）。他方、学校長の校則制定権を明示する法令は存在しません。いくつかの下級審判例のなかで、①学校長の営造物管理責任の延長上や、②学校の設置目的と合理的な関連性を有する限りで、校則を定める包括的権能が認められたにすぎません。このように法的根拠の不明確な権限に基づいて、生徒の権利・自由に強い制約を課すことは困難です。

　校則違反に対する処分も、不当に厳しいものであってはなりません。生徒の犯した行為とそれに対する処分とが比例していることが法的に要求されます。些細な問題行動に対し停学・退学などの重い不利益を課すことは、学校の裁量権濫用であって違法となります。

《参考文献》
・特集「カラーリングあふれる時代の頭髪指導」季刊教育法177号、2013年
・市川須美子『学校教育裁判と教育法』三省堂、2007年
・芹沢斉「校則問題——学校生活と生徒の自由・権利」法学教室136号、1992年

【枦山茂樹】

Q3 不登校

1990年代以降、学校に行かない子どもが10万人を超えて、高止まり傾向にあるといわれます。それらの子どもたちの学習権はどう保障されるのでしょうか。学校が子どもにとって居場所でなくなってきている、ともいわれていますが、どう考えたらよいのでしょうか。

A 　文科省の不登校統計では、年間30日間以上の欠席をすると「不登校」という扱いになります。2015年度の統計（2015年8月学校基本調査速報値公表）で、小中学校の不登校の子どもは12万2,655人、小学生2万5,866人（統計最高数）、中学生は9万6,789人にのぼっていますが、その理由や背景は多様です。病欠を除けば、教員の体罰や管理・厳罰主義など学校側に理由がある場合のほか、家庭の事情・親子関係に起因するもの、いじめや集団暴力など子ども社会に起因するもの、「起立性調節障害」（自律神経の病気）など「いい子疲れ」（「無気力」と分類されています）によるものなどです。このような多様な理由・動機はあるものの、基本的には日本の学校教育が子どもの学習や生活上のニーズに合わなくなってきていることをふまえておく必要があります。

　現在、高校を含めると、中退を合わせて20万人近い子どもたちが学校を離れている、という実態は看過できません。学校が必ずしも子どもの居場所でなくなってきた、という問題は深刻です。もともと日本の社会は、「子どもは学校にいるもの」という固定観念があり、1990年代に多く出現してきた不登校の子どもたちには、学校外の居場所がなく、学校・家族の理解もないままに追い詰められて自殺するなどの悲劇が続きました。その現状にたまりかねて、保護者、市民が立ち上がり、子どもが「自分らしく学びたい」「自分らしく居たい」という切実なニーズを受けて、今日、日本の各地に新しい学びの場、子どもの居場所がつくられてきました。

　【子どもの居場所、多様な学ぶ場の確保のために】 　1985年に東京シューレが創設されたのを皮切りとして、1990年代には、フリースクールが全国に広がり、そのほかにも、子どもの居場所を重視したフリースペースや、家庭での学びを求めたホームエデュケーション、海外の「自由学校」の影響を受けて、シュタイナー、フレネ、サドベリーなどのオルターナティブスクールが発展してきました。

―――――――― <子ども問題> ――――――――

　これらの新しい学びの場では、子どものニーズをうけとめて、子ども参加型の自主的な学びの場、カリキュラム運営が図られてきました。ところが、これらの学びの場は、外国人学校（インターナショナルスクール、ブラジル学校など）を含めて、一般に学校教育法1条に定める学校ではなく、「私塾」、「各種学校」としての社会的地位に甘んじてきました。象徴的な問題としては、当時は「学割」もきかず、卒業の学歴は近隣の公立学校卒として対応せざるを得ず、校庭など運動施設も間借りするなど不利な条件が多くありました。そこで2007年4月、東京シューレは、「特区制度」を活用して不登校の子どものみが通う学校法人「東京シューレ葛飾中学校」（校長・奥地圭子）を開校し、フリースクールがついに公教育に参入する時代となりました。

　「私たちには、学びたいことを自身に合った方法で学ぶ権利がある。」この言葉は、2009年に公表された「不登校の子どもの権利宣言」第2条からとったものですが、フリースクールに通う子どもたちの「学習権行使」の宣言であるといえます。

　20万人近い不登校の子どもの学ぶ権利をいかに確保するかは、日本の政府、教育行政にとっても重たい課題になりつつあります。

　【フリースクール等への公的支援をめぐる最近の動き】　関連して、2015年1月には文科省内にフリースクール等に関する「有識者会議」が設置され、2015年度中には、検討結果が公表される見通しです。「フリースクール等」への公的支援、公教育への参入の道が模索され始めています。2015年8月現在で、そのような趣旨をくみ込んだ「義務教育の段階に相当する普通教育の機会の確保に関する法律案」が審議途上にあります。

　ただし、日本の教育行政は、伝統的にある「金を出すが口も出す」という体質があり、公的支援、特に公教育への参入によってフリースクールなど新しい学びの場に形成されてきた自由な気風が失われるのではないか、との懸念も出ています。

《参考文献》
・奥地圭子『フリースクールが「教育」を変える』東京シューレ出版、2015年
・ダニエル・グリーンバーグ『世界一素敵な学校―サドベリー・バレー物語』緑風出版、2006年
・辻正矩ほか『こんな学校あったらいいな―小さな学校の大きな挑戦』築地書館、2013年

【喜多明人】

Q4 所持品検査

校則で、携帯電話やスマートフォンを学校に持ってくることを禁止していま
す。にもかかわらず、生徒たちがそれらで遊んでいる様子がうかがえます。
カバンや机の中を抜き打ちで検査し、没収してもかまわないでしょうか。

A　　かつて1998年に栃木県の中学校で起きたバタフライナイフ事件を
きっかけに、犯罪抑止目的での所持品検査が問題となりました。近年では、
文科省は携帯電話の持込みを問題視しています。文科省通知「学校における
携帯電話の取扱い等について」(2009年1月30日、20文科初第1156号) では、小中
学校では原則持込み禁止、高等学校では校内での使用を制限することとなっ
ています。学校では携帯電話・スマートフォンを遠ざけ勉学に専念させねば
ならないのはもちろんです。しかし、抜き打ち検査や没収は法的に多くの問
題点を抱えており、特段の事情がない限り実施できません。

　憲法13条は人々に幸福追求権を保障しています。そこから導かれる権利
として、プライバシー権と自己決定権が学説上確立しています。プライバシ
ー権とは、伝統的に「私生活をみだりに公開されない権利」として捉えられ
てきました。さらに現代では、「自己情報コントロール権」へと発展を遂げ、
個人情報保護法などの整備が進んでいます。自己決定権とは私的事項を自律
的に決める権利で、ライフスタイル全般の自由が含まれます。最高裁も憲法
13条により「国民の私生活上の自由」が保護されていると論じ(京都府学連事
件、最判1969・12・24刑集23巻12号1625頁)、以後の判例でプライバシー権や自己
決定権に相当する利益を認めています。生徒が普段何を持ち歩くかはまさし
く自己決定権で保障されています。また、カバンや机の中、個人情報の詰ま
った携帯電話・スマートフォンはプライバシーの領域であり、抜き打ち検査
はそれらに対する重大な侵害となります。

　1989年に起きた高校生同士のナイフ刺殺事件の裁判(浦和地判1992・10・28
判タ811号119頁) で、学校が所持品検査を実施しなかったことが、保護監督義
務に違反しなかったかが1つの争点となりました。裁判所は「学校教育の場
においては生徒の人格尊重にも充分に配慮する必要があり、殊に、高校教育
の場においてはその対象となる生徒の年齢が16ないし18歳であること等に
鑑みれば、……プライバシー等の人格権をみだりに侵害することのないよう

======= ＜子ども問題＞ =======

慎重な配慮が必要とされるものといえる。したがって、学校ないし教師がみだりに生徒の所持品検査を実施することは生徒のプライバシー等の人格権を侵害する危険性が極めて高く、その教育効果に鑑みれば、高校教諭に事故発生の危険性を具体的に予測させるような特段の事情があれば格別、そうでない限りは、所持品検査を実施すべき義務まではないと解するのが相当である」と論じ、保護監督義務違反はないとしました。青少年のプライバシー保護を重んじた意義深い判断であるといえます。また子どもの権利条約16条も、子どもがプライバシーを不法に干渉されてはならない旨を定めています。国連・子どもの権利委員会は2004年の日本政府に対する第2回総括所見のなかで、16条に関して「とりわけ持ち物検査に関して、子どものプライバシーに対する権利が尊重されていないことを懸念する」と述べています（パラグラフ33）。

　また、生徒の所持品を強制的に没収することは、財産権（憲法29条）の侵害となります。憲法35条も「住居、書類及び所持品について、〔正当な理由に基づく令状がなければ〕進入、捜索及び押収を受けることのない権利」を人々に保障しています。この規定により、警察官といえども裁判官の発行した捜索押収令状がなければ、人々の所持品を押収できないこととなっています。であれば教師が生徒の私物を没収する権限など認められるはずはありません。預かった所持品は必ず返さなくてはなりません。ただし違法な物（タバコ・凶器など）については、それらの使用を予防するという観点から処分することは許されるでしょう。なお携帯電話について前述の文科省通知は、小中学校でも緊急の連絡手段として例外的に持込みを認めることも考えられるとしています。その際の対応として、校内での使用を禁止したり、登校後に学校で一時的に預かり下校時に返却したりするといった手段があげられています。

《参考文献》
・山田由紀子『子どもの人権を守る知識とＱ＆Ａ〔改訂第2版〕』法学書院、2007年
・子どもとともに考える弁護士の会編『Ｑ＆Ａヘルプ！子どもの権利110番』民事法研究会、2005年
・下村哲夫『学校事件：そのアカウンタビリティ』ぎょうせい、2001年

【栃山茂樹】

第3部　事例で学ぶ教育法

Q5　通学区域と統廃合

私の住んでいる所では、小学校が統合されるという話が出ています。確かに子どもの数は少なくなりましたが、学校がなくなるとどうなるのか心配です。

A　市町村は、その区域内にある学齢児童生徒を就学させるに必要な小学校・中学校を設置する義務を負い（学教法38条、49条）、それらの学校の施設および設備は、指導上、保健衛生上、安全及び管理上適切なものでなければなりません（小学校設置基準7条、中学校設置基準7条）。

　市町村内に複数の学校がある場合、市町村教育委員会はそれぞれについて通学区域を設定し、これに基づいて就学すべき学校を指定し保護者に通知します（学教施令5条）。この指定に対して保護者は申立てをすることができ、教育委員会が相当と認める場合には学校の変更を行います（同8条）。その理由として身体的理由、地理的理由およびいじめによる被害があげられてきましたが、近年ではかなり弾力的になっており、また、保護者の希望を重視しさまざまな形で学校選択制を導入している自治体もあります。

　通学区域とこれに基づく学校指定は、児童生徒数を把握し学級数や教員配置、施設設備など教育条件を計画的に整備するためとされています。児童生徒数の変動等で通学区域の見直しが必要になる場合がありますが、どの学校に子どもを通わせるかは親や地域住民にとっては大きな関心事で、見直しが難航することがあります。

　今、学校の数そのものを減らす＝学校統廃合が大きな問題となっています。1950年代にも大規模な市町村合併に伴い、校舎の新増築、教職員定数、スクールバス等さまざまな優遇措置が講じられ、統廃合が誘導促進されました（「公立小・中学校の統合方策について」1956年）。学校規模を「12学級から18学級」、通学距離を「小学校ではおおむね4キロメートル以内、中学校はおおむね6キロメートル以内」とする基準もこの時に示されたものです。1970年代には、都市部への人口流出と農山漁村の過疎化が統廃合の理由とされました。統廃合の強行が通学条件の悪化や地域対立を招き、紛争となった例も少なくありません。1973年に無理な統廃合は行わないとする通達（「Uターン通達」）が出され、沈静化した経緯があります。今日の統廃合は長期的・構造的な少子化、「平成の大合併」に伴うものですが、従来にも増して経済効率が強調される

192

と同時に、統廃合によって生じる財源の「活用」（教育再生実行会議第五次提言）がうたわれている点に特徴があり、統廃合と小中一貫校の設置が同時に行われるなどの動きもみられます。

　現在、小中学校の半数近くが12学級を下回っています。文科省は、約60年ぶりに公立小中学校の適正規模・配置の基準や考え方を示した手引を策定・通知しました（「公立小中学校の適正規模等に関する手引—少子化に対応した活力ある学校づくりに向けて—」2015年1月27日）。手引は標準を下回る場合、積極的に統廃合を進めることを求めています。他方で手引は、地域や学校の事情により統廃合を選択しない場合には、児童生徒の教育条件の改善の観点を中心に据え、「地域とともにある学校づくり」の視点から議論を尽くすべきとしてその方策についても述べており、注目されます。

　学校は災害時には避難所になり、通学区域＝校区は教育以外のさまざまな行政や市民の活動の基盤でもあります。通学区域の変更や学校統廃合は、子どもの生活圏・生活行動にも大きな影響を与え、コミュニティのあり方そのものをも変えていきます。かつて名古屋高裁金沢支部決定（1976年6月18日）は、徒歩通学による居住地域の自然との接触、それについての理解、親と子どもにとっての小学校と家庭との親密感、近距離感等を「旧小学校への就学によって維持される人格形成上、教育上のよき諸条件」と認め、廃校処分の執行停止を命じました。

　小規模校を存続させるための試みや工夫も各地で進められており、子どもがいなくなった小学校を廃校ではなく休校とし、条件が再び整ったところで再開するという例もみられます。

　「小さな学校」は世界の趨勢です。小さな学校ほど子どもの学習意欲・態度が積極的になり、人格形成にも効果的であると考えられています。日本の学校や学級の規模が諸外国に比べ格段に大きいことはよく知られていますが、少子化の今こそこれらを見直し、小規模校の良さに改めて目を向ける好機です。

《参考文献》
・進藤兵ほか『学校統廃合に負けない！小さくてもきらりと輝く学校をめざして』花伝社、2005年
・若林敬子『増補版学校統廃合の社会学的研究』御茶の水書房、2012年

【吉岡直子】

===== 第3部　事例で学ぶ教育法 =====

Q6　学校選択制

新しく転居してきた自治体は学校選択制を取っています。小学校から学校を選ぶということは考えてもみませんでした。いろいろ話を聞いてみると、良いことばかりではないようですが、どう考えたら良いのでしょう？

A　公立の小中学校では、居住地によって就学すべき学校が指定される通学区域制度をとってきました。これは教育の機会均等の確保、教育水準の維持を趣旨とするものですが、その運用実態はときに硬直的で批判を受けてきたところでもあります

「通学区域の自由化」は、臨時教育審議会（1984～1987年）の重要課題として掲げられましたが、最終的に「通学区域の弾力化」にトーンダウンし、本格的実施には至りませんでした。1990年代に入り、地方分権推進、規制緩和の流れのなかで通学区域制度は政策課題として浮上し、文部省（当時）通知（「通学区域の弾力的運用について」1997年1月27日）を契機に、多くの自治体が通学区域制度の見直しを行いました。その大半は学校指定の変更や区域外就学についての判断基準を緩和するものでしたが、学校選択制を導入する自治体も現れるようになります。2003年には、学校指定に際しての保護者からの意見聴取とその手続が新たに規定され（学教法施規32条）、学校選択制への地ならしが進められました。

文科省の定義によれば、学校選択制とは市町村教育委員会があらかじめ保護者の意見を聴取して就学校を指定するものを指し、自由選択制、ブロック選択制、隣接区域選択制、特認校制、特定地域選択制などのタイプがあります。通学区域の設定や変更は地域にとってなかなか難しいものですが、学校選択制は通学区域を変更することなく学校指定に関する問題を個別かつ弾力的に解決できるという一面も有しています。このような場合は、通学区域制度の弾力的運用の方法の1つとみることができます。

しかし、この間導入された学校選択制の多くはこれとは異なり、学校は選ばれるために特色を競い、子ども・親は「良い」学校を選び、選ばれなかった学校は自然淘汰されていく、という競争・選択・自己責任を強調するものです。このような学校選択制の典型ともいうべき東京都品川区は、2000年度から学校選択制を導入しました。特色ある学校という多彩なメニューのなか

━━━━━━━━━━━━━ ＜子ども問題＞ ━━━━━━━━━━━━━

から子ども・親が自由に選択するためのしくみと位置づけられています。特色ある学校として小中一貫校も設置されました。このような市場原理型学校選択制については、選択や評価を通じた特色ある学校づくりの推進、保護者の学校への関心が高まる、子どもの個性に応じた学校選択が可能、などの評価がある一方、「集中校」群と「流出校」群の二極分化と学校の序列化が進む、入学者が毎年変動するため学校の適正規模を確保できない、学校の計画が立てにくく安定した学校運営が困難になる、などの問題が指摘されています。

徒歩通学の重視は通学区域制度の大きな特徴です。それは、子どもの生活圏である地域のなかに学校があり、子どもが学校と地域で育つことに大きな意義を認めているということです。学校は地域の人々がさまざまに利用する拠点施設であり、通学区域は行政や住民活動の基礎単位という機能をも担っています。学校選択制は、このような学校と家庭・地域の関わりと子どもの育ちを変質させ、危うくさせます。

2012年度の調査では、小学校では246自治体15.9％が学校選択制を実施しています（「小・中学校における学校選択制の実施状況について」）。2006年度と比較するとわずかに増加していますが、導入検討中は33.5％から1.7％に激減し、非実施も52.3％から81.9％に増加しています（中学校についても同様の傾向）。地域との関わりの希薄化、登下校の安全確保の困難、生徒数の偏り、風聞による選択等、かねてから指摘されてきた多くの問題が顕在化しています。さらに、東日本大震災以降、災害時の対策や安全確保、地域コミュニティへの関心が高まったことも見逃せません。学校選択制は見直し、縮小・廃止の段階に入ったとみることができます。

子どもと親は学校という商品を買い求める客＝消費者ではなく、教師や地域住民とともに学校をつくり上げていく当事者です。ともに学び育つ学校と地域のあり方を改めて考える時期にきています。

《参考文献》
・佐貫浩『品川の学校で何が起こっているのか』花伝社、2010年
・山本由美『学力テスト体制とは何か：学力テスト・学校統廃合・中高一貫教育』共栄書房、2009年

【吉岡直子】

========= 第3部　事例で学ぶ教育法 =========

Q7　進級判定

高校では「落第」した人がいますが、小中学校では義務教育だからなのか、「落第」したという話を聞きません。ほとんど通学しない子どもでも進級するようです。いったい進級判定というのはどうなっているのでしょうか。

A　**【義務教育の場合】**　進級というのはもともと、学年制を前提にした言葉です。進級の反対が「原級に留め置く」（原級留め置き、いわゆる落第）です。小学校では「各学年の課程の修了又は卒業を認めるに当たっては、児童の平素の成績を評価して、これを定めなければならない。」（学教施規57条、中学校・高校にも準用）ことになっており、学年の修了を認めることができるかどうかの判断を進級判定といいます。「平素の成績」を考慮するにあたっては、教育専門的な判断が行われ、1年の課程の修了が認められなければ2年に進むことはできないことになります。課程の修了は、個々の科目の評定とは関係ないので、評定1の科目があっても全体として課程の修了が認められれば進級することができます。ただ、総授業時数の半分以上も欠席した生徒は卒業の判定は得られないであろう、という文部省（当時）の通知があります（1953年3月12日初中局長回答）。また、小学生の保護者が、進級認定されたことを不満として、進級措置の執行停止を求めたケースもあります（神戸地判1993・8・30判タ833号177頁）。

　しかし、実際上、小中学校で原級留め置きになることはまれです。ヨーロッパなどでは小学校での原級留め置きがめずらしくないそうですので、日本の特色であるといえます。同一年齢の子どもたちで学年が編成されていたほうが望ましいという考え方が支配的で、原級留め置きが運用上ほとんど行われていません。先にあげた1993年の裁判でも判決は、小学校の目標を実現するためには同一年齢の子どもごとに教育するほうが望ましいと述べています。

　【高等学校の場合】　原級留め置きがめずらしくないのは高等学校です。高等学校は単位制です。学校教育法施行規則96条には、校長が、生徒の高等学校の全課程の修了を認めるにあたっては「74単位以上を修得したものについて行わなければならない。」と規定されています。そこで、まずは単位認定が問題となります。単位認定には履修と修得があります。履修とは授業に

196

＝＝＝＝＝＝＝＝＝＝＝＝＝＝＝＝＝＝ ＜子ども問題＞ ＝＝＝＝＝＝＝＝＝＝＝＝＝＝＝＝＝＝

参加することを、修得とは参加した上で成果を上げることを意味します。どのくらい休むと履修が認められないかをそれぞれの学校で定めています。1単位につき11時間程度欠席すると履修を認めない学校が多いですが、法令に定めがないので、かなりばらつきもあります。履修が認められても評定が2以上でないと修得は認められません。

　一方、前にあげた学校教育法施行規則57条も準用することになっており、多くの都道府県では管理規則で原級留め置きについての規定を定め、さらに各高等学校で細かい進級判定基準を定めています。たとえば、2科目8単位までは、評定1であっても追試や補講等を行って評定を2以上として進級させるなどといった規定です。こうした規定をもとに、進級判定会議や卒業判定会議で、該当の生徒について審議が行われます。

　1単位でも修得できないと進級させない高等学校が以前は多かったため、文部科学省は学習指導要領で、高等学校は単位制が併用されているので弾力的に、ということを書いています。そのため、最近では評定1があっても進級させるという判定基準をもつ学校も増えています。

　高等学校は、学年制と単位制を併用しているわけですが、そのため矛盾も生じています。原級留め置きになっても、一度修得した単位は有効なはずですが、多くの高等学校ではすべての科目の学習をやり直すことになります。そうしないと指導上困るからですが、事実上、一度とった単位は無効になってしまうのです。そのため原級留め置きを不利益処分として裁判に訴える例もあります（都立大山高校原級留置事件・東京高判1987・12・16判タ676号74頁）。

　1988年に生まれた単位制高校では、原級留め置きがありません。単位制高校では単位認定基準はありますが、進級判定基準はありません。かりにその年度にすべての単位を修得できなくてももとの学級にいたまま、学校生活を過ごすことになります。

《参考文献》
・市川須美子『学校教育裁判と教育法』三省堂、2007年
・坂本秀夫ほか『生徒の学習権が危ない』ぎょうせい、1989年

【永田裕之】

━━━━━━ 第3部　事例で学ぶ教育法 ━━━━━━

Q8　内申書・指導要録の開示

高校受験を控えて生徒や親から内申書と指導要録の開示が求められました。
その場合は開示をしなければならないのですか。

A　　内申書とは、法令上は調査書と呼ばれ、生徒が中学校から高等学校などに進学しようとする場合、中学校校長によって進学しようとする学校に送付され（学教施規78条）、高等学校などの入学者選抜の資料として用いられています。また、生徒の学籍、指導の過程・結果の要約が記録されている原簿が指導要録です（同24条）。これらには客観的な成績評価だけでなく、担当教師などによる生徒個人への主観的評価、すなわち所見も記載されているため、従来、非開示文書として扱われていました。

　しかし、情報公開・個人情報保護の流れのなかで、内申書や指導要録といった教育評価情報の本人への開示をめぐり裁判所で争われたのです。通常、これらの開示は、公立学校の場合、各自治体の個人情報保護条例に基づき請求が行われ、不開示決定がなされた場合に、条例に基づき設置された審査会、または裁判所において争われます。内申書や指導要録は個人情報である以上、憲法13条の幸福追求権より導き出される自己に関する情報をコントロールする権利（情報プライバシー権）から、自己の内申書や指導要録の開示を求める権利があると考えられます。もっとも憲法13条から具体的な情報開示請求権が導かれるわけではなく、開示の範囲、手続の詳細については法律や条例に委ねられることになります。それゆえ公立学校の場合、内申書や指導要録に記載されている内容が、条例で通常は非開示事由とされているような、開示によって行政の執行を妨げる情報、個人に知らせないことが正当であると考えられる情報に該当するかが争点となります。従来の学校の実務では、内申書や指導要録は公開を前提として作成されていないため、開示すれば、今後、客観的な評価はできない、また記載内容が形骸化、空洞化する、さらには教師や学校への不信感が生じ、生徒と教師との信頼関係が損なわれることなどから、当初、非開示とされることが多かったのです。

　裁判上、ターニングポイントとなったのは兵庫県西宮市内申書・指導要録事件（大阪高判1999・11・25判タ1050号111頁）です。この事件では、小中学校時の指導要録および高校選抜用に用いられた内申書の開示が求められ、大阪高

━━━━━━━━━ ＜子ども問題＞ ━━━━━━━━━

裁は内申書および指導要録は正確な事実・資料に基づき、本人および保護者からの批判に耐えうるものでなければならない以上、開示により生徒と教師との信頼関係が破壊されることはないとし、全面開示を認めました。

　その後、東京都大田区立小学校指導要録事件において、東京高裁がすべて非開示としたのに対して、最高裁は次のような判断を行いました（最判2003・11・11判時1846号3頁）。①各教科の学習について、総合的にみた場合の児童の特徴や指導上留意すべき事項を記載した「各教科の学習の記録」における「所見」欄、②特別活動への参加態度、学級会・児童会の係や委員の経験、クラブ活動や学校行事における活動状況等を記載する「特別活動の記録」、③児童の行動および性格、指導上特に留意する必要があると認められる児童の健康状況および配慮事項、趣味・特技、校外生活における顕著な行動等を記載する「行動及び性格の記録」については、すべて非開示としました。その理由として、これらの情報は評価者の主観的要素に左右され得ること、開示した場合、児童等の誤解や不信感、無用の反発等を招くこと、そのような事態が生ずることを懸念して、否定的な評価についてありのままに記載することを差し控えたりする結果、記載内容が形骸化・空洞化し、適切な指導・教育を行うための基礎資料とならなくなることを指摘しています。

　これに対して、「各教科の学習の記録」欄中の「観点別学習状況」および「評定」欄は、児童の日常的学習の結果に基づいて学習の到達段階を示したものであり、評価者の主観的要素が入る余地が比較的少なく、個別具体的な評価、判断内容が判明し得るものではないことから、また「標準検査の記録」欄は客観的な事実のみが記載されていることから、開示すべきとしました。

　最高裁判決以前、すでに1993年には神奈川県川崎市、1997年には東京都目黒区が指導要録の全面開示を実施しています。最高裁判決は一般に指導要録を開示してはならないとまではいっておらず、あくまで当該事件の個別ケースにおいて非開示にしたにすぎません。

　それゆえ、自治体の判断によって、内申書や指導要録の本人開示を実施することは何ら問題がありません。生徒や親から開示が求められた場合には、適正な教育評価を担保するという観点から、全面開示が望ましいでしょう。

《参考文献》
・米沢広一『憲法と教育15講［第3版］』北樹出版、2011年

【斎藤一久】

Q9 障害のある子どもの就学

日本は障害者権利条約を批准し、国内の法律が整備されていると聞きます。障害のある子どもの教育や就学に影響がありますか。

A 憲法26条1項を受けて教育基本法（2006年）4条には、国および地方公共団体が「障害のある者が、その障害の状態に応じ、十分な教育を受けられるよう、教育上必要な支援」を講じることが規定されています。

日本における障害のある子どもの教育を受ける権利保障は1979年の養護学校の義務化が大きな契機となっています。それまでは、明治時代の小学校令（1886年）以来、障害のある子どもをもつ保護者の就学義務は「猶予・免除」されていたのです。そして、養護学校の義務化が実現すると、障害のある子ども＝養護学校（特殊教育学校）という差別的な価値観が形成されたことから、「統合教育」という理念が登場しました。統合教育は障害のある子どもが普通学級へ就学できるよう求めるものですが、これにはその子どもの成長・発達の保障という観点から批判もありました。

その後、1993年の学校教育法施行規則の改正により、言語障害や情緒障害、弱視等の障害のある子どものうち比較的軽度の障害である場合には、各教科等の指導は主として通常の学級で行いつつ、個々の障害の状態に応じた特別の指導を行う場として「通級指導教室」が制度化されました。また、2006年に同規則が改正され、対象がLD（学習障害）やADHD（注意欠陥多動性障害）にも拡大されました（同規則140条）。2013年度で通級指導を利用している子どもは小学校で約7万1千人、中学校で約7千人となっており、年々増加の傾向にあります。

2005年12月の中教審答申「特別支援教育を推進するための制度の在り方について」を契機に、「特殊教育」から「特別支援教育」への転換が促されました。この答申では、特殊教育については「特別な場で指導を行うことにより、手厚くきめ細かい教育を行うことに重点が置かれてきた」と説明され、他方で、特別支援教育について、障害のある子どもの「自立や社会参加に向けた主体的な取組を支援するという視点」に立脚し、「一人一人の教育的ニーズを把握し、その持てる力を高め、生活や学習上の困難を改善又は克服するため、適切な指導及び必要な支援を行うもの」と示されています。また、

━━━━━━━━━━━━━━ ＜子ども問題＞ ━━━━━━━━━━━━

特別支援教育は、特殊教育では対象とされていなかったLDやADHD等の子どもも対象としていることは大きな違いです。そして、2006年の学校教育法改正（2007年4月施行）により、特別に支援な必要な子どもに対して、小・中・高校等に準ずる教育を施すとともに、「障害による学習上又は生活上の困難を克服し自立を図る」ことを目的とした「特別支援学校」の設置（71条）や、小・中学校、高校等はそれらの子どもに教育を行うことに加え、「特別支援学級」の設置（75条）が規定されました。

　このような方向性は今日、障害者基本法にも見ることができます。この法律では「障害の有無によって分け隔てられることなく、相互に人格と個性を尊重し合いながら共生する社会を実現する」という「インクルーシブ（inclusive）」社会の実現がうたわれ、教育面でも「可能な限り障害者である児童及び生徒が障害者でない児童及び生徒と共に教育を受けられるよう配慮」することや（同法16条1項）、障害のある子どもと保護者の意向の尊重（同2項）、また「障害者である児童及び生徒と障害者でない児童及び生徒との交流及び共同学習を積極的に進める」ことが規定されています。

　しかし、インクルーシブ教育の実現には教育条件面で多くの課題があります。たとえば、人的条件では特別支援学校教諭免許状を有する者が現時点で少ないことから、当分の間、一般の幼・小・中学校・高校の教諭免許状を有していれば代替可能になっており（教育職員免許法附則16項）、さらに、特別支援学級担任や通級による指導を担当する教員については特に法令上の定めがありません。つまり、障害のある子どものニーズと成長、発達の課題に応じた十分な指導が担保されているわけではないのです。

　2014年1月、日本は「障害者権利条約」（2006年国連総会採択）の批准書を国連に寄託しました。条約24条では障害者の教育を受ける権利とその保障のための国による条件整備義務が定められています。国際的な観点からも、特別支援教育のための条件整備と、それを通じた障害のある子どもの教育を受ける権利の保障が求められています。

《参考文献》
・茂木俊彦『障害児教育を考える』岩波書店、2007年
・柘植雅義『特別支援教育─多様なニーズへの挑戦』中央公論社、2013年

【堀井雅道】

第3部　事例で学ぶ教育法

Q10　外国籍の子どもの就学

近所に外国籍の子どもがいます。でも学校に通っているようにもみえません。外国籍の子どもの親にも就学義務はあるのですか。また、日本語能力が不十分な子どもたちへの支援はどうなっているでしょうか。

A　義務教育については日本国憲法26条、教育基本法5条において規定されていますが、いずれもその主体を「国民」に限定しています。したがって、文言上、外国籍の子どもの親には就学義務はないとも解せます。文部科学省はこのような見解に依拠しているようですが、外国籍の子どもが公立学校への就学を希望する場合には受け入れを拒否しないという運用がなされており、教育を受ける権利については、日本人と同様の権利が保障されているといえます（田中壮一郎監修／教育基本法研究会編著『逐条解説改正教育基本法』〔第一法規、2007年〕77頁以下、87頁参照）。

憲法解釈上、外国人に人権が認められるかどうかについて、最高裁は「権利の性質上日本国民のみを対象としていると解されるものを除き、わが国に在留する外国人に対しても等しく及ぶ」（最大判1978・10・4民集32巻7号1223頁）としており、必ずしも「国民」の文言にこだわる必要はないとされています。この点、義務教育は社会権的性格も有しており、権利の性質からすると、原則として国籍国によって保障されるべき権利とも考えられなくはありません。

しかしながら、義務教育は文化的な生存の基本に関わる以上、国籍の区別なく、すべての子どもに無償のものとして保障されるべきです。子どもの教育への権利保障に欠かせない義務教育の無償がすでに国際的保障のもとにあることも根拠になります。たとえば国際人権規約（社会権規約）13条において、「教育についてのすべての者の権利を認める」と同時に初等教育の無償・義務、中等教育の漸進的無償・機会均等を定めており、世界人権宣言26条、子どもの権利条約28条などにおいても同様の規定があります（条約上、「漸進的無償」となってはいますが、日本の義務教育が小中学校の9年間であり、特に外国籍の子どもを区別する合理的な理由がない以上、少なくとも中学校に関しても無償と解釈し得ます）。

就学義務について、学校教育法は保護者にその子どもを小中学校へ就学させる義務を課し（同17条）、就学義務を履行しない場合には罰則として10万

＝＝＝＝＝＝＝＝＝＝＝＝＝＝＝ ＜子ども問題＞ ＝＝＝＝＝＝＝＝＝＝＝＝＝＝＝

円以下の罰金に処すると定めています（同144条）。この点、学校教育法上の
「学校」（いわゆる1条校）以外の学校、たとえば朝鮮民族学校、アメリカンスク
ール、中華学校、ブラジル人学校などに就学する場合は、就学義務との関係
が問題となりますが、就学義務は免除されると解すべきです（同18条）。そも
そも憲法26条は「普通教育」を受けさせる義務を課しているにすぎず、「学
校教育法1条に規定された学校における教育」を受けさせる義務までは導き
出せないこと、また親の教育の自由からすれば、親の出身国の言語・文化を
子どもに継承する観点から、それぞれ独自の教育が容認されなければなら
ないからです。

　この他、特にニューカマーの場合には、日本語能力が十分ではない子ども
が多く、それゆえ学校における日本語教育の支援が問題となっています。
2014年度の文部科学省の調査では、全国で公立小・中・高等学校などに在籍
する日本語指導が必要な外国人児童生徒数は29,198人です。現在、外国籍の
子どもの日本語教育を支援する法制度は存在しませんが、外国人にも憲法26
条から教育を受ける権利が認められる以上、その「能力発達の仕方に応じた
教育」を受ける権利が保障されなければなりません。特に義務教育段階にお
いて日本語能力は義務教育を受けるための前提条件ですから、国は日本語能
力が十分ではない子どもたちの支援を積極的に行うことが求められます。

　先の日本語指導が必要な外国人児童生徒を母語別の割合でみると、ポルト
ガル語32.8％、中国語20.4％、フィリピン語16.6％、スペイン語12.9％となっ
ています。アメリカやヨーロッパの国々では、定住している国の言葉だけで
はなく、出身国の母語教育の必要性が議論されています。日本の小学校でい
えば、日本語の代わりにポルトガル語で授業を行うことができるか、また中
学校で英語ではなく、ポルトガル語を選択できるかという問題として生じま
す。多文化化する日本の教育において今後ますます議論されなければならな
い課題ですが、現在のところ、このような母語教育を受ける権利が「権利」
とまで成熟しているとはいえません。あくまで家庭の教育に委ねられるか、
国（または地方公共団体）の裁量的な援助、もしくは各国の外交政策としての
政府援助、そしてボランティアによる支援に委ねられているのが現状です。

《参考文献》
・手塚和彰『外国人と法［第3版］』有斐閣、2005年

【斎藤一久】

Q11　信教の自由と学校

ある宗教を熱心に信じている生徒が、信仰上の理由から学校の行事に参加できないと申し出てきました。本人にとっては大事な信念なのかもしれませんが、公立学校としてそのような要求に応じてよいものでしょうか。

A　新興宗教の発展や国際化などに伴い、そのようなケースが今後増えることが予想されます。たとえばエホバの証人は、キリスト教のなかでも独特の教理をもち、学校生活で摩擦を生むことがあります（入学式などの祝典に参加しない、国旗・校旗掲揚や国歌・校歌斉唱を拒否するなど）。しかし、そのような少数者の価値観にも配慮し、できるだけ共存を図るのが個人の尊重・民主主義社会の基本です。実際に最高裁は、エホバ信者の輸血拒否を擁護する判決を下しています（エホバの証人輸血拒否事件、最判2000・2・29民集54巻2号582頁）。

　憲法20条1項は、何人にも信教の自由を保障しています。これは精神的自由権の1つとして、憲法上手厚く保護されます。内面の信仰の自由には、国は一切介入できません。外面的な宗教的行為・結社の自由についても、必要最小限度を超えて制約してはならないこととなっています。子どもの権利条約も14条1項で「宗教の自由」を保障しています。教育基本法15条1項も、宗教に対する寛容の態度は教育上尊重されなくてはならない旨を定めています。

　一方、憲法20条3項は政教分離原則を定めています。国家と宗教の分離、国家の宗教的中立性は近代民主国家の大原則です。それを受けて同条同項と教育基本法15条2項は、公立学校が宗教教育や宗教活動をしてはならないと定めています。たとえばキリスト教徒の教師が、進化論は神の教えに反するといって生物科の授業で扱わないことは、教育活動に自己の宗教を持ち込むほか、子どもの学習権の侵害にもなるため認められません。イスラム教徒の女性教師が学校でヴェールをまとうことを禁じる国もあります。公立学校が生徒の信仰を過度に優遇すれば、国家の宗教的中立性に反する可能性も出てきます。生徒の信教の自由と公立学校の宗教的中立性は、どちらも憲法に由来する重要な利益であって、両者の調整をどう図るかは難しいところがあります。これが実際に問題となったケースとして、エホバの証人剣道実技拒否事件と日曜日授業参観事件があげられます。

<子ども問題>

　エホバの証人剣道実技拒否事件（最判1996・3・8民集50巻3号469頁）は、エホバ信者の高専学生が、信仰上の理由により剣道の実技を拒否したため2度の原級留置処分を受け、ひいては退学に追い込まれたという事例です（2008年より中学校で武道が必修化されたことから、類似の問題が起きることが懸念されます）。最高裁は、信者が格技を拒否する理由は「信仰の核心部分と密接に関連する真しなものであった。」と認め、学校側はそれに相応の考慮を払う必要があったとしています。本件学生は剣道の授業には出席しており、実技の代わりに見学によるレポート作成で単位を認めてほしいと再三申し入れていました。学校側がその代替措置を受け入れず、退学処分を下したことは裁量権の範囲を超えた違法なものだと認めています。仮に代替措置に応じたとしても、政教分離原則には違反しなかったということも論じられています。

　日曜日授業参観事件（東京地判1986・3・20判時1185号67頁）では、キリスト教徒の親子が日曜参観授業を休んで教会に行ったため、指導要録に「欠席」と記載された処分の違法性が問われました。判決は、信仰上の行事を理由に出席を免除すれば、宗教・宗派ごとに出席数のばらつきが生じることから、「公教育の宗教的中立性を保つ上で好ましいことではない」とし、学校側に違法性は認められないとしました。

　両事件を比較すれば、この問題をいかに解決すべきかの基準がみえてきます。原則として、学校は多種多様な信条にできるだけ寛容であるべきです。生徒の信教の自由を制約する際は、それが信仰に及ぼす影響、公教育の宗教的中立性、生徒に課す教育内容の重要性、代替措置による救済の可能性などの諸点を慎重に考慮せねばなりません。親の宗教教育の自由（子どもの権利条約14条2項）にも配慮が必要です。仮に生徒に不利益処分を下すこととなっても、それが不当に重い場合は違法となります。

《参考文献》
・坂田仰「宗教的理由による学校授業欠席の自由―日曜日授業参観事件」長谷部恭男ほか編『憲法判例百選Ⅰ　第6版』有斐閣、2013年94〜95頁
・栗田佳泰「宗教上の理由に基づく『剣道』の不受講」同上96〜97頁
・土屋英雄「宗教上の理由に基づく『剣道』の不受講」高橋和之ほか編『憲法判例百選Ⅰ第5版』有斐閣、2007年94〜95頁

【梐山茂樹】

Q12　スクール・セクハラ

中学校に通う娘が「女の子なんだから掃除くらいできないとダメでしょ！」
と先生に怒られました。娘は「女の子なんだから」という部分に疑問を感じ
ているようです。この問題について、どう考えたらよいでしょうか？

A　　性別ごとに特定の役割があることを前提に「指導」することは、場
合によってはスクール・セクハラの問題として考えられます。

　【セクハラ、スクール・セクハラとは】　セクハラは、英語のセクシュアル・
ハラスメント（sexual harassment）を略した言葉で、「性的嫌がらせ」などと訳
すことができます。アメリカで登場したこの概念は、日本でも労働関係にお
けるセクハラ裁判などをきっかけに、広く認知されるようになりました。男
女雇用機会均等法による職場におけるセクハラへの対応を受けて、学校での
対応も進みます。学校で起こるセクハラは、スクール・セクシャル・ハラス
メント、略してスクール・セクハラと呼ばれています。1999年の文部省（当
時）通知の「文部省におけるセクシュアルハラスメントの防止等に関する規
程」で、セクハラは「職員が他の職員、学生等及び関係者を不快にさせる性
的な言動並びに学生等及び関係者が職員を不快にさせる性的な言動」と定義
されています。

　スクール・セクハラには、強姦、強制わいせつ、名誉棄損など刑法の規定
に抵触する行為から、不必要な身体的接触、容姿や体型を揶揄する発言、卑
猥な言動、メールなどでのしつこい勧誘、あるいは性別によって役割を固定
化することなど、多種多様なものが含まれます。スクール・セクハラが起き
てしまう原因は、成績評価や部活動での指導を背景とした権力関係ないしは
上下関係、閉鎖的な人間関係・学校環境などをあげることができます。また、
児童・生徒に対する教師の人権意識の低さも指摘されています。

　各地方公共団体の教育委員会は、相談窓口の開設やリーフレットの作成な
どを通して、スクール・セクハラの防止に取り組んでいます。各学校でも、
相談窓口を開設したり、校内研修を行うなどしています。ただ、問題の性質
上、被害を受けた児童・生徒が声をあげにくかったり、相談窓口の人材配置
の問題やスクール・セクハラへの理解不足などから、相談体制が十分に機能
していないなどの課題もあります。

＝＝＝＝＝＝＝＝＝＝＝＝ ＜子ども問題＞ ＝＝＝＝＝＝＝＝＝＝＝＝

【スクールセクハラと（法的）責任】　セクハラの態様が、強姦、強制わい
せつなどに該当すれば、加害者は刑法上の責任を問われます。むりやり体を
触ったり、キスをしたことなどが、強制わいせつ罪に問われた事例も存在し
ます。また、民法上、不法行為に基づく損害賠償責任を負う可能性もありま
す。さらに、刑法上や民法上の責任とは別に、地方公務員法上の懲戒処分を
受ける可能性があります。文科省が公表している資料によるとわいせつ行為
等で懲戒処分を受けた公立学校の教職員は、2013（平成25）年度で205名、そ
のうちの117名が最も重い免職処分を受けています。加害者本人以外では、
校長等が監督責任を問われたり、学校や地方公共団体が民法上ないしは国家
賠償法上の損害賠償責任を問われるなどします。

　以上が加害者本人や地方公共団体などの法的責任ですが、スクール・セク
ハラのすべてが法的問題になるかというと必ずしもそうではありません。た
だ、法的に責任を負わないからといって、「軽微な」スクール・セクハラが
許されるというわけではありません。質問にあるような性別による役割の固
定化などで、子どもたちが苦痛を感じることがないよう、教師や学校はスク
ール・セクハラに対する理解をより深め、配慮していくことが求められます。

【スクール・セクハラと児童・生徒】　加害者本人などの責任を確認するこ
と以上に、児童・生徒の教育を受ける権利や性的自己決定などがスクール・
セクハラによって侵害される可能性のあることが、なによりも意識されなけ
ればなりません。このような人権侵害は、学習意欲の喪失、学校や教師への
不信感、精神疾患などを引き起こすことにもつながります。また、対応の段
階で、被害者本人に落ち度があるように受け止められるなどの二次被害が生
じる場合もあります。人権侵害やそれに起因する被害は、児童・生徒の人格
形成に影響を及ぼします。事後的な対応が必要なのはもちろんですが、日ご
ろからスクール・セクハラが起きないように、学校に集う人々が開かれた関
係のなかでお互いを尊重していくことが大切です。

《参考文献》
・池谷孝司『スクールセクハラ　なぜ教師のわいせつ犯罪は繰り返されるのか』幻冬舎、
　2014年
・辻村みよ子「第12章　セクシュアル・ハラスメント」『ジェンダーと法』不磨書房、
　2005年
・「特集　知っていますか！？スクール・セクシュアル・ハラスメント」季刊Sexuality
　57巻、2012年　　　　　　　　　　　　　　　　　　　　　　　　　【安原陽平】

第3部　事例で学ぶ教育法

Q13　スクールカウンセラーとスクールソーシャルワーカー

最近、学校には正規の教職員とは別にスクールカウンセラーやスクールソーシャルワーカーといった職種が置かれるようになりました。この事情や今後の専任化の可能性などについて教えてください。

A　　学校教育法に基づけば、学校には人的条件として校長や教頭、教師、養護教諭、そして事務職員は原則として必ず置かなければならないとされています（同法37条1項等）。この他にも学校教育法や同法規則には学校に任意で置くことのできるスタッフが示されていますが、その一方で、明確な法的根拠がないにも関わらず、全国の多くの学校で配置されているスタッフがいます。スクールカウンセラーやスクールソーシャルワーカーです。

　スクールカウンセラーは1990年代半ばにいじめや不登校が社会問題化しつつあるなか、文部省（当時）が1995年度から導入したことが始まりです。その意義は学校に教育ではない「心理」の専門職を配置したことです。文部省は当初、教師や養護教諭に対してカウンセリングの研修を行うことで問題に対応しようとしていました。しかし、不登校となった子ども本人や保護者等を対象とする「登校拒否児童生徒に関する調査」（文部省・1993年11月）から専門のカウンセラーを配置してほしいとの意見も出たことをふまえ、心理の専門家を配置することにしました。つまり、1990年代半ばの時点で教師のみによる対応は限界を迎えていたのです。こうして1995年度から導入されたスクールカウンセラーは臨床心理士（財団法人日本臨床心理士資格認定協会の認定資格）、精神科医、児童生徒の臨床心理を専門とする研究者などが担い手です。文科省の資料によれば、1995年度の導入当初は国が配置に係る経費の全額を負担する事業として154校に配置され、2001年度以降は国の経費負担が減額されながらも増加しつづけ、2012年度時点では1万7621校に配置されています。

　他方、スクールソーシャルワーカーは、2008年度から文科省が活用事業として本格的に導入したものです。ただし、それより以前に大阪府や兵庫県赤穂市などの自治体が先駆的に導入し成果をあげていました。さらに、日本におけるスクールソーシャルワーク実践の起源をたどると1980年代半ばの埼玉県所沢市における山下英三郎氏の実践があります。山下氏はスクールソー

208

<子ども問題>

シャルワークの特徴について、①子どもは対等な存在であり、ともに協力して問題解決に臨むこと（子どもの利益の優先と自己決定）、②子どもとその周囲の環境（学校や家庭など）に着目し、それらの不適合状態を解消しようと双方に働きかけることだと説明しています。そのような意味で、これまでの生徒指導にみられるような一方的、近視眼的な問題解決のアプローチとは一線を画すものだといえます。以上の意義をもつスクールソーシャルワーカーは東日本大震災の発生やいじめ自殺事件の社会問題化を受けて、スクールカウンセラーと並び増員されつつありますが、導入や増員は自治体の裁量次第のため配置状況はスクールカウンセラーと比較して少なく、個別の学校に配置されるというよりも、地域や地区（教育相談センターなど）に配置され、学校の要請に応じて派遣されるという方式が多いようです。

　重要な課題としては子どもや保護者、教職員等からの相談内容（情報）の取り扱いについてです。子どもなど相談者からの相談内容について、専門職は基本的に他者に漏らさないという「守秘義務」があります。教育現場では子どもの生命や身体の安全に関わる相談内容も含まれています。そこで、そのような相談内容についてスクールカウンセラーやスクールソーシャルワーカーが教職員とともに共有することは良いのかという問題があります。この点につき、児童虐待については児童虐待防止法6条において児童虐待の発見者には通告義務があること（同条1項）、その通告義務は刑法における秘密漏示罪や守秘義務より優先されること（同条3項）が定められています。つまり、子どもの生命や身体の安全に関わる相談内容については、専門職の守秘義務を限定的に捉えず、組織的解決を図るために共有するべきだということです。ただ、子どもからすれば単に思いを聞いてほしかっただけというようなケースや、生命や身体の安全に関わるような状況ではないケースもあるでしょうから、スクールカウンセラーやスクールソーシャルワーカーにはその判断を視野に入れつつ相談活動にあたり、子どもの意思と最善の利益を尊重するという基本姿勢が求められています。

《参考文献》
・文部科学省「スクールソーシャルワーカー実践活動事例集」2008年12月
・山下英三郎他編著『新スクールソーシャルワーク論―子どもを中心にすえた理論と実践』学苑社、2012年

【堀井雅道】

第3部　事例で学ぶ教育法

Q14　児童養護施設の子どもと進学・就学問題

児童虐待などを理由に親と一緒に家庭で生活できない子どもは児童養護施設に入所するケースが多いのですが、児童養護施設における教育保障についてはどのような課題があるでしょうか。

A　近代日本における児童養護施設の前身は1887年に石井十次が開設した岡山孤児院が最初とされています。現在の児童養護施設は、1947年12月制定の児童福祉法に基づくもので、戦前の慈恵的な性格から子どもの権利保障を目的とする施設に転換しました。戦後当初は、いわゆる戦災孤児の保護が現実的な課題でしたが、その後、1960年代の高度経済成長の陰で増大しつつあった低賃金・長時間労働、核家族化、地域共同性の消失等に伴う家庭崩壊・養育困難ケースが増加しました。1990年代以降には、貧困の拡大とともに児童虐待が主要な入所理由となっています。

　児童養護施設の生活条件は、厚生労働省令「児童福祉施設の設備及び運営に関する基準」に基づいており、費用は措置費として国が支弁しています（児童福祉法第49条の2）。ただし、その基準は、教育保障については十分に考慮されていません。職員の賃金等労働条件も措置費に制約されており、それぞれに発達上の課題や学習上のつまずきをもっている子どもに対して適切な学習指導を行うことは難しいのが現状です。

　児童養護施設に入所する子どもの多くは、貧困や虐待などの養育環境のもとで十分な教育環境が保障されていません。また、複雑な家庭要因から、日々の就学や学校への適応に困難をかかえていた場合もあります。それらに対する学校や教育行政の配慮が不足し、不登校や未就学の状態にあった子どももいます。加えて、施設自体の教育条件が貧困であるため、児童養護施設の子どもは入所当初から概して低学力・低学習意欲を余儀なくされています。

　児童養護施設の子どもにとって、高校進学は重要な意味をもっています。高校進学率が全国平均で90％台となった1970年代初頭、児童養護施設の子どもの進学率は20〜30％にとどまっていました。一般家庭の子どもの多くが高校進学するなかで、児童養護施設の子どもの多くは15歳で就職せざるを得ない状態におかれていました（小川利夫他編著『ぼくたちの15歳—養護施設児童の高校進学問題』ミネルヴァ書房、1983年）。その理由は、高校の授業料をはじめ

210

＜教育と福祉＞

とする教育費が措置費に組み込まれていないという経済的理由でした。一方、一般家庭の子どもの多くが「ともかく高校には」進学するなかで、進学する児童養護施設の子どもはその意味や重要性を自覚して進学し、そのような進路指導も行われました。

　高校の授業料等の費用については、1973年に公立高校授業料が特別育成費として措置費のなかに組み込まれ、翌年にはその対象が専修学校や特殊学校にも広がりました。1989年には私立高校にも拡大したことで、その後、高校進学率はようやく上昇しはじめました。

　児童養護施設の子どもの高校進学率は、2010年5月時点で91.9％（厚生労働省家庭福祉課調べ）となり、全中卒者の98％とは依然として格差があるとはいえ、多くの子どもが高校に進学できるようになりました。それは同時に、低学力、低学習意欲の問題を引きずったまま進学する子どもが増えているということでもあります。低学習意欲の背景には、学習意欲を醸成する環境だけでなく、児童虐待等がもたらした自己肯定感の低さが大きな要因として考えられます。

　近年、全高卒者の大学進学率は50％（専修学校等を含めると約80％）を超えていますが、児童養護施設の子どもの大学進学率は10数％（専修学校等を含めて20数％）にすぎず、大学等への進学が大きな課題となっています。貧困・養護問題の再生産を断ち切るためにも、専門職の資格取得などとも関わる大学等への進学はきわめて現実的な課題ですが、経済的な制約が壁となっています。2006年度から大学進学等自立生活支度費が導入されたとはいえ、高額な入学金などの必要経費からみればまったく不十分です。援助を要する課題を抱えたまま施設を退所する者を含め、児童養護施設の子どもにとって、自立への道は依然として厳しいといわざるを得ません。

《参考文献》
・望月彰『自立支援の児童養護論―施設でくらす子どもの生活と権利』ミネルヴァ書房、2004年
・全国児童養護問題研究会編集委員会編『児童養護と青年期の自立支援―進路・進学問題を展望する』ミネルヴァ書房、2009年

【望月　彰】

第3部　事例で学ぶ教育法

Q15　子どもの貧困対策と教育支援

日本の子どもの貧困率は2012年度データで16.3％（約6人に1人の子どもが貧困状態）となっておりOECD加盟国中でもその比率は高いとされています。貧困の世代間連鎖を断ち切るうえで教育の役割は大きいと思いますが、国はこの課題にどう取り組んでいるか教えてください。

A　　**【子どもの貧困対策の推進に関する法律】**　　日本社会は、1990年代以降の経済不況とそのもとでの家計収入の低下、非正規雇用者の増加等で階層間の経済格差が拡大し、それに伴い教育でも階層間の格差が深刻化しています。そうした事態に対し、国や自治体の積極的な取り組みを求める画期的な法律である「子どもの貧困対策の推進に関する法律」（2013年6月26日法律第64号、以下、「子どもの貧困対策法」）が成立、施行しました。

本法は、その基本理念として、「子どもの貧困対策は、子ども等に対する教育の支援、生活の支援、就労の支援、経済的支援等の施策を、子どもの将来がその生まれ育った環境によって左右されることのない社会を実現することを旨として講ずることにより、推進されなければならない」（2条）とうたい、国と自治体がこの基本理念に則り、子どもの貧困対策を総合的に策定・実施することを義務付けています（3条、4条）。そして、子どもの貧困対策を総合的に推進するために政府に子どもの貧困対策に関する大綱の策定を求めています（8条）。

【子供の貧困対策に関する大綱】　　政府は、「子どもの貧困対策法」に基づく「子供の貧困対策に関する大綱」（以下、大綱）を2014（平成26）年8月29日に閣議決定しました。

大綱は、基本的方針として、貧困の世代間連鎖の解消と積極的な人材育成を目指すため、子どもに視点を置いて切れ目のない施策の実施等に配慮する等、10の基本方針を掲げています。なかでも注目すべきことは、教育の支援において学校を子どもの貧困対策のプラットフォームと位置付けて、①学校教育による学力保障、②学校を窓口とした福祉関係機関との連携、③経済的支援を通じて学校から子どもを福祉的支援につなげ、総合的に対策を推進するとともに教育の機会均等を保障するため教育費負担の軽減を図るとしている点です。

212

====== ＜教育と福祉＞ ======

【大綱における教育支援策—教育費負担軽減と人的支援体制の整備充実】

大綱では、まず幼児期から高等教育段階まで切れ目のない教育費負担の軽減を目指すとしています。具体的には、幼児教育の段階的無償化（対象範囲等の具体的内容は今後の課題）、義務教育段階における低所得者対象の就学援助等の充実、高校授業料無償化（就学支援金制度）に加えて、低所得世帯を対象にした高校生等奨学給付金（給付型奨学金）の充実、高等教育段階の無利子奨学金の充実と所得連動変換型奨学金制度の導入等が掲げられています。また、大綱は、そうした経済的負担の軽減策だけでなく、子どもの学習や学校の教育活動支援もさらに充実を図ることもうたっています。子どもの貧困問題に関する理解増進のために就学支援に関する教職員研修会の開催や「就学援助ポータルサイト」(仮称)の整備、教育相談体制の充実のために貧困世帯と学校・教育委員会・福祉部局をつなぐスクールソーシャルワーカーの配置拡充、また、低所得世帯の家庭学習支援のために学習活動支援費（辞書・事典の購入費等）補助の創設や学校支援地域本部を活用した無料の学習支援事業の実施等です。

【今後の課題】　これまでの国や自治体の教育支援は、子どもの育児・教育は私事であるという考えのもと、義務教育段階の低所得世帯を対象にした教育扶助、就学援助に限られていました。しかも、その教育扶助や就学援助も「劣等処遇の法則」の考え方を反映し、救貧対策的で低所得世帯のハンディキャップを十分に補償する内実を備えたものではありませんでした。しかし、近年、社会階層間の格差拡大等を背景に、育児・教育を家庭に大きく依存してきた日本の子育てや教育のあり方が見直されるようになり、ようやく、子育てや教育を社会全体の責任で担っていこうとする考えとその制度のあり方を国民的に議論できるようになりました。その第一歩が、「子どもの貧困対策法」であり「大綱」の策定であるといえます。「大綱」の具体化に向けて、政府・自治体がどう取り組んでいくかを注視したいと思います。

《参考文献》
・阿部彩『こどもの貧困—日本の不公平を考える』岩波新書、2008年
・阿部彩『こどもの貧困Ⅱ—解決策を考える』岩波新書、2014年
・「子供の貧困対策に関する大綱」(2014年8月29日閣議決定)

【小川正人】

第3部　事例で学ぶ教育法

Q16　幼保一元化

幼稚園と保育所は、教育制度と福祉制度に分断されてきた歴史があり、同時に、同じく保育を行う施設であることから「幼保一元化」が主張されてきましたが、そこにはどのような課題があるのでしょうか。

A　国連・子どもの権利委員会が2005年に公表した「一般的意見第7号：乳幼児期の子どもの権利」（GENERAL COMMENT No.7、2005）に、次のような注目すべき一節があります（パラグラフ30）。

　　「養護」と「教育」とを分離する伝統的な考え方は子どもの最善の利益に合致しているとは限らないことから、両者を統合した取り組みをめざすための方向づけとして 'Educare' という概念が使われることがある。これにより、乳幼児期に対する協働的、包括的、また分野連携による取り組みが必要であるとの認識が強まっている。

　世界各国には、乳幼児の養護と就学前教育が分離されている国が多くあります。国連・子どもの権利委員会は、両者を統合した取り組みが乳幼児期における子どもの権利を実現するうえで重要であるとの認識を示しているといえます。

　日本では、幼稚園に関する最初の総合的法令として1899年に「幼稚園保育及設備規程」（文部省令第32号）が出され、1926年には幼稚園令（勅令第73号）が公布されるなどして戦前の制度が成立しました。幼稚園は当初から幼児の保育を行う施設とされ、学齢期の教育とは異なる独自の幼児教育の営みとして、保育という概念が使われてきました。この保育概念の複合性を端的に示しているのが、日本保育学会の英文名称にある保育の英訳語です。それは 'Early childhood Care and Education' と表されています。日本では元々、'Educare' という造語に相当する保育という単語を使ってきたのです。

　日本の保育は、幼稚園令以前の1876年に東京女子師範学校附属幼稚園が開設されたことが出発とされています。一方、産業革命による女性労働者の増加や都市下層社会の形成に伴い、乳幼児の保護と健全育成のニーズが高まり、工場内託児所やセツルメントにおける保育所が開設されました。農村における農繁期託児所も含め、これらは内務省が管轄する保育事業として広がりました。

========= ＜教育と福祉＞ =========

　大正デモクラシー期には、児童中心主義思想の広がり等を背景に、幼稚園と保育所を統一すべきであるという「幼保一元化」論が行政側からも提起されました。第2次大戦後の戦後改革においては、1946年に設置された教育刷新委員会で文部省初等教育課長の坂本彦太郎や厚生省児童局企画課長の松崎芳伸らが「幼保一元化」を追求しました。結果的に、幼稚園は学校教育法に、保育所は児童福祉法に規定されたことで二元的な保育制度が確立しましたが、1948年には共通の実践指針として文部省編『保育要領―幼児教育の手びき―』が作成配付されました。しかしその後、労働力確保のために保育所の役割が重視され、1963年の文部省初等中等教育局長・厚生省児童局長通知「幼稚園と保育所との関係について」により両者の違いを明確化する施策が展開しました。この通知の前後には、1956年に文部省が「幼稚園教育要領」を、1965年に厚生省が「保育所保育指針」を通知しました。

　このような二元的な保育制度に対して、2006年には、従来の幼稚園と保育所を統合化しようとする認定こども園法（就学前の子どもに関する教育、保育等の総合的な提供の推進に関する法律）が制定されました。2012年には、子ども・子育て支援法の制定と同時に同法も改正され、2015年度から子ども・子育て支援新制度が施行されることとなりました。しかし、これらの制度改革で「幼保一元化」が実現したわけではなく、むしろ幼稚園と保育所に認定こども園が加わり、保育制度はいっそう複雑になりました。

　また、認定こども園は「学校教育と保育の一体的提供」を掲げています。これは、養護と教育の統一的な視点に基づく保育概念を大きく変質させ、保育を養護的側面に矮小化させ、保育における幼児教育的側面の独自性を失わせるものです。

　日本の幼稚園と保育所は、国際的に評価される保育＝'Educare'という統一的概念を共有しつつ実践を発展させてきましたが、二元的制度としての課題を歴史的に抱えてきました。子ども・子育て支援新制度のもとで、「幼保一元化」はさらに新たな課題を背負うことになったといえます。

《参考文献》
・持田栄一編『幼保一元化』明治図書、1972年
・一番ヶ瀬康子編『保育一元化の原理―子どもの全面的発達をめざして―』勁草書房、1973年

【望月　彰】

第3部　事例で学ぶ教育法

Q17　学童保育

学童保育に関する公的制度（法制度）が大きく変更されたと聞きました。学童保育の公的制度には、どのような問題や課題があるでしょうか。

A　【学童保育の公的制度としての放課後児童健全育成事業とその量的拡大】　学童保育に関する公的な制度には、1997年改正児童福祉法が定めた放課後児童健全育成事業があります。同法は、同事業について①対象を「保護者が労働等により昼間家庭にいない」「小学校に就学している児童」（2012年改正児童福祉法［2015年度より施行］以前に「おおむね十歳未満の」という限定あり）、②目的を「健全な育成を図る」こと、③目的実現のための方法を「授業の終了後に」「適切な遊び及び生活の場を与えて」と定めています。

この10数年の間に、この事業の事業所数・登録児童数は急増しています。1998年には、事業数9,729ヵ所、登録児童数34万8543人でした。2014年5月1日現在では事業数22,084ヵ所、登録児童数93万6,452人になっています（厚生労働省雇用均等・児童家庭局育成環境課の報道発表）。さらに、全国学童保育連絡協議会は、「潜在的な待機児童」が約40万人いると推計し（2014年7月の報道発表）、政府による「放課後子ども総合プラン」は、平成31年度末までに「約30万人分を新たに整備する」としています。学童保育（放課後児童健全育成事業）の利用児童数は、急増が見込まれます。

【放課後児童健全育成事業の基準と放課後児童支援員】　2012年改正児童福祉法は、同事業の「設備及び運営」について「児童の身体的、精神的及び社会的な発達のために必要な水準を確保する」基準を市町村の条例で定めなければならない、としました。さらに、条例制定にあたって、職員とその数について「厚生労働省令で定める基準に従い定めるものとし、その他の事項については厚生労働省令で定める基準を参酌するものとする。」としました。「厚生労働省令で定める基準」として「放課後児童健全育成事業の設備及び運営に関する基準」（2014年厚生労働省令第63号）が公布されました。

この省令による基準の画期的な点は、第1に、事業を行う場所に「専用区画」（＝「遊び及び生活の場としての機能並びに静養するための機能を備えた区画」）と「支援の提供に必要な設備及び備品等」を備えなければならないとし、「専用区画」については児童1人につきおおむね1.65㎡以上でなければならないと

216

＜教育と福祉＞

したことです。この事業は、最低基準の定めもないまま運営されてきました。そのため静養スペースや専用トイレがないところや狭隘なスペースに子どもが「すし詰め」になる実態も珍しくありませんでした。小学校6年生までの児童を対象としながらこの面積基準は狭すぎますが、この基準の設定そのものが重要です。ただし、市町村で定められる基準のうち、この省令による基準に従わなければならない事項は「職員とその員数」に限られています。実際、「当面の間」というような限定をつけて省令による基準を下回る水準の設備を認めている市町村も少なくありません。

　第2に、この事業に必置の職員として「放課後児童支援員」を定めたことです。従来、この事業に従事する職員については、養成課程もなく研修も不十分でした。「放課後児童支援員」は、保育士や教諭となる資格を有する者などであることに加えて「都道府県知事が行う研修を修了した者［経過措置として「平成32年3月31日までに修了することを予定している者」を含む］」としたのです。この研修については、厚労省より「放課後児童支援員に係る都道府県認定資格研修ガイドライン（案）」が示され、16科目24時間からなる講義の研修が行われることになりました。実習もなく、わずか24時間にすぎないという限界はありますが、この職に独自の研修を義務づけたことは重要な点です。

　【学童保育の公的制度としての放課後児童健全育成事業の課題】　画期的な改善がされたとはいえ、学童保育の公的制度として放課後児童健全育成事業は、根本的な問題点をもっています。学童保育を必要とする子どもの権利（利用権や生存権）が法的に位置づけられていません。政府は、供給量不足の問題を取り上げますが、「遊びや生活の場」としての水準の低さや利用料の高さによって利用抑制が起きている問題を取り上げません。保護者の意識や経済的能力に左右されることなく、学童保育を必要とするすべての子どもに「身体的、精神的及び社会的な発達のために必要な水準」での「遊び及び生活の場」を保障する学童保育制度の確立が求められています。

《参考文献》
・学童保育指導員研修テキスト編集委員会編『学童保育指導員のための研修テキスト』かもがわ出版、2013年
・日本学童保育学会編『現代日本の学童保育』旬報社、2012年

【石原剛志】

第3部　事例で学ぶ教育法

Q18　非行問題と少年法

常々「問題行動」を起こす生徒（16歳）でしたが、先日友だちと一緒に遊んでいたところ警察官に声をかけられたことに腹をたて、警察官を突き倒して怪我をさせました。生徒は、公務執行妨害と傷害という罪で逮捕され、今は少年鑑別所にいるようですが、今後どうなるのでしょうか。

A　少年は、成人と違って少年法による手続を経て処分されます。少年法は、少年の健全育成を目的としています（少年法1条）。質問の場合は犯罪少年となりますが、少年法の対象になるのは、この他、触法少年とぐ犯少年という犯罪とはいえない少年も対象になります。健全育成を目的とする少年法では犯罪も含め、これらすべてを「非行」としているのです（少年法3条）。

少年法がこのような趣旨になっているのは、少年が犯罪等を犯すのは、それまでの成長や環境が大きく影響しており、犯した行為を責めるのではなく、少年のもつ可塑性に注目して教育的働きかけや福祉的なアプローチをし、少年が自分のした行為や自らの問題に向きあい、環境とも調整するケースワークをしたほうが、非行から脱却でき、社会に適応できるという考えに基づきます。子どもの権利条約40条1項でもその趣旨が述べられています。

そのため、犯罪少年はすべて、家庭裁判所にいったん送致され、調査官や少年鑑別所による人間諸科学を用いた調査を利用して審判をし、処分を決めます。また、調査過程など処分決定に至るプロセスそのものがケースワーク機能をもっています。同じ犯罪を犯しても一人ひとり状況が異なりますので、そこから脱却できるための個別の処遇は何かと考えて処分を決めます。処分は保護処分（少年院送致や保護観察等）という教育・福祉的処遇をするのが原則です。しかし、例外的に刑事処分という場合もあり、これは成人と同様に刑事裁判に付され、その結果刑罰を科されます（ただし、保護処分のほうがよいとされる場合は、少年法55条によって再度家庭裁判所に移送されます）。なお、刑罰についても不定期刑など成人とは異なる刑罰になっています。

少年法では、16歳以上でないと刑事処分はなかったのですが、2000年の「改正」でこれが14歳に引き下げられました。また同年に、「故意の犯罪によって人を死に至らしめた」16歳以上の少年は原則として刑事処分になりました。これは個別処遇という少年法の理念に関わる問題ですが、これに該当

218

する犯罪は、「改正」前より大幅に刑事処分となるケースが増えました。

　少年法は、2000年、2007年、2008年、2014年と4度目の「改正」がなされました。2007年「改正」は、触法少年、すなわち刑罰法令に触れた14歳未満の少年に関することが主でした。それまでこのような少年は児童福祉の分野で対処するのが基本でしたし、保護処分としての施設収容も児童自立支援施設でした。ここでは家庭的環境で「育ちなおし」の処遇が行われ、大きな効果をあげていました。重大な触法行為少年は、原則として家庭裁判所に送致され、おおむね12歳以上の場合は、少年院送致も可能になりましたが、12歳という子どもたちに少年院の処遇でよいのか疑問視されています。2008年「改正」は非公開であった少年審判につき被害者や遺族の傍聴を可としたものです。子どもの権利条約40条2項(b)(vii)では「手続のすべての段階において当該児童の私生活が十分に尊重されること」とあり、少年司法の国際準則でも、少年審判は非公開が原則です。これは、少年司法の理念からくるものです。その意味で審判の被害者等の傍聴制度は少年法の理念を一部崩すものであると指摘されています。2014年「改正」は、国選付添人制度の拡大、同時に2000年「改正」で導入された少年審判への検察官関与（事実認定に必要な場合のみ）の対象が国選付添人対象事件と同じ範囲まで拡大されました。

　さらに刑事裁判に付された少年に対する刑罰が重罰化されました。

　質問の少年の場合、公務執行罪だけですと対象にはなりませんが、傷害罪がついていますので国選付添人の対象になります。少年が否認をするなどした場合は検察官関与の対象にもなります。付添人というのは刑事裁判でいうと弁護人に近い役割をする人です。付添人とよくご相談することをお勧めします。また、担任の場合少年鑑別所での面会は許可されるはずです。先生が面会に来てくれたということは本人の励みにもなりますし、少年審判でもそれは評価される要素になります。

《参考文献》
・菊田幸一『概説少年法』明石書店、2013年
・石井小夜子『少年犯罪と向きあう』岩波新書、2001年

【石井小夜子】

第3部　事例で学ぶ教育法

Q19　教科書検定

竹島（独島）の領有権をめぐって、教科書の記述について韓国との間で論議がありましたが、教科書として発行される前に検定があると聞いています。教科書検定制度の概要とその問題点は何でしょうか。

A　**【教科書検定制度の概要とその法的問題点】**　学校教育法34条1項は、「小学校においては、文部科学大臣の検定を経た教科用図書又は文部科学省が著作の名義を有する教科用図書を使用しなければならない。」と規定しています（49条で中学校に、62条で高等学校に、70条で中等教育学校に準用）。

　まず、この規定が文部科学大臣の教科書検定権限を付与したものであるかどうかが問題となります。この規定は教科書の使用について定めたもので、文部科学大臣の教科書検定権限の具体的内容については規定されておらず、その他の法律においても規定は存在しません。現在、検定の手続に関しては教科用図書検定規則（省令）が存在し、検定基準としては義務教育諸学校教科用図書検定基準（告示）と高等学校教科用図書検定基準（告示）があり、手続上はある程度確保されていますが、法律による根拠規定はなお未整備であり、教師の教育裁量との関係でどこまでの検定権限が文科大臣に認められるか、検討される必要があります。

　教科書検定は教師の教科書使用義務と併せた場合、教師の教育裁量に大幅な制約を加えるものであり、また、教科書執筆者の学問の自由、そして子どもの学習権、親の教育の自由の制約ともなります。この点について32年間にわたり争われた著名事件が家永教科書訴訟です。この訴訟は、家永三郎教授が執筆した高等学校日本史の教科書において、「過去の史実により反省を求めようとのする熱意のあまり……日本史の教育目標から遠ざかっている」等の理由で不合格とされたり、内容の修正を余儀なくされたことについての国家賠償請求（1・3次訴訟）、検定不合格処分取消請求（2次訴訟）です。そのなかで第2次訴訟第1審判決（東京地裁1970・7・17行裁集21巻7号別冊1頁）は、国民の教育権と、憲法23条による教師の教育の自由を認め、その上で教科書検定制度は違憲ではないものの、客観明白な誤りとはいえない記述内容の当否にわたる本件検定は憲法21条2項が禁じる検閲に該当するとしました（適用違憲判決）。その後、教科書検定制度と運用を合憲とする判決が相次ぎまし

たが、第3次訴訟最高裁判決（最判1997・8・29民集51巻7号2921頁）は、検定制度と運用を合憲としつつも、検定意見の一部について裁量権逸脱の違法を認めました。

　教科書検定制度は、教育基本法16条1項が禁止する教育への「不当な支配」とならないよう運用上の制約があることはもちろんですし、また、運用の如何によっては憲法21条2項、23条、26条に抵触する危険性を常にはらんでいる点には注意しなければなりません。

　【教科書検定をめぐる現代的問題】　一連の教科書裁判の過程で検定の恣意性と不透明性が問題となり、検定制度はある程度改善されました。また、教科書検定結果が一般にも公開されるため、それに基づいて不適切と思われる検定については市民が批判することはできます。しかし近年でも、たとえば歴史教科書における戦争記述をめぐり、多くの検定意見が付され、それに対する批判も多数ありました。また、一度検定意見が付された事項については、それ以降の教科書執筆者は申請本執筆の段階で記述を控えるでしょうから、検定が依然として一定の萎縮効果をもたらしていることは否定できないでしょう。さらに2014年1月17日に教科書検定基準が改正され、社会科について、政府見解と最高裁判所の判例に基づいた記述が求められるようになりました。

　従来、教科書検定基準では学習指導要領の内容に照らし、不必要なものは取り上げていないこととされていましたが、2002年の検定基準改正で、学習指導要領に示していない内容についても取り上げることができることとされました。ただし学習指導要領に示している内容と区別し、学習指導要領に示していない内容であることを明記することとされたため、学習指導要領の範囲内の内容と範囲外の内容を混合して記載することは認められず、その後の教科書検定ではその部分について細かな修正を求める検定意見が数多くみられました。現行教科書検定が教科書の記述内容の当否に及ぶ場合、その判断基準となるのが学習指導要領ですが、それには当然に解釈の幅があります。法的効力に争いがある学習指導要領を検定の基準として用いることも問題ですが、教科書検定制度は学習指導要領の解釈・運用に文部科学省の恣意性を認容する結果ともなっています。

《参考文献》
・家永教科書訴訟弁護団編『家永教科書裁判』日本評論社、1998年

【村元宏行】

━━━━ 第3部　事例で学ぶ教育法 ━━━━

Q20　教科書の使用と採択

子どもの教科書は、どのように決められているのでしょうか。また、教師は必ず使用しなければならないものなのでしょうか。

A　【教科書の使用義務】　学校教育法34条1項では、小学校においては（中学校・高等学校・中等教育学校にも準用）、検定合格した教科書あるいは文部科学省が著作の名義を有する教科書を使用しなければならないと定められています。この規定をめぐって、行政解釈（1951年12月10日委初332号）は、学教法34条1項は教師に教科書使用義務を定めたものと解しています。一方、教育法学の通説は、教科書を使用するかどうかの判断を含め、教師に大幅な裁量を認めるもので、対立しています。学教法は同条2項で、教科書以外の教材使用を認めていることから、行政解釈においても、授業で教科書を唯一絶対のものとして使用することまでは求めていないと解されます。

　この点について最高裁は「教科書使用義務を定めたものであるとした原審の判断は、正当として是認することができ〔る〕」（最判平成2・1・18判時1337号4頁）とします。この判決では教科書の使用形態については判断していませんが、原審判決（福岡高判1983・12・24行裁集34巻12号2242頁）では、教科書を使用した上でなら、学習指導要領の枠内という制約を設けながらも、「教科書を直接使用することなく、学問的見地に立った反対説や他の教材を用いての授業をすることも許される」と判示し、「教科書使用義務を以上のように解すれば、戦前の国定教科書中心主義に対する反省からの学習活動の多様化も図ることができ、教科書使用義務を認めても、教師の自主性をそこなうことなく、教育に対する不当な支配であるということはなく、教師に教授方法の創意工夫の余地が充分存するものということができる」としていることには留意する必要があります。

　【教科書の採択】　教科書使用義務と関連して問題となるのは、教師は複数ある教科書のうち、どの教科書を使用するかについて選択決定することができるのか、教師に決定できないとした場合、誰が決定できるかという点です。これを教科書の採択権といいますが、これについて現行法の規定は曖昧さを残すものとなっています。地教行法21条6号は、教育委員会の職務権限として「教科書その他の教材の取扱いに関すること」を定めるため、これをもっ

222

＝＝＝＝＝＝＝＝＝＝＝＝＜教育活動＞＝＝＝＝＝＝＝＝＝＝＝＝

て教科書の採択権は学校を所管する教育委員会に属するとの行政解釈が示されています（1960年5月11日委初109号）。しかし、同規定は教育委員会の職務権限を列挙したにすぎず、これをもって教育委員会に採択権を授権したと解することは妥当ではなく、別に根拠規定が必要と解されます。またこの規定は、国立学校と私立学校の教科書の取扱いについて定めてはいません。

　次に、教科書無償措置法の規定により、公立義務教育諸学校の教科書採択については、市町村の区域またはこれらの区域を併せた地域に採択地区を設定し、採択地区協議会の協議の結果に基づいて地区内の市町村教育委員会が同一の教科書を採択する制度が採られています。しかしこれについても、教科書無償措置法は、あくまで教科書無償措置の円滑な実施のために制定された法律であり（1条）、教科書採択そのものについて定めることを目的とするものではありません。また、同法は国立学校と私立学校の採択権について明記していませんし、高等学校の取扱いについて定めるものではありません。

　【近年の教科書採択をめぐって】　2002年度から小・中学校で使用される教科書の採択をめぐって、各地でこれまでの採択手続を見直す動きがみられました。その多くは、現場教師が採択される教科書の種類を限定する、いわゆる絞り込みの制度を禁止したり、教科書採択に際し、学校側の意向反映を取りやめるものでした。これが、中学校歴史教科書の採択・不採択運動と重なったため、社会問題にもなりました。また2013年には、都教委が都立高に対して特定の歴史教科書について使用はふさわしくないとの通知を出し、選定した場合は、不採択にすることもあり得るとの見解を示しました。教科書採択については、戦後当初文部省も「採択者は、同一学年の各組毎に異なる教科書を採択することができる。」（昭和24年度使用教科書図書展示会実施要綱）との見解を示していたのであり、現実に教育の責務を担う教師が、子ども・親の意向をふまえて独自に教科書を選定することを認容していたわけです。

　教科書選択は、教育の具体的方法・内容に直結するものであり、学テ最高裁判決が教師に「一定の範囲における教授の自由」を認めたことを留意しても、教師・教師集団が子ども・親の意向をふまえて採択に参画しうる制度が望まれます。

《参考文献》
・特集「教科書問題を検証する」季刊教育法130号、2001年

【村元宏行】

223

第3部　事例で学ぶ教育法

Q21　全国学力テスト

最近全国学力テストを小学校6年生と中学校3年生の子どもが受けましたが、どのような必要性があって行っているのでしょうか。

A　2007年度から、全国の国公私立小学校6学年・中学校3学年を対象に「全国学力テスト」(悉皆調査、私立は任意参加) が実施され、以降は民主党政権下での抽出実施等をはさんで、毎年実施されています。この学力テストについては実施に際しては特に混乱はなく、むしろ実施後の成績公表をめぐって議論が繰り広げられています。

現在の学力テスト問題を考える前提として、1961年から64年まで中学校2・3年生を対象に実施された「中学校全国いっせい学力調査」(60年代学テ) について知ることが重要です。60年代学テは、学習指導要領の改善の基礎資料とする等を目的とし、試験の結果は指導要録に換算点を記入することとされました。これには当時強い反対運動が巻き起こり、労組員らが阻止行動を起こして逮捕者も出て、法廷で学テ実施の適法性が争われました。このうち、北海道旭川市立中学校での阻止行動が刑事事件となったものが「旭川学力テスト事件」として知られています。この最高裁判決 (最大判1976・5・21刑集30巻5号615頁) は、学テ実施を教育基本法に違反するとした1審・2審判決を覆し、学テの実施を適法とするものですが、今日の学力テスト問題を考察するにあたって特に重要な判示として以下の点があげられます。

まず、当時文部大臣は、学テ実施の根拠を文部大臣の地教委への調査報告要求を規定する地教行法54条2項としていましたが、判決では同法を根拠に学テの実施を義務としては要求できないことが明示された点です。次に、本件調査は「行政調査」であるとして、「固有の教育活動」とは区別し、調査目的については、文部大臣の所掌とされている事項との合理的関連性が検討され、そこで学テ実施の目的とされたうち、各学校の教育実施上の目的 (「本件学力調査の結果により、自校の学習の到達度を全国的な水準との比較においてみることにより、その長短を知り、生徒の学習の指導とその向上に役立たせる資料とする」) については文部大臣固有の権限でない点で問題とし、副次的な意義をもつものでしかないとされた点です。また、学テに際して「個々の学校、生徒、市町村、都道府県についての調査結果は公表しない」ことが、学テ適法を導くにあた

224

＜教育活動＞

ってふまえられたという点です。

【全国学力テストの現代的問題】　以上の学テ最高裁判決の判示をふまえて、今日の学力テスト問題を見ると、以下の問題が指摘できます。今回の学テ実施はその根拠は、60年代学テの実施時と同じ地教行法54条2項としていますが、実際にはすべての教委がこれを実施しているという意味で（当初、愛知県犬山市が不参加）、実質的には義務に近い形態で行われているという点です。60年代学テにおいては、当初文部省が、同法を根拠に要求を拒否することはできないとして実施をせまり、最高裁によって実施義務が存しないことが確認されたのは後年のことでした。しかし、今は事前に実施・不実施は教委の判断でなし得るとの解釈が判例上確認されているなかで、すべての教委が学テ実施を当然視していたことは問題でしょう。

　次に、テスト結果の公表について、都道府県別の成績が公表されたことから、特に成績のふるわなかった都道府県については、その原因（責任）究明のために、その下の市町村別成績、さらに下の各学校別成績の公表が求められている現状があり、文科省も当初は試験成績の公表を行わないよう求めていましたが、教委の判断で公表に踏み切るケースが相次ぎ、公表を容認するに至りました。学力テストの実施は、国民に地域間、学校間の成績を比較したいという動機を与え、父母・住民の強い要請という表層上の正当性を保持しつつ、実質は国主導の学力競争に学校を駆り立てる結果となる危険性をはらんでいるものと思われます。

　60年学テにおいても、成績の悪い子どもを試験から除外しようとしたり、教師がカンニングを認容し、あるいは、正答を誘導させるといった不正が行われたことが報告されましたが、近年では地域統一テストにおいて同様の不正が頻発しており、これが全国学テにも波及する可能性もあります。このように、学校間、地域間の学力競争激化とその弊害が現実となっている今日において、全国学テ実施は、「固有の教育活動」への直接の介入につながっている現実を否定できず、実施目的と手続の正当性が、改めて問われなければならないでしょう。なお、学力テストと同時に実施される「生活習慣や学校環境に関する質問」に関するアンケートは個人情報保護法に抵触する可能性があるという指摘もあります。

《参考文献》
・特集「全国学力テストを検証する」季刊教育法155号、2007年　　　　【村元宏行】

225

Q22 学習指導要領の法的拘束力

教育課程の編成権の所在はどこにあるのでしょうか。また、学習指導要領の法的位置づけはどのようになっているのでしょうか。

A　学校の教育課程編成は各学校が行い得るものですが、編成にあたっては関係法令が定める基準に従うこととなります。この教育課程編成の基準とされるのが学習指導要領です。

　戦後まもなく作成された学習指導要領（1947〔昭和22〕年）には、標題に「試案」と明記されており、内容においてもそれを学校・教師に対して強制しようとする意図のものでないことが明らかでしたが、1955（昭和30）年改訂の際に「試案」の標題が削除され、1958（昭和33）年に新学習指導要領が文部省告示として官報に公示されるに至りました。この頃から文部省は学習指導要領には法的拘束力があると解するようになり、学習指導要領違反によって懲戒処分になるケースが出てきました。これはいわゆる逆コースの流れを受けた教育内容統制の一環であると解せられ、これ以降、行政側にみられるような学習指導要領に法的拘束力があるとする見解と、教育法学の通説である法的拘束力を否定する見解が激しく対立しています。

　学習指導要領の法的拘束力をめぐるリーディングケースとしては、学テ最高裁判決（最大判1976・5・21刑集30巻5号615頁）があります。同判決は、本件当時の学習指導要領について、全体としては大綱的基準としての性格をもつことを是認していますが、その大綱的基準としての学習指導要領に法的拘束力があるとは明示していません。その後、伝習館高校事件最高裁判決（最判1990・1・18判時1337号4頁）が、学力テスト事件判決の趣旨とするところとして、学習指導要領は「法規としての性質を有する」と判断しました。

　【学習指導要領の法規性】　この2つの判決をみるに、まず第1に学習指導要領の法的拘束力を判断する場合、その形式、すなわち、学校教育法（33条等）の委任を受けた同施行規則（52条等）の再委任によることをもって、法規性を肯定しているわけではありません。2つの判決いずれもが、当時の学習指導要領のそれぞれについて、その内容を検討した上で判断しているわけです。よって、上記2つの最高裁判決が、学習指導要領の法規性を是認したものと仮に解しても、それ以降に公示された学習指導要領に当然に法規性が認めら

———————————— ＜教育活動＞ ————————————

れるわけではなく、それぞれの学習指導要領の内容が個別に検討される必要があるわけです。

　第2に、学習指導要領に法規性を是認したとしても、その内容すべてにおいて強行的規定としての法的拘束力が付与されたと解することはできません。学テ最高裁判決は、当時の学習指導要領について「ある程度細目にわたり、かつ、詳細に過ぎ、また、必ずしも法的拘束力をもつて地方公共団体を制約し、又は教師を強制するのに適切でなく、また、はたしてそのように制約し、ないしは強制する趣旨であるかどうか疑わしいものが幾分含まれている」と判断しています。確かに学習指導要領には、詳細に過ぎる部分や、そもそも法的拘束力をもたせる趣旨とは思えない部分、抽象的に表現されている部分があります。これは学習指導要領に、強行的規定と訓示的規定が併存していることを前提としていると解することができ、「一言一句が拘束力すなわち法規としての効力を有するということは困難」とした裁判例もあります（東京高判2012・9・16判例集未登載）。

　【2008（平成20）年公示学習指導要領の問題点】　このような視点から2008年3月28日公示の学習指導要領を検討すると、すでに1989（平成元）年公示の学習指導要領において、入学式・卒業式等において国旗を掲揚し、国歌を斉唱することが「望ましい」とされていたものが、「指導するものとする」と義務化が強化されていましたが、それに加えて、今回の新指導要領においては、小学校音楽での国歌の扱いについては、従来の「指導すること」から「歌えるよう指導すること」とされました。これは指導方法における教師の裁量の余地を著しく狭めるものであり、学テ最高裁判決が当時の学習指導要領の基準性を是認した前提である「指導要領の下における教師による創造的かつ弾力的な教育の余地や地方ごとの特殊性を反映した個別化の余地が十分に残されて〔いる〕」とはいえないものです。強行的規定としての法的拘束力を是認しえない条項がさらに増加したものと考えざるを得ません。なお、2007年の学校教育法改正によって、従来の文科相が「教科」に関する事項を定める権限が「教育課程」に拡大され、学習指導要領による教育内容決定の法令上の問題の1つを消滅させてしまいました。

《参考文献》
・日本教育法学会編『教育法の現代的争点』法律文化社、2014年

【村元宏行】

Q23 特別支援教育

特殊教育から特別支援教育へと名称が変わりましたが、その違いは何でしょうか。また特別支援教育の課題はどのようなものでしょうか。

A 　障害児教育は、従来、「特殊教育」という名称のもと、特殊教育諸学校（盲・聾・養護学校）や特殊学級によって担われてきました。しかし、2003年に文部科学省の「特別支援教育の在り方に関する調査研究協力者会議」の最終報告が公表されて以来、「特別支援教育」という語が用いられるようになりました。特別支援教育は、障害種の多様化・重複化に対応すべく、かつては障害児教育の対象とはされてこなかったLD（学習障害）、ADHD（注意欠陥多動性障害）、高機能自閉症などの児童・生徒も対象として、多様化した一人ひとりの教育的ニーズに基づき、その自立や社会参加を支援していこうとするものです。特別支援教育を推進するための制度のあり方についての中央教育審議会答申（2005年）によれば、従来の「特殊教育」が、「障害のある幼児児童生徒の教育の基本的な考え方について、特別な場で教育を行う」ものであったのに対して、「特別支援教育」は、「障害のある幼児児童生徒の自立や社会参加に向けた主体的な取組を支援するという視点に立ち、幼児児童生徒一人一人の教育的ニーズを把握し、そのもてる力を高め、生活や学習上の困難を改善又は克服するため、適切な指導及び必要な支援を行うもの」とされています。

　2006年教育基本法は、「国及び地方公共団体は、障害のある者が、その障害の状態に応じ、十分な教育を受けられるよう、教育上必要な支援を講じなければならない」（4条2項）との規定を新設し、学校教育法は、第8章の見出しを「特殊教育」から「特別支援教育」に変更しました。学校教育法では、従来の特殊教育を担ってきた盲・聾・養護学校は、「特別支援学校」として一本化され（1条、72条）、地域の小・中学校等に在籍する特別な支援を必要とする児童・生徒の教育に必要な助言または援助などを行うセンターとしての役割も担うこととされました（74条）。また、従来の特殊学級は特別支援学級と名称を変え（81条）、LD（学習障害）やADHD（注意欠陥多動性障害）の児童・生徒が通級指導の対象として位置づけられています。

　特別支援教育は、障害者施策において、近時国際的に広まりつつある「イ

＜教育活動＞

ンクルージョン」の理念を反映したものであるといわれます。この理念によると、障害のある子どもも通常の学校・学級に受け入れることを前提として、通常の学校・学級を子どもたちの多様な教育的ニーズに応えられるものに変革していくことが求められます。こうした理念は、1994年のユネスコ「特別ニーズ教育に関する原則、政策、実践に関するサラマンカ宣言」、2006年の国連「障害者の権利に関する条約」（以下、障害者権利条約）といった国際的文書に表れています。国内法が整備されるのに伴い、日本も障害者権利条約を2013年12月に国会で批准の承認を議決しました。

　インクルージョンの視点からすると、現行の特別支援教育は、障害児教育の対象を拡大させているとはいえ、それでもなお不十分です。また、障害児教育の対象の拡大や障害種別を超えた総合的な支援は、かえって教育の質の低下を招くおそれがあります。とりわけ、障害種別ごとに蓄積されてきた専門的知識や経験が失われてしまうとすれば、大きな損失といえるでしょう。従来の特殊学校・特殊学級に在籍してきた児童・生徒の側から、包括的な新体制に対する不安・不満が各地で表明されています。また、特別支援教育は、障害の種別・重度の点でさまざまな障害児のそれぞれの教育的ニーズに応えることが求められるため、設備・人材・財源などあらゆる面での不足が予想されます。これらの不足が生じれば、多様な教育的ニーズをもつ児童・生徒に画一的に対応してしまうという、特別支援教育の理念と逆行する場面が多く生じることにもなりかねません。

　障害者権利条約の批准により、多様な学習スタイルの実現を目指すインクルーシブ教育がより一層推進されます。その際、これまでに議論されている問題点をふまえ、障害者権利条約の「合理的配慮」やアマルティア・センの提唱する「潜在能力アプローチ」などの考え方を活かしながら、児童・生徒の成長をバックアップする特別支援教育のあり方を考えていくことが重要です。

《参考文献》
・荒川智「障害者権利条約とインクルーシブ教育、そして特別支援教育」季刊人間と教育No.78、2013年
・渡部昭男編『日本型インクルーシブ教育への道』三学出版、2012年

【安原陽平】

第3部　事例で学ぶ教育法

Q24　少人数教育と習熟度別指導

少人数教育の実施にあたって地域や学校の実情に応じて選択できるケースが増えているようです。少人数教育にはどのような実施形態があるのでしょうか。また、実施の状況、児童生徒に及ぼす影響や実施形態の選択上留意すべき点についても教えてください。

A 　【少人数教育の実施形態と実施状況】　少人数教育とは、少人数学級と少人数指導の総称です。少人数学級とは一般的に、「公立義務教育諸学校の学級編制及び教職員定数の標準に関する法律」(以下、義務標準法)における学級編制の標準を下回る基準で学級を編制することを指します。たとえば小学校第2学年以上のある学年の児童数が80人であった場合、義務標準法に基づくと40人の学級が2つ編制されます。しかし義務標準法を下回る基準を適用して3つの学級を編制し1学級当たり児童数が26～7人となった場合、少人数学級を実施しているということとなります。

　少人数指導とは、各校で編制された学級の規模を下回る人数の学習集団を編制したり、教師1人当たり児童生徒数を減じたりして、特定の教科の指導を行うことを指します。たとえば、ある学校・学年の1学級当たり児童数が30人の場合に学級集団を分割して15人の学習集団を編制(1学級2展開)したり、2学級60人の児童を20人ずつ3つの学習集団に編制(2学級3展開)したりといった場合です。また、30人の児童が在籍する学級で2人の教師が協力して指導を行う(ティームティーチング)と、教師一人当たり児童数が15人となりますが、これも少人数指導の一種です。少人数指導のなかでも、児童生徒の習熟度別に学習集団を編制することを、特に習熟度別少人数指導と呼んでいます。

　2014年の文部科学省の調べによると、国の標準を下回る学級編制は対象学校種、学年に違いはあるものの何らかの形で全都道府県が実施しています。また、ティームティーチングを含めた少人数指導、習熟度別学習集団編制による少人数指導ともに、全国の小中学校の8割程度で実施されています。

　【児童生徒や教師に及ぼす影響】　少人数学級の実施は教師の授業規律の維持を目的とした働きかけを減らし、授業中での個別指導が増えることが多くの研究で明らかとなっています。一方、児童生徒については授業態度がよく、

230

＜教育活動＞

学級内での向社会的行動が多く見られるようになり、学級の雰囲気もよいことが明らかにされています。しかし学力については、少人数学級の方が平均点が高いことを示した研究がある一方で、そうとはいえないことを示したものもあります。ただし児童生徒の学力の推移に着目すると、少人数学級の方が低学力層の学力の底上げが見られることを示した研究が見られます。

　習熟度別少人数指導については、集団内の児童生徒の学力差が小さいため、かえって個人差を考慮しない一斉授業の実施を教師に促すといった問題があります。このような授業の実施は、短期的には動機づけに負の効果を、長期的には学力の固定化をもたらすといった指摘が見られます。また、学習プリントなどを多用したドリル的学習が多く見られるのも問題です。児童生徒の学力については、国内外の研究ともに一定の見解は得られていません。

　【実施形態選択上の留意点】　2011年4月改正の義務標準法では小学校第1学年の学級編制の標準を35人としており、それを標準として都道府県が定める学級編制の基準によって市町村教育委員会が学級を編制することが原則です。ただし、学校ごとの事情に応じて、小学校第1学年の児童数が36〜40人の学校で36人以上の学級を1学級編制しティームティーチングなどの少人数指導を実施することや、第1学年を35人以下学級とするために配置された教員を別の学年の少人数学級の実施にあてたりといった弾力的運用が例外的に許容されています。また、都道府県独自実施の少人数教育施策のなかには、他学年でも30〜35人程度規模の学級が編制できる教員数を各校に配置し、市町村教育委員会や学校が少人数教育の形態を選択するものもあります。

　少人数学級、少人数指導ともに児童生徒の学力に及ぼす影響について一定の見解が研究上得られていないことは、これらの効果が学校の状況や対象となる児童生徒の状況によって左右されることを示唆しているといえます。少人数教育の実施形態の選択に当たってはさまざまな検証結果や実践例を参考にしながら、学校の実情に合わせて効果が期待できるものを選択する必要があります。また、ある1つの指導形態が全ての学習内容に対して適合的であるとはいえません。少人数指導を実施する場合であっても、習熟度別編制に限定せず、さまざまな学習集団の編制方法を柔軟に組み合わせるべきでしょう。

《参考文献》
・山森光陽「学級規模，学習集団規模，児童生徒—教師比に関する教育心理学的研究の
　展望」教育心理学研究 Vol.61 No.2, 206頁、2013年　　　　　　　　　【山森光陽】

第3部　事例で学ぶ教育法

Q25　学力と教育課程

近年、求められる学力が変化しているようですが、その内容や背景はどのようなものでしょうか。また、学校が編制している教育課程は、教育法的にはどのような枠組みのもとに置かれているのでしょうか。

A　【求められる学力の変化】　21世紀を迎えようとするころから、世界各国で問題解決能力、批判的思考力、コミュニケーション力など「新しい学力」やスキルの獲得を目標に掲げて教育改革が進められるようになりました。日本も例外ではなく、現行の学習指導要領（幼稚園2009年、小学校2011年、中学校2012年より全面実施。高校は2013年から学年進行により実施）でも基礎・基本的な知識・技能の習得とならんで、思考力・判断力・表現力の育成、学習意欲の向上、多様な人間関係を結んでいく力の育成が目標とされています。また、2007年度から始まった文部科学省の全国学力・学習状況調査が問題A（知識）と問題B（活用）から構成されていることからも、知識の活用という、より高次の学力が重視されていることがうかがえます。こうした現象が世界中でみられるのは、グローバリゼーションやICT（情報コミュニケーション技術）の発展などの社会変化のなかで、将来の労働者や市民に求められる能力とは何かが改めて問われ、そのような能力を身につけることが個人としてだけでなく、国家としても国際競争に勝ち抜くための必須条件であると認識されるようになっているからであると考えられます。

　【教育課程の編制】　学校では「新しい学力」が求められていることも意識しながら、児童・生徒の心身の発達段階や特性、地域や学校の実態を考慮して、どのような教育目標・内容・方法が適切であるかを具体的に検討し、教育課程を編制しています。この教育課程は、あくまでも各学校が主体的に編制するものですが、教育法規と学習指導要領によってその枠組みが定められています。小学校を例として略述すると、まず学校教育法が各学校の教育の目的と目標を規定しており（21条、29条、30条）、さらに教育課程に関する規定はこれらの規定に従い文部科学大臣が定めるとしています（33条）。この委任を受けた文部科学大臣による定めが、学校教育法施行規則の第4章「小学校」第2節「教育課程」（50〜58条）です。そこでは教育課程が各教科、道徳、外国語活動、総合的な学習の時間、特別活動によって構成されることや、そ

＝＝＝＝＝＝＝＝＝＝＝＝ ＜教育活動＞ ＝＝＝＝＝＝＝＝＝＝＝

れぞれの標準授業時数などが定められています。さらに本節の定めのほか、教育課程の基準として文部科学大臣が学習指導要領を公示するとしています（52条）。こうして学習指導要領において、教科等の目標・内容・方法が具体的に示されているのです。

教育法学では、このような枠組みにどの程度各学校の教育課程を縛る法的拘束力が認められるのかが争点となっていました。たとえば、兼子仁『教育法［新版］』（有斐閣、1978年）では、国民の教育を受ける権利保障という観点から、おおむね学校教育法と学校教育法施行規則に定められている内容までは「学校制度的基準」として正当化されるが、教育課程編制には高度な教育専門性が求められることから、学習指導要領の教育内容と方法に深く踏み込んだ規定については法的拘束力をもたない指導・助言的文書としてのみ正当化されるとしています。これに対し、学テ最高裁判決（1976年5月21日）は、国には全国的な一定水準の維持という正当な理由に基づいて教育内容を決定する権限があるとしたうえで、学習指導要領は大綱的基準としての性格を越えるものではないと判断し、法的拘束力を認めたとされています。

【注目すべき動向】　公立学校は、教育法規や学習指導要領のような国家的基準だけでなく、都道府県・市町村の教育政策・施策のもとにも置かれ、さらに保護者や地域からの要望を取り入れながら教育課程の編制を行っています。近年の傾向として注目されるのは、教育の目標設定に対する国の責任がより強調されるようになっている一方、地方分権化や規制改革の一環として、小中連携・一貫教育や地域の産業・文化に関連した学習や不登校経験者を対象にした特別な教育ニーズに応じたカリキュラムなどが、学習指導要領の特例（教育課程特例校制度）として認められるようになっていることです。

なお、2014年11月20日、文部科学大臣が中央教育審議会に学習指導要領の次期改訂に向けて諮問を行いました。英語能力の強化と小学校における外国語活動の拡充、高等学校における日本史の必修化、児童・生徒が課題の発見と解決に向けて主体的・協働的に学ぶ「アクティブ・ラーニング」の促進などが審議される見込みです。

《参考文献》
・石井英真『今求められる学力と学びとは—コンピテンシー・ベースのカリキュラムの
　光と影』日本標準、2015年

【勝野正章】

第3部　事例で学ぶ教育法

Q26　日の丸・君が代問題

近年、公立学校の入学式・卒業式で日の丸・君が代の強制をめぐり、裁判が起きています。国旗掲揚・国歌斉唱は昔からある行事ですが、いま何が問題とされているのでしょうか。

A　事の発端は1999年に成立・施行された国旗国歌法です。同法は国旗と国歌を定義するだけで、国民の尊重義務などはいっさい定めていません。しかし、同法が施行されたとたん、東京都で教職員に対し、起立・斉唱またはピアノ伴奏などの義務が課される事態が起きました。それらに反対した教職員に懲戒処分が下り、その適法性を争う裁判が相次いでいます。

国や郷土を愛するのは人として当然のことだと思われがちです。しかし近代国家とは、そのような自然的感情に基づく結びつきではありません。民族や出自から解放された《個人》が、社会契約論という人為を通じて築く公共秩序です。日本国憲法もそのような国家観に立脚しています。憲法13条は「個人の尊重」をうたっています。国や郷土にどんな思いを抱くか、国のシンボルを何に求めるかは、本来個人の自由です。ところが現状では、日の丸・君が代に批判的な意見が抑圧されており、価値観の多様性が損なわれているところに根本的な問題があります。

一連の訴訟では、東京都教育委員会の通達とそれに基づく学校長の職務命令、またそれに反した教職員への懲戒処分の違憲違法性が争われています。学習指導要領では「入学式や卒業式などにおいては、その意義をふまえ、国旗を掲揚するとともに、国歌を斉唱するよう指導するものとする。」と規定されています。それを受けた東京都通達（2003・10・23, 15教指企第569号）で、国旗掲揚、国歌斉唱（ピアノ伴奏含む）の具体的な方法が指定されています。

起立斉唱は通達や職務命令に基づく法的義務ではありますが、それらが憲法に違反しないことが前提です。日の丸・君が代が過去の軍国主義を支えてきたという負の側面について、子どもたちにしっかり教えたいという教育上の信念は、尊重されてしかるべきです。教職員らは裁判において、憲法19条の思想・良心の自由の侵害を主張しています。同条は人々に「内心の自由」「沈黙の自由」を保障しています。個人はどんな価値観を抱こうと、それが内心にとどまる限りは絶対的に自由だと認められています。また公権力が個

＜教育活動＞

人の内面を査察することも禁じられています。入学式・卒業式の衆目のなか
で、日の丸・君が代への態度を明らかにするよう迫られる状況は、それらの
自由を剥奪するものです。

　ただし、一方で公務員は「全体の奉仕者」（憲法15条2項）として、公共性に
のっとって職務を果たさねばならないことも事実です。教職員がむやみに式
典を妨害することは許されません。この対立する要請をいかに解決するかは、
微妙で難しい問題です。現時点で最善の解決策としては、教師の思想・良心
の自由に配慮した「代替手段」（会の最初に全員起立させて一同礼から国歌斉唱まで
続けて行う、ピアノ伴奏ではなくCD演奏に代えるなど）をとることが考えられます。

　下級審判決のなかには、東京都通達と職務命令は憲法19条・教育基本法
旧10条（現16条）に違反するとしたもの（東京地判2006・9・21判時1952号44頁）
もあります。しかし最高裁判決はすべて、職務命令を合憲としています。日
野市ピアノ伴奏拒否事件（最判2007・2・27民集61巻1号291頁）では、音楽教師
に対するピアノ伴奏の職務命令が「直ちに上告人の有する……歴史観ないし
世界観それ自体を否定するものと認めることはできない」とされ、19条違反
には及ばないと判断されました。しかしこれには、思想・良心の自由との関
係で慎重な検討を要するという1裁判官の反対意見が寄せられています。

　2011年、最高裁は4件の合憲判決を出しました（最判2011・5・30民集65巻4号
1780頁：最判2011・6・6民集65巻4号1855頁：最判2011・6・14民集65巻4号2148頁：最
判2011・6・21集民237号53頁）。いずれも起立斉唱の職務命令は思想・良心の自
由を「直ちに制約するものと認めることはできない」としていますが、それ
に続けて「間接的な制約となる面があることは否定し難い」とも述べており、
19条の権利侵害を生む可能性が示されています。また、どの判決においても
裁判官の個別意見が活発に展開され、現状はけっして手放しで肯定できない
という考慮がうかがえます。2012年には、不起立に対する停職処分は重きに
失するとして、都教委の違法性を認める判決が出されました（最判2012・1・16
集民239号1頁）。国旗掲揚・国歌斉唱が必要な行事だとしても、教職員（ひいて
は子どもたち）の価値観の自由には、最大限の配慮が求められます。

《参考文献》
・特集「君が代訴訟・大阪府条例をどう見るか」季刊教育法170号、2011年
・西原博史『良心の自由と子どもたち』岩波新書、2006年

【栁山茂樹】

第3部　事例で学ぶ教育法

Q27　教育評価

小中学校の指導要録では、目標に準拠した評価が導入され、評定とあわせ観点別学習状況欄が設けられています。教育委員会は、目標に準拠した評価は子どもを序列づける相対評価に代わるものだと説明していますが、評価というのは教育法的にどう考えればいいのでしょうか。

A　【教育評価は教育活動そのもの】　教育評価は、もともと教育活動を反省・改善するためのもので子どもたちを序列化するためのものではありません。教育活動には目標があり、教師と生徒はその目標に向かって学習活動を行います。活動の途中ないし終わりに、目標に達することができたのか、できなかったとすればどこができなかったのか、うまくいかなかった原因は何か、といったことを分析するのが教育評価です。教育評価には、カリキュラム評価も含みますので、当初掲げた「目標」そのものも評価されることになります。また、評価は、教員だけでなく生徒も行います。「生徒の自己評価」などはその1つです。つまり、教育評価を行い、その結果をフィードバックさせるということは教育活動そのものであり、カリキュラムの一部といえます。

とすれば教育評価は、学校教育法37条11項で「教諭は、児童の教育をつかさどる。」と規定されている教師の職務そのものといえましょう。教師には評価権がある、といった言い方はこのことを意味しています。

教育評価を学期などの節目ごとに総括し、生徒、保護者に知らせる役割を担うのが通知票です。通知票は法令に規定されていないので、各学校で工夫して作成することができます。通知票によって教育評価の内容を生徒・保護者に知らせるのは、全国的な慣習法だといえましょう。

【対外的な証明機能をもつ評価・評定】　しかし、教育評価は「教育活動そのもの」だけではありません。教育評価のうち、最終的な評価（総括的評価）は、評定として記録され、対外的な証明機能をもつことになります。指導要録に記録された評定がそれにあたります。指導要録は「児童又は生徒の学籍並びに指導の過程及び結果の要約を記録し、指導及び外部に対する証明等のために役立たせるための原簿」（1971年2月27日初中局長通知）とされ、いわゆる「内申書」の元ともなるものです。指導要録は、校長が作成することになっ

236

ており、児童等が進学した場合には進学先に指導要録の写し、または抄本を送付しなければなりません。また、指導要録の様式は教育委員会が決めるというのが行政解釈です（1961年5月29日初中局長回答）。

【評価方法は文部科学省が決めるのか】　2001年4月27日文部科学省は、初中局長通知を出し、指導要録では集団に準拠した相対評価をやめ、「目標に準拠した評価」を行うこと、同時に「個人内評価」を併せて行うこととしました。それまで、指導要録の「観点別学習状況欄」は「目標に準拠した評価」、評定欄は相対評価だったのを改めたのです（高校では「観点別学習状況欄」はありません）。このように5段階相対評価や目標に準拠した評価、観点別評価などの評価方法は、これまで文部科学省が通知を出し、都道府県教育委員会が通知に従って要録の様式を決めてきました。文部科学省が事実上評価方法を決めてきたといってもよいのです。そして、指導要録の評価方式は、学校現場の評価方法にも大きな影響を与えてきました。もし、指導要録と違う評価方法を行うとすれば、教員は常に2通りの評価方法をする必要があるからです。

　戦後の教育評価の歴史からみれば、相対評価をやめて到達度評価の成果をふまえた「目標に準拠した評価」を行うことは望ましいし、個人内評価を重視することも、意義があると思います。しかし、全国一律に、観点別評価を導入したことで、評価を指導に役立てることよりも、いかに評定に結びつけるかということにエネルギーを割かれているのが現状です。

　アクティブラーニングが本格的に始まれば新しい学習形態に合った評価方法の開発が必要になります。「特別な教科　道徳」の評価も大きな課題になるでしょう。ペーパーテストの点数だけで評価するなどということが、できなくなるのですから、教師が教育実践の一環としての評価をじっくり考えることができる環境を整えることが重要ではないでしょうか。

《参考文献》
・田中耕治『教育評価と教育実践の課題』三学出版、2013年
・教育目標・評価学会『「評価の時代」を読み解く』上下、日本標準、2010年

【永田裕之】

Q28 教師の教育活動と校長

法令では、たとえば「校長は、小学校の全課程を修了したと認めた者には、卒業証書を授与しなければならない」というように校長の権限を規定しています。教育活動に関連して校長はどのような権限をもっているのでしょうか。

A 　一般に校長の権限を定めた法令は大変多いです。各自治体の学校管理規則では、教育委員会と学校の責任と権限を明確にするという性格上、「校長は」で始まる条文がさらに多くなります。学校関係者でも、はじめて管理規則を読んだ人は、校長の権限の強さに驚くことがあります。学校教育法37条は、第4項で「校長は、校務をつかさどり、所属職員を監督する。」と規定して校長が学校の最終責任者であることを示していますが、一方同条は、第11項で「教諭は、児童の教育をつかさどる。」とも定めています。

【生徒の懲戒にあたって】　学校教育法施行規則26条は、第2項で「懲戒のうち、退学、停学及び訓告の処分は、校長が……行う。」と定めています。高校で1人の生徒を何らかの行為により退学させるべきかどうか、という問題がもち上がった場合、退学をさせる権限があるのは校長ということになります。しかし、該当の生徒を知っているのは教職員です。なかでも担任や授業担当者、部活動顧問はよく知っているはずです。退学という、生徒の将来にも大きな影響のある措置を、校長が一存で決めることができないのはいうまでもないでしょう。裁判でも同様の主旨を示しているものがあります（最判1996・3・8判時1564号3頁、など）。

一存で決められないとすればどうすればいいでしょうか。当然、該当生徒のことを知っている教職員に聞くことになります。生徒や児童は、発達途上にあるので、ある教職員には反抗的でも、他の教職員には「模範生」であることさえあります。いろいろな面からみる必要があるのです。生徒を多面的にみるためには職員会議が最もふさわしいといえます。

校長の校務のなかには、教職員が意見をいいやすい環境をつくることも含まれると考えられます。生徒をよく知っている教職員が意見をいわなければ、学校としての態度を適切に決められないのですから。

【教育課程編成にあたって】　学校管理規則では教育課程の編成は校長の権限とされています。先に説明したように、管理規則は教育委員会と学校の責

238

＝＝＝＝＝＝＝＝＝＝＝＝＜教育活動＞＝＝＝＝＝＝＝＝＝＝＝＝

任の分担を決めたものだとすれば、教育課程の編成は、教育委員会ではなく、学校の責任分担であることを規定しているといえます。教育課程を編成するには、「生徒の心身の発達段階及び特性等を十分考慮して」(学習指導要領総則)行う必要がありますので、校長は、生徒の実態について教職員の意見を聞く必要があるといえるでしょう。校長や教職員が論議を尽くして、ともに教育課程を編成する必要があるのです。

　つまり、条文には「校長は」と規定してあっても、教育という事柄の性質に即して法令を解釈する必要があるということです。教師は、ユネスコの「教員の地位に関する勧告」(1966年) に定めているように「専門職」だということも思い返す必要があります。校長は、「児童の教育をつかさどる」教師の専門的な判断を尊重する必要があるのです。

　【近年の動向】　2000年1月21日に文部省 (当時) は事務次官通知を出して、学校は、「校長のリーダーシップ」のもとで組織的、機動的に運営されていかなければならない、としました。職員会議は校長の職務を補佐する「補助機関」として、学校評議員も「校長の求めに応じ、学校運営に意見を述べることができる。」と位置づけられています。すべてが校長の権限に集約され、強いリーダーシップが期待されるようになりました。校長による教員評価も本格的にはじまり、一部の自治体では給与への反映も開始されています。

　2007年の学校教育法改正では校長、教頭以外に、副校長、主幹教諭、指導教諭など中間管理職を置くことになり、校長を中心とした組織の整備が進みました。校長と一般の教職員は、ともに生徒の教育にあたり、問題があれば相談しながら解決の道を探っていくという道筋 (職場の同僚性) が失われ、「管理者と被管理者」「評価する者とされる者」とに分かれてしまうことになれば、学校全体の教育力にも影響するといえるでしょう。

《参考文献》
・神田修＝兼子仁編著『ホーンブック教育法』北樹出版、1995年
・小島弘道「学校運営における校長権限と学校自治の理論」『講座現代教育法2』三省堂、2001年

【永田裕之】

Q29 職員会議と校長のリーダーシップ

近頃、職員会議が会議ではなく、単なる伝達や事務連絡の時間になりつつあるような気がします。昔はこうではなかったように思うのですが。

A 　学校に複数の教職員がいるとき、そこでの教育活動について話し合う機会をもつのはごく自然なことといえるでしょう。日本でも職員会議は戦前から存在しました。しかし、教育を受けることが国に対する臣民の義務とされ、中央集権的な教育制度が貫徹していた当時、職員会議も校長の諮問機関ないし意思伝達の場という性格を脱することはできませんでした。戦後当初、職員会議は教師による学校経営の意思決定を行う民主的機関・場であることを志向するようになります。戦後学校法制において、学校という組織における教師の合議機関についての法規定としては、大学の教授会（学教法93条）の規定があるのみでした。それ以外の学校の職員会議は学校の自治慣行ないし学校慣習法としての性格を有するものと考えられてきたのです。

　学校教育法37条4項は「校長は、校務をつかさどり、所属職員を監督する。」と規定しています。職員会議の性格・位置づけ、とりわけ職員会議と校長の権限関係は大きな論争の的となってきました。これについては大きく3つの考え方があり、1つは、学校経営の究極的（最高）権限と責任は校長にあり、職員会議は校長の諮問機関ないし補助機関であるとするもので、行政解釈の立場です。職員会議での審議や決定は、校長が最終的意思決定をする際のいわば判断材料であって、校長はそれには拘束されないことになります。他方、教職員組合を中心とする教育運動側は、職員会議の議決が学校経営管理上の決定効力をもつとする議決機関説をとり、両者は鋭く対立しました。これらに対し、教育法学界の通説は、職員会議の位置づけは審議される事項によって異なり、教育の内容に関する事項について全校的に決定する場合については「児童の教育をつかさどる」教師集団としての職員会議に決定権があるとする「教育的意思決定機関説（兼子仁）」をとっています。宮崎地裁1988.4.28判決は「教育課程編成、全校的な教材選択、生活指導の方針など、それ自体教育内容を規定する全校的教育事項ともいうべき事務」については「教育専門的知識・経験の豊富な専門家によって多面的に検討されることを要する事柄であることからすると、校長に最終的な決定権があるとはいえ、

＜教育活動＞

その一存で決定されるのは相当ではない」と判示しています。

2000（平成12）年、学校教育法施行規則に職員会議に関する規定が新設されました（現48条。中学校、高等学校に準用）。「小学校には、設置者の定めるところにより、校長の職務の円滑な執行に資するため、職員会議を置くことができる。」（1項）、「職員会議は、校長が主宰する。」（2項）。これにより職員会議は明文上校長の補助機関として位置づけられ、法的性格をめぐる論争には一応の決着がつけられることになりました。

この背景には、校長の裁量権拡大とリーダーシップ強化を要として「特色ある学校づくり」を進めようという教育政策があります。2006年4月、東京都教育委員会は、都立学校の職員会議において「挙手」「採決」を禁ずる通知を出しました（「学校経営の適正化について（通知）」2006年4月13日）。校長の決定権限を拘束したり、これに影響を及ぼすような意思表示を禁じたのです（同旨東京地裁判決2013・1・30判タ1402号85頁）。2014年の学校教育法改正（93条）では、大学においても教授会の権限が学位認定や教育課程等に限定され、学長の権限が大幅に強化されることになりました。

近年では、校長、副校長、教頭、主幹教諭等で構成される運営委員会や企画委員会が学校運営の中枢に位置づけられ、職員会議の機能は教職員に対する指示伝達、意見聴取および連絡に限定されるようになっています。さらに、教師の多忙感、負担感や子どもと向き合う時間を確保したいという希望などが職員会議の「効率化」に拍車をかけ、職員会議の回数を減らしたり、果ては全廃したりという例も現れています。

しかし、このような状況も職員会議の意義を否定することはできません。それぞれの学校が抱える問題や課題、子どもと教育をめぐる状況等について全構成員が顔を突き合わせて議論を尽くし、学校の方針について合意を形成すること、それが職員会議の本来の役割であることを改めて確認し、これを活性化させることが急務といえます。

《参考文献》
・浦野東洋一「校長と職員会議」民主教育研究所編『人間と教育』旬報社、2007年
・「職員会議―専門職組織における意思形成とは」季刊教育法161号、2009年
・土肥信雄、藤田英典、尾木直樹、西原博史、石坂啓『学校から言論の自由がなくなる：ある都立校校長の「反乱」』岩波書店、2009年

【吉岡直子】

====== 第3部　事例で学ぶ教育法 ======

Q30　開かれた学校づくりと学校評議員、学校運営協議会

私の母は小学校のPTAの活動を長くしていましたが、私が卒業後まもなく学校評議員になり、年3回くらい学校の会議に出ています。隣町ではそれとは別に学校運営協議会というしくみもできたと聞いていますが、いったい公立学校の運営はどうなっていくのでしょうか。

A　「開かれた学校づくり」という概念は1996年7月の中教審答申「21世紀を展望した我が国の教育の在り方について（第一次答申）」で示されたものです。その意義は学校の閉鎖性を打破し、学校と家庭・地域との連携によっていじめや不登校などの教育病理を解決していくこと、そして、そのために学校が情報の公開や説明を行うとともに、保護者や地域住民の意見を聴きながらそれらの意見を学校づくりに反映していくことです。この「開かれた学校づくり」の方向性は1998年9月の中教審答申「今後の地方教育行政の在り方について」にも継承され、具体的に「保護者や地域住民の意向を把握し、反映するとともに、その協力を得て学校運営が行われるような仕組みを設けることが必要」と示され、「学校評議員」制度が提案されました。

　学校評議員は2000年4月に学校教育法施行規則改正で法制化されました。同規則49条1項に「小学校には、設置者の定めるところにより、学校評議員を置くことができる」と定められています（中学は79条、高校は104条で準用）。また、学校評議員は「校長の求めに応じ、学校運営に関し意見を述べることができる」（49条2項）、「当該小学校の職員以外の者で教育に関する理解及び識見を有するもののうちから、校長の推薦により、当該小学校の設置者が委嘱する」（49条3項）とされています。この通り、学校評議員制度は校長など教職員以外の者が学校運営に関与できる画期的なしくみです。ただ、条文中に「校長の求め」「校長の推薦」とあることや、職員会議もこの規則改正と同時に法制化されたことから、学校運営における校長のリーダーシップを補完するものだという見方もあります。このような学校評議員の設置は任意規定ですが、約8割の公立小・中学校、約9割の公立高校で設置されています（文科省調査・2006年8月1日現在）。また、学校評議員と類似するしくみを導入しているところもあります。たとえば、学校評議員の委嘱については子どもを想定していないことから（文科省通知2000年1月21日付）、子どもを参加させる

242

＜学校運営・教育措置＞

ために独自のしくみを導入しているところなどです。

「学校運営協議会」(コミュニティ・スクール)制度は、以上の学校評議員とは別のしくみとして登場したものです。具体的には「教育改革国民会議報告―教育を変える17の提案」(2000年12月)や総合規制改革会議の「規制改革の推進に関する第3次答申」(2003年12月)、そして中教審答申「今後の学校の管理運営の在り方について」(2004年3月)などで提案されました。その意義は保護者や地域住民などの力やニーズを学校運営に活かすことにより地域ならではの特色ある学校づくりを促すことであり、さらに保護者や地域住民が学校運営への参画を通じて、校長や教職員とともに学校づくりの担い手になることです。この学校運営協議会は2004年6月の地方教育行政法(地教行法)改正で法制化されました。地教行法47条の5では、学校運営協議会は合議体として教育委員会の指定により設置され(1項)、教育委員会の任命により保護者や地域住民等が委員となること(2項)が定められています。また、学校運営協議会の権限については①校長の教育課程の編成など学校経営方針への承認(3項)、②学校運営について教育委員会または校長に意見を述べること(4項)、③教職員の任用について意見を述べ(5項)、任免権者(都道府県教委等)はそれを尊重すること(6項)が定められています。学校評議員と比較すると、学校運営協議会は学校運営のみならず、教職員人事についても明確な権限を有していることが伺えます。

今日、学校運営協議会は44都道府県235市区町村の2389校で導入されており(2015年4月1日現在)、文科省は2016年度までに公立小中学校の1割(約3000校)に拡大することを打ち出しています。この制度の成果については、学校と地域との情報の共有化をはじめ、学校と地域とが連携した取組の実施、学校だけでは判断できないことを保護者や地域と検討できることなどが明らかにされており、地域に根ざしつつ、自治的かつ特色ある学校運営が展開されつつあります。学校にはこれまでの専門職による学校運営(自治)観を転換していくことが求められています。

《参考文献》
・喜多明人他編『現代学校改革と子どもの参加の権利』学文社、2004年
・佐藤晴雄編著『コミュニティ・スクールの研究―学校運営協議会の成果と課題』風間書房、2010年
・貝ノ瀬滋『小・中一貫コミュニティ・スクールのつくりかた』ポプラ社、2010年

【堀井雅道】

第3部　事例で学ぶ教育法

Q31　開かれた学校づくりと学校評価

最近、学校の諸活動について、その評価を保護者や子どもに求める学校が増えてきました。学校の依頼ですからむげには断れませんが、なぜ学校評価が必要になったのでしょうか。

A　学校は子どもの教育を受ける権利を制度的・組織的に保障する場です。その権利保障を学校で実質的に担っているのは「教育をつかさどる」教諭（学教法37条11項）や、全校的な条件整備面で「校務をつかさどる」校長（同4項）などです。そして、校長や教諭は専門職として子どもの成長や発達の実情、さらには子どもや保護者、地域住民などのニーズなどを的確に把握した上で、教育活動を計画し、展開していく必要があります。いいかえれば、学校側の一方的もしくは自己満足的な教育活動は子どもの権利保障の観点からふさわしくないのです。だからこそ、学校は教育活動について評価を行うことと、評価を通じて権利当事者である子どもや保護者、地域住民等の意見を汲み取っていくことが求められるのです。

　このような意義をもつ「学校評価」は2002年4月施行の小学校設置基準と中学校設置基準で示されました（高等学校設置基準は2004年4月）。この基準のなかでは、学校の自己評価と結果公表が努力義務化されました（現在、後述の法制化に伴い規定削除）。その後、学校評価は文科省や自治体、学校により調査研究が進められながら拡がっていきましたが、2005年6月に閣議決定された「経済財政運営と構造改革に関する基本方針2005」ではこれまでと異なる視点でその必要性が提起されました。すなわち、「教育改革」の方向性は「評価の充実、多様性の拡大、競争と選択の導入の観点」を重視すると示され、義務教育について「学校の外部評価の実施と結果の公表のためのガイドライン」を策定するとともに、学校選択制の導入を促進することが示されました。つまり、学校評価は学校に競争をさせ、子どもや保護者等に学校選択をさせるといった市場原理や消費者主義的な価値観を教育界に注入することにより学校改革を促すという意味で示されたのです。一方、同年10月の中教審答申「新しい時代の義務教育を創造する」では、「学校評価」は「『開かれた学校』として保護者や地域住民に対し説明責任を果たすことを目的として自己評価を中心に行われ」ており学校改善の上で重要な役割を果たしているとし

―――――――― <学校運営・教育措置> ――――――――

た上で、学校評価の充実のために①「大綱的な学校評価のガイドライン」の策定、②自己評価の実施と結果公表を全学校で義務化する必要性が提起されるとともに、「学校の序列化や過度の競争、評価のための評価といった弊害」が生じないよう配慮する必要性も示されました。

　上記を受けて、文科省は2006年3月に「義務教育諸学校における学校評価ガイドライン」(文科大臣決定) を策定しました。また、2007年6月の学校教育法の改正により、「学校評価」は法制化されました。すなわち、同法42条には「文部科学大臣の定めるところ」により、学校の「教育活動その他の学校運営の状況について評価」を行い、その結果に基づき「学校運営の改善を図るため措置を講ずること」が規定されています (幼稚園、中学校、高校等はこの規定を準用)。さらに、この法改正を受けて、2007年10月に学校教育法施行規則が改正され、具体的な学校評価のあり方が定められています。すなわち、同規則には、学校による「自己評価」の実施と公表 (66条1項) や、保護者や関係者 (教職員を除く) による評価の実施 (67条)、そして、それらの結果の学校設置者への報告義務が定められています。学校評価の法制化を受けて、前出のガイドラインは2008年1月と2010年7月と二度の改訂を経て今日に至っています。

　2000年に学校評議員、2004年に学校運営協議会が法制化され、これらにより保護者や地域住民等の意見が学校運営の計画 (立案)・実施段階において、ある程度反映されるようになりました。学校評価の法制化は、保護者や地域住民等が学校運営のマネジメントサイクル全般にわたり関与できるようになったという意味では、「開かれた学校づくり」をより一層進めるものと理解できます。また、子どもについてはガイドラインにおいて、教職員が自己評価を行う上で「児童生徒や保護者、地域住民を対象とするアンケートによる評価」等により、「授業の理解度や保護者・児童生徒がどのような意見や要望を持っているかを把握することが重要」と示されています。つまり、学校評価は子どもの視点に立脚した学校改善を促す意義も有するものともいえます。

《参考文献》
・文部科学省「学校評価ガイドライン〔平成22年改訂〕」2010年7月

【堀井雅道】

====== 第3部 事例で学ぶ教育法 ======

Q32 学校運営と子ども参加

学校のあり方とかかわって、よく子どもが主人公であるという言い方がされます。しかし、本当に子どもが主人公の学校がどれほどあるのでしょうか。保護者や住民の学校運営への参加はよくいわれるようになりましたが、子どもの学校運営参加についてはどう考えたらよいのでしょうか。

A 　日本の教育界では、学校運営への保護者参加や住民参加についてはよくいわれるようになりました（「学校評議員」「学校運営協議会」「地域運営学校」など）。しかし、子ども参加については、視点が弱いといえます。もちろん、一般的には子どもの自主性や主体性を尊重した学校をつくっていこうといった言い方がよくなされます。先生たちも子どもの意思を尊重した教育活動や自主的な生徒会活動などをあげて、学校における子ども参加は当然のことである、といいます。しかし、はたしてこの本を読まれている方は、子どものとき学校教育を受けてきて、本当に自分たちの意思が尊重されてきた、という実感をどれだけお持ちでしょうか。

【子どもの学校参加—教職員と子どもとの認識のズレの問題】　子ども側は、学校活動において自分たちの意思が尊重されてきたという実感はほとんどないといえます。学校や教職員側の認識と子ども側の実感には大きな開きがあります。その認識のズレはどうして生まれたのでしょうか。

それは、主に学校、教職員の子ども参加に対する受けとめ方に起因していると考えられます。学校側の受けとめ方は、基本的には、「教育方法としての子ども参加」の次元です。授業などの教育活動を円滑に進めるためには、子どもの意思や参加活動を活用した手法、教育方法が効果的であるという考え方です。しかし、それは、あくまでも先生の「教育の目当て」（教育目標・方針）の枠内での子ども参加です。

たとえば、生徒会が生徒総会で決定したことを実施したいと申し入れても、学校側が認めない、ということがよくあります。高校などの場合は、生徒会規則で「留保条項」を定めている場合もあり、そのような規定がなくとも慣例上、生徒会の決定に対して学校側が留保できるとしていることが多いのです。学校側としては、生徒会活動は、学習指導要領上の「特別活動」に位置し、生徒会活動を通して、生徒の自治活動の促進をはかることが想定されて

＝＝＝＝＝＝ ＜学校運営・教育措置＞ ＝＝＝＝＝＝

います。したがって、学校の立場としては、制度上は「指導の対象である生徒会」が仮に何らかの決定をしたとしても、学校側では、教育的配慮のもとで決定を留保したり、実行させないこともありえる、と考えてきたのです。

【生徒会側と教職員側との合議機関の設置】　このように、あたかも子ども、生徒に参加・自治があるようにみえて、学校側の方針に反する決定については、学校側の意思を優先する、というような子どもとおとなの関係を「あやつり」「みせかけ」の参加と定義している研究者もいます（R・ハート「子どもの参加」1992年、ユニセフ・イノセンティエッセイ No.4）

ハートによれば、「真の参加は、意思決定の共有」であるとしています。実際に、各地の高校生徒会が、生徒会の決定と学校の方針とに齟齬が生じたときには、学校側と生徒会側の代表が協議機関を設置して、相互の意思を交換し、コンセンサスを得るようなしくみをつくっているところもあります。高校「二者協議会」（学校教職員と生徒会）とか「三者協議会」（教職員と生徒と保護者会）という組織です。

このように、学校運営への子ども・生徒参加は、当該学校の意思決定への参加、関与を含むことが基本的なポイントとなります。

子どもの権利条約に即していえば、教育方法としての参加を超えて、「子どもの権利としての参加」が求められています。川崎市子どもの権利条例では、子どもはおとなの「パートナー」（前文）として「参加する権利」が保障され、学校運営への参加も条例化されて、現在市立学校に子ども・教職員・保護者・住民の四者からなる協議機関として「学校教育推進会議」が設置され活動しています。いま学校は、子ども参加を含めて、合議体としてのスクールデモクラシーの確立が急務です。学校は、校長・副校長・教頭・主幹教諭などライン系の管理体制化が進み、共同体性が崩壊し始めています。そのようななかで、あらためて学校は教職員、保護者、地域住民そして子どもの四者による民主的な共同決定（共同責任を伴う）の場となるように努力していくことが求められています。

《参考文献》
・喜多明人・坪井由実・林量淑共編『子どもの参加の権利』三省堂、1996年
・子どもの参画情報センター『子ども・若者の参画』萌文社、2002年
・澤田治夫・和田信也ほか編『子どもとともに創る学校』日本評論社、2006年

【喜多明人】

第3部　事例で学ぶ教育法

Q33　学校の人事組織

子どものことで相談したいことがあり学校に電話したところ、誰に御用ですかといわれました。最近の学校には副校長や主幹教諭等、さまざまな先生がおられるのですね。担任の先生には話しにくい事情もあり、どなたに相談すれば良いのか迷っています。

A　学校にはさまざまな職が置かれていますが、最近その数がずいぶん増えました。学校教育法37条には、校長、副校長、教頭、主幹教諭、指導教諭、教諭等が規定されています。このうち、副校長、主幹教諭、指導教諭は2007年の改正で新たに「置くことができる」とされたものです。

校長職の法制化は明治10年代にさかのぼるとされています。戦前、国民学校令（1941年）に規定されていた教頭は、戦後は法令上の位置づけはなされず校務分掌組織として置かれてきましたが、1974年に教諭とは別の独立した職として法制化されました（学教法旧28条4項）。1976年には、教務主任・学年主任が学校教育法施行規則に規定されることになりました（旧22条の3）。校長の職務の繁忙化によりその補佐役が必要であること、校長の指導と責任のもと、教育活動を展開するために必要な職制が確立されるべきことがこれらの根拠とされました。こうして戦後当初は、校長と教諭のみであった学校の職種は校長、教頭、教諭、そして実質的にはこれに加えて主任に細分化されていったのです。必置の主任として教務主任および学年主任（学教法施規44条）、保健主事（45条）、中学校では生徒指導主事（70条）、進路指導主事（71条）があり、これらのほか、必要に応じて事務主任（同46条）、校務を分担する主任（同47条）を置くことができます。

新たに設けられた副校長は校長と教頭の間に位置づけられ、「校長を助け、命を受けて校務をつかさどる。」（37条4項）ものとされています。これに伴って、教頭の職務は「校長（副校長を置く小学校にあっては、校長及び副校長）を助け、校務を整理し、及び必要に応じ児童の教育をつかさどる。」（同7項）と改正されました。また、主幹教諭は、「校長（副校長を置く小学校にあっては、校長及び副校長）及び教頭を助け、命を受けて校務の一部を整理し、並びに児童の教育をつかさどる。」（同9項）と規定されています。主幹教諭は、校長等（＝学校運営を行う）と教諭等（＝児童生徒に対して教育を実践する）のパイプ役、業務が増

248

<学校運営・教育措置>

大している教頭のサポート役と位置づけられています。主任が校長等の職務命令によって任命されるのとは異なり、主幹教諭は教育委員会による選考に合格した中間管理職です。指導教諭は、「児童の教育をつかさどり、並びに教諭その他の職員に対して、教育指導の改善及び充実のために必要な指導及び助言を行う。」（同10項）と規定されています。

　これらにより学校は管理職、中間管理職、一般教員が細かく区別されたピラミッド型の人事組織になりました。校長のリーダーシップのもとに指揮系統を明確にして組織的・機動的な学校経営を目指すという訳です。しかし、一方で問題点も明らかになっています。一例をあげましょう。近年、管理職・中間管理職の希望降任の件数が増加しています。なかでも主幹教諭では2012年度133人、2013年度157人と過去最高を更新しています（文科省「公立学校教職人の人事行政の状況調査」）。また、副校長・教頭や主幹教諭のなり手が少なく、東京都の教育管理職昇任試験（主幹教諭・指導教諭）では、小学校・中学校ともに合格倍率が1倍台という低さです（東京都総務局「東京都人事行政の運営等の状況」）。教頭・副校長、主幹教諭の仕事は行政・保護者・関係者対応や書類作成など庶務的な仕事が多く、残業時間も長い為に、疲労困憊し、子どもと直接ふれあう仕事に戻りたいと希望する人が増加しているのです。また、主幹教諭は教育委員会に任命される職であるため、学校側のニーズと合致せず機能しにくいという制度上の問題も考えられます。

　組織の階層化は上意下達・上命下服の組織風土を生み、教員の意欲を削ぐおそれをはらんでいます。これは、一人一人の教員が専門性をもとに、子どもたちの発達段階や実態に応じて創意工夫をこらして行う教育活動によって成り立つ学校という組織にはなじみにくいといわざるを得ません。1995年度から子どもの心理面をケアするため臨床心理の専門家であるスクールカウンセラーが導入されました。2008年度からは、子どもを取り巻く環境に働きかける社会福祉等の専門家であるスクールソーシャルワーカーの配置も始まっています。学校は多職種の専門職で構成される職場になりつつあります。ここに新たな可能性を見いだすことができるのではないでしょうか。

【吉岡直子】

第3部　事例で学ぶ教育法

Q34　PTA

来年あたり、小学校のPTAの役員に選ばれそうです。何かと大変だという話をよく聞きますし、仕事をしているので時間がつくれるかどうかも心配です。

A　PTA（Parents Teachers Association）がつくられるようになった契機は、第一次米国教育使節団報告書（1946年）に遡ります。報告書は「児童の福祉を増進し、教育上の計画を改善するため」に、両親と教師の団体組織を助成することを提言しました。これを受けてPTAは文部省主導のもと、各学校単位に設置されていきました。しかし、自主的な父母の組織が文部省主導によりつくられたという矛盾はさまざまな問題を生じることになりました。

PTAは学校・家庭・地域が「子供たちの幸福のためにどうすれば一番良いかをよいかを真剣に考えその実現に努力していく」（「父母と先生の会——教育民主化の手引き」1947年3月）、「教育を本旨とする民主的団体で父母と教員が平等の権利と義務を有するもの」（「PTA参考規約（第一次）」〔1948年10月〕）とされました。当初のPTAの活動には、児童青少年の福祉の増進、家庭と学校の連携協力、学校教育環境の整備、教育予算確保などのほか、市民の権利と義務の理解をうながす成人教育の振興、民主教育の理解の推進等があげられ、父母・保護者自身の学習活動まで幅広いものが含まれていました（「父母と先生の会参考規約」1948年）。PTAは社会教育、成人教育、市民教育の場としても構想されたのです。

しかし、このようなPTAの性格規定は大きく変えられていきます。1954年に制定された第二次参考規約では、それまでの「校長及び教育委員会の委員と学校問題について討議し、またその活動を助けるために意見を具申し、参考資料を提供する」（7条）という文言が削除され、「学校の人事その他の管理には干渉しない」（1954年　第二次参考規約5条）とされました。また、「民主社会における市民の権利と義務」、「民主的教育に対する理解・推進」、「社会教育の振興等」もPTAの目的から削除されました。

こうしてPTAは再び戦前以来の学校後援会的な性格に回帰し、物的・金銭的援助をその主要な役割とすることになり、父母は学校・教師に対して副次的・従属的な立場に位置づけられることになりました。そしてこれが学校運営や教育活動に対し意見を述べにくい状況を生み、PTAは自主性をもたず、

＝＝＝＝＝ ＜学校運営・教育措置＞ ＝＝＝＝＝

学校の方針を伝達する場、学校の附属機関・下請機関、あるいは親睦団体にとどめられていったのです。

　もう1つの問題点は、PTAの組織のあり方にあります。大多数のPTAは、教師と在籍児童・生徒の父母・保護者を構成員とし、子どもの入学と同時に自動的・強制的に加入するやり方をとってきました。PTAの意義や必要性について考え、自主的に関わるというしくみにはなっていないのです。「父母」といいながら実際に活動しているのはほとんどが母親、仕事をもつ母親が増加して委員のなり手がない、時間をやりくりして参加してもその仕事は学校の下請け、非民主的な運営もままみられる、というのではPTAがやっかいなお荷物に感じられても不思議ではありません。

　PTAはその学校の教師と父母を構成員としているために、学校の管理下にある一組織と意識されることも少なくありません。しかし、そもそもPTAは学校とは異なる別組織であり、自主的・民主的に運営される団体であるということを再確認する必要があります。

　親は子どもの教育を優先的に担う権利と責任を負っています。学校の教育環境・条件のみならず、カリキュラムや予算、教師の教育活動についても関心をもち、問題提起をすることは自然なことといえるでしょう。「我が子」にとどまらず、子どもたちにとって共通に大切だと思われることについては、親の教育要求を共同化し具体化を求めることも考えられます。欧米では早くからこのような学校参加のしくみが制度化されています。日本でも学校評議員や学校運営協議会がつくられていますが、多くの父母が参加する組織であり、長い歴史を持つPTAも学校参加の1つの形態ということができます。

　近年では、任意参加を明示する学校や教育委員会もあります。教育に関心をもつ父母と教師が自主的に参加し、民主的な運営のもとに相互協力していく組織、学校や子ども・教育の問題や課題、展望についてともに考え学ぶ場としてPTAを再編成することが必要です。親と教師だけではなく、子どもを構成員とする三者協議会、地域住民をも加えた四者協議会の活動例もあり、PTAの将来像に示唆を与えてくれます。

《参考文献》
・徳永孝一「P研からみた教育問題とPTA問題」『月刊社会教育』23巻4号、1979年
・「特集PTA再考」『教育』826号　かもがわ出版、2014年11月

【吉岡直子】

Q35 出席停止

子どもが来年入学する中学校は、以前「荒れている」という風評がありました。説明会で校長先生は「問題行動には毅然として対処します。」と話されました。そのとき「出席停止」ということを聞いたのですが、これはどういうものでしょうか。

A 　学校教育法35条は、「市町村の教育委員会は、（略）性行不良であって他の児童の教育に妨げがあると認める児童があるときは、その保護者に対して、児童の出席停止を命ずることができる。」と定めています。出席停止の規定は戦前からあり（1890年　改正小学校令23条など）、伝染病の罹患・そのおそれと児童生徒の問題行動がその理由とされてきました。学校教育法もこれを引き継ぎましたが、伝染病罹患については後に学校保健法に移されました（現　学校健康安全法12条）。

　出席停止は懲戒ではなく、「学校の秩序を維持し、他の児童生徒の義務教育を受ける権利を保障するという観点から設けられた制度」（文科省）とされています。児童生徒に対する懲戒処分には退学、停学、訓告の3種類がありますが（学教施規26条）、義務教育段階では国公私立を問わず停学処分を行うことができません。これは子どもの教育を受ける権利を保障するという趣旨に基づくものですが、ある子どもの問題行動が高じて他の子どもに被害を及ぼしたり、教育活動に支障を来したりする場合、学校はどうすればよいのか苦慮してきたのも事実です。

　校内暴力が社会問題となった1980年代初頭、出席停止がいわば窮余の一策として用いられることが増え（1981年度144件、57年度287件）文部省もこれを追認します（「出席停止等の措置について」1983年12月5日）。その後、子どもの荒れが再び問題となったことを背景に、教育改革国民会議は「毅然とした対応をためらわない」と提言し（「17の提案」2000年12月22日）、これを受けた形で本条が改正されました（2002年1月11日施行）。

　改正された現35条は、出席停止を行う際の要件を明確化しました（一　他の児童に傷害、心身の苦痛又は財産上の損失を与える行為、二　職員に傷害又は心身の苦痛を与える行為、三　施設又は設備を損壊する行為、四　授業その他の教育活動の実施を妨げる行為）。そして、出席停止の手続（保護者の意見聴取、理由および期間を記載

＝＝＝＝＝＝＝＝＝＝ ＜学校運営・教育措置＞ ＝＝＝＝＝＝＝＝＝＝

した文書の交付、その他必要事項に関する教育委員会規則の整備など）、出席停止期間中の児童生徒に対する学習支援等を定めています。ここに示された要件は、明らかにいじめを想定しています。また、いじめ防止対策推進基本法（2013年）は、「出席停止制度の適切な運用」を規定しています（26条）。

　「毅然とした対応」の背後にある米国流の「ゼロ・トレランス（寛容さなき厳罰主義）」は、規則を強化し違反者には問答無用で機械的に罰則を適用するものです。もとよりこれは子どもの権利や教育の本質に反するものですが、文科省はこれを積極的に導入しようとしていますし（「問題を起こす児童生徒の指導について（通知）」2006年2月）、近年、出席停止を積極的に「活用」しようとする自治体も現れています。大阪市は、児童生徒の問題行動を5段階にレベル分けし、出席停止については原則4週間、個別指導教室で集中指導するという方針を打ち出しました（2014年10月、また、東京都品川区「いじめ防止に関する手引書」2012年9月など）。ゼロ・トレランス政策が新たな拡大の段階に入りつつあるということができます。

　しかし、出席停止の件数は80年代半ばに一時的に増加したものの、その後は50件に満たない状態が続いており、生徒間暴力、対教師暴力が大半を占めています。2013年度は47件のうち、いじめを理由とするものは5件に過ぎません（平成25年度「児童生徒の問題行動等生徒指導上の諸問題に関する調査」）。

　出席停止件数が少ないのは、「懲戒とは異なる秩序維持処分」という性格の曖昧さに加え、出席停止が実質的には停学処分の代替措置として用いられることに対する危惧やためらいが学校や教師にあるからかもしれません。出席停止は学校にとっても難しい決断なのです。出席停止はあくまでも緊急避難的措置であり、出席停止措置を受けた子どもに必要なのは隔離・排除ではなく、子どもの権利保障に基づいた指導と支援です。子どもの声に十分耳を傾け、スクールカウンセラーやスクールソーシャルワーカー、学校外では子どもオンブズパーソン（川西市など）や救済機関などと連携しながら、慎重に運用することが求められます。

《参考文献》
・永田裕之＝喜多明人「教育法の改正と教育の現場」子どもの権利研究13号、2008年
・子どもの権利条約総合研究所『特集・現代の学校・地域と子どもの権利』日本評論社、2012年

【吉岡直子】

第3部　事例で学ぶ教育法

Q36　子どもの懲戒

高校生の息子が喫煙していたと学校から連絡がありました。厳しい学校なので退学になるかもしれません。本人は、自分は吸っていないといっていますが、どうしたらよいでしょうか。

A　児童・生徒・学生の懲戒については次のような定めがあります。「校長及び教員は、教育上必要と認めるときは、文部科学大臣の定めるところにより、児童、生徒及び学生に懲戒を加えることができる。ただし、体罰を加えることはできない。」(学教法11条)。「校長及び教員が児童等に懲戒を加えるに当っては、児童等の心身の発達に応ずる等教育上必要な配慮をしなければならない。」(学教施規26条)。

児童・生徒・学生の懲戒には、事実行為としての懲戒と、法的効果を伴う懲戒、いわゆる懲戒処分があります。事実行為としての懲戒とは、日常の教育活動のなかで随時になされるもので、教育活動そのものということができ、校長および教師が行う叱責、作業命令等があります。法的効果を伴う懲戒には、退学、停学、訓告があり、校長が処分権者です。

退学は、①性行不良で改善の見込みがないと認められる者、②学力劣等で成業の見込みがないと認められる者、③正当の理由がなくて出席常でない者、④学校の秩序を乱し、その他学生または生徒としての本分に反した者、のいずれかに該当する場合に行われます。限定列挙してあるのは、退学が被処分者の法的地位に重大な変動をもたらすので、安易な処分を避けるためと考えられます。しかし、「正当の理由がなくて出席常でない」はともかく、「性行不良で改善の見込みがない」「学力劣等で成業の見込みがない」等の規定はいずれも曖昧で判断基準としては有効性に欠け、拡大解釈のおそれも否定できません。なお、退学は公立の小・中学校において、停学は設置者のいかんを問わずすべての小・中学校において行うことができません(学教施規26条)。

児童・生徒・学生に対する懲戒は、何よりも教育的でなければならず、「かっとなって」や「見せしめのために」は認められません。個々の事案に即して、一人一人の子どもの発達段階を見定めつつ、最もふさわしい方法を選択することが求められます。懲戒処分に先だって、まず、児童・生徒・学生本人(およびまたは親)に対し、その理由等が告知され、聴聞の機会が保障され

254

<学校運営・教育措置>

なければなりません。子どもの声を聴き、何が起こり何を考えているのかを理解することが前提になります。子どもの権利条約12条は、子どもの意見表明と聴聞の機会の保障を定めています。懲戒処分において聴聞の機会の保障はとりわけ重要ですが、日本では従来きわめて不十分であったところで、今後の改善が喫緊の課題です。一方的な「取り調べ」や単に「話を聞きおく」のではなく、聴聞の機会が権利として保障されることが必要です。

　処分権限は最終的には校長にありますが、事実を確認したうえで、懲戒処分に該当するような行為があったか否か、処分をするか否か、どの処分を選択するか等については教育専門的判断が不可欠です。職員会議などの場で、教職員全体で慎重に検討し決定することが求められます。退学処分について最高裁が「その要件の認定につき他の処分の選択に比較して特に慎重な配慮を要することはもちろんである」と判示しています（昭和女子大事件・最判1974・7・19）。処分を決定する際の手続も重要です。参考例として、教員の半数しか出席しなかった進級判定会議で決定された原級留め置きの決定を適正手続違反と判断した例があります（新潟明訓高校事件　1972・4・27新潟地裁決定）。

　すでに述べたように、懲戒処分について法令は退学、停学、訓告の3種類を規定していますが、このほかに謹慎（自宅謹慎、学校謹慎）、自宅待機などの措置を設け、実質的な処分とすることも少なくありません。また、退学処分をせずに、あるいはその前段階として自主退学勧告を行う例もみられます。たとえば、事前に「今後どのような指導にも従う」という内容の誓約書を取っておく、停学中の生徒の停学期間を延長して学校への復帰を認めない、などです。高校の中途退学者のなかには「選択の余地のない自主退学」も相当数含まれているのではないかと推測されます。これらは記録として残される懲戒処分を避けようとする「親心」、温情であると説明されることが多いのですが、その実体は学校の責任を曖昧にし、手のかかる子どもを学校から排除しようとするものにほかなりません。このような「自主退学勧告」は懲戒処分ともいえない恣意的な措置であり、子どもの学ぶ権利を侵害し違法性が疑われるものであることに留意すべきです。

《参考文献》
・市川須美子「校則と子どもの人権」『学校教育裁判と教育法』三省堂、2007年

【吉岡直子】

第3部 事例で学ぶ教育法

Q37 学級担任の人事

隣の学級担任は新採の先生です。元気で子どもたちとも仲良くやっているようで一安心ですが、若い先生に担任は荷が重すぎるのではないかと思う時もあります。

A 小学校は学級担任制をとっています。中学校、高校は教科担任制ですが、学級担任を置いています。学級は、学習集団であるとともに生活集団という性格をもつ学校の基礎単位です。学校で過ごす時間の大半を学級で過ごすのですから、その学級のあり方が大変重要になってきます。学級のなかでいじめや暴力などが横行していたら、子どものいる場所はなくなってしまいます。逆に、暖かで支持的雰囲気をもつ学級は、そこでの学びにも良い影響を及ぼします。学級を子どもが安心できる居場所、子どもの発達と人間形成にふさわしい集団につくり上げていくこと、そのような力を子どもたちに培っていくこと、これが学級担任の大切な役割なのです。

学校にはさまざまな仕事があり、教師たちがそれらを分担しています。これを校務分掌といい、学級担任もその1つです。学校教育法施行規則43条は「調和のとれた学校運営が行われるためにふさわしい校務分掌の仕組みを整えるものとする」と規定しています。

校務分掌についての権限は校長にあるとされ、学級担任を決定し命じることもこれに含まれます（学教法37条4項）。しかし当然のことながら、それは校長が独断専行で決定するということを意味するものではありません。学級担任をはじめ校務分掌を決定する際には、年齢、性別、経験はもとより、個々の教師の適性や生活条件などさまざまな要素を考慮して総合的に判断する必要があり、それは職員会議等により構成員の合意のもとに決定されることがふさわしいものです。

新規採用の教員が学級担任となることはごく普通に行われており、小学校教員の95.5％、中学校教員の58.5％が学級担任を受け持っています（「初任者研修実施状況〔平成24年度〕調査結果」）。免許状によって基礎的な資格は公証されているので学級も担任できるはずという考え方があり、また、教員配置に余裕がない実態もあります。

とはいえ、新採教員が担任をもつことは容易なことではありません。2004

＜学校運営・教育措置＞

年、静岡県の公立小学校で、新任の教員が半年も立たないうちに自殺するという事件が起きました。夢をかなえ教師になったＡ先生は2年生の担任になりました。しかし、着任当初から児童の問題行動が絶えず授業が成立しない状況が日常的に続き、同僚教師や管理職から責任を問われ、Ａ先生は精神的に追いつめられていったのです。

遺族が公務災害認定を求めた裁判で、静岡地裁は以下のように述べ、訴えを認めました（静岡地裁2011・12・15労働判例1043号32頁）。Ａ先生の仕事は「新規採用教員の指導能力、対応能力を逸脱した深刻な加重性を有するものであり、こうした状況下にあっては、当該教員に対して組織的な支援体制を築き、他の教員とも情報を共有した上、継続的な指導・支援を行うことが必要であるところ、（略）、Ａに対してかかる支援が行われたとは認められない。」「教員全体において4年2組の学級運営の状況を正確に把握し、逐次情報を共有する機会を設けることが最低限必要であり、問題の深刻度合いに応じてその原因を根本的に解決するための適切な支援が行われるべきであった」。

この痛ましい事件は、しかし、新任教師の特異な例として片付けることはできません。いじめや学級崩壊はどのような学校においても、どのような教師においても起こりうると考えられています。学級の問題は学校全体の問題でもあります。教師同士や管理職が専門職である同僚として、職場の同僚として、担任教師を孤立させないことが何より重要です。親も当事者として教師とともに学級の問題を共有し、若い教師を支えてほしいと思います。

新任教師の負担を軽減し支援する方策として、学級担任ではなく副担任を担当させる、学級担任を受け持つ場合には副担任をつける、授業時間数を少なくする、授業等に関する指導や支援の充実を図る、ティームティーチングなどを取り入れる等があります。これらを実施しようとする自治体も現れており、今後の整備・拡充が期待されます。

《参考文献》
・久冨善之・佐藤博編著『新採教師の死がもたらしたもの—法廷で問われた教育現場の過酷—』高文研、2012年

【吉岡直子】

===== 第3部　事例で学ぶ教育法 =====

Q38　学校施設・環境

近年、小中学校では、「不審者」対策として学校の門の前に「監視カメラ」が取り付けられたり、モニターつきのインターフォンでの応対になったりするケースが増えています。防犯上はやむをえない措置との見方もありますが、それが望ましい学校施設・環境といえるのでしょうか。

A　2001年6月8日、大阪教育大学付属池田小学校で「不審者」乱入により8人の子どもが犠牲になるなど痛ましい事件が続いています。では、防犯上はやむをえないからといって、門を閉めて地域から隔絶された学校施設・環境となってよいのでしょうか。

　学校は、ただ安全であればよいという場ではありません。子どもの成長発達の場であり、地域に根ざしたより良い教育環境を維持していくことが求められています。子どもの生命の安全が脅かされるような緊急時には、やむをえず閉鎖的・監視的な防御環境が必要ですが、そのような緊急な場合を除いて、日常の学校活動の際には、地域に開かれた開放的な学校施設・環境を維持していくよう努めなければなりません。

　そのためには、学校安全観の転換が必要です。2001年の大阪教育大付属池田小学校事件などから、門扉の開閉や監視カメラの導入が問われ、あたかも「地域に開かれた学校づくり」の行き過ぎによって事件が起きたような印象を強く与えました。しかし、他方では、国立の小学校としての閉鎖的な環境が被害を大きくした、との見方もあるのです。むしろ、学校をより地域に開いていくこと、たとえば校舎内で保護者や地域の人びととの会合、寄り合いが頻繁に開かれ、スポーツや文化活動の拠点となり、日常子どもにとって身近な人びとが行き来する場となること、そのことによって、関係者以外の「不審者」が寄り付きたがらない環境・雰囲気をつくることができます。日々の地域に開かれた学校づくりの取り組みが、結果的に学校の安全を担保している、という施設環境が大切です。

　【校内「監視カメラ」の問題】　なお、「監視カメラ」は、安全なまち・学校をつくるために近年どこでも導入されてきています。事実、監視カメラの映像によって、犯人逮捕に結びついたケースも目立ちます。検挙率に貢献しているという点では、警察の実績づくりとなっていますが、まちや学校が監

258

<学校運営・教育措置>

視カメラだらけになる現状は看過できません。

　警察などの影響もあり、最近は、「監視カメラ」とはいわずに「防犯カメラ」という言い方で、人びとの安全を担保する防犯効果が期待され、普及してきた傾向があります。しかし、実際には「監視カメラ」は、「防犯」目的だけでなく市民生活の監視のためにも使われ、市民のプライバシー・人権を侵害してしまう危険性があります。実際に、学校では一般の防犯機能だけでなく、生徒間の盗難事件の際の「犯人探し」や教職員の出勤状況の監視にさえ使われて始めているといわれています。その意味では、校内における「監視カメラ」の設置と作動は、緊急時に限定し、日常的には使用しない（可能な限り取り外す）よう努めたいと思います。

　子どもは、危険回避能力が発展途上であることから、特段の安全で健康的かつ快適な生活環境が確保されなければなりません。さらに、子どもには「徒歩通学による居住地域の自然との接触」「小学校と家庭との親密感、近距離感」など「教育上の良き諸条件」が確保されなければならない、とし、子どもの通学環境権を侵害する広域の学校統廃合や電車・バス通学導入に歯止めをかける判例もあります（名古屋高裁金沢支部判決1976年6月18日判時842号70頁）。

《参考文献》
・喜多明人『学校環境と子どもの発見』エイデル研究所、1983年
・喜多明人・堀井雅道『学校安全ハンドブック』草土文化、2010年

【喜多明人】

━━━━━ 第3部　事例で学ぶ教育法 ━━━━━

Q39　教師の研修権

研修会がさかんに行われていますが、教育委員会等が主催する研修会だけが研修なのでしょうか。教職員組合が主催する研修は研修ではないのでしょうか。教師の研修権をどう捉えるべきなのでしょうか。

A　　教育基本法は9条で、教師の身分と待遇について定めています。教師は自ら研究と修養に努める必要があります。もっとも公務員一般についても、研修に関する規定があり、地方公務員法では、「職員には、その勤務能率の発揮及び増進のために、研修を受ける機会が与えられなければならない。」(39条1項) と定められています。この研修は任命権者が行うものとされています (同2項)。これに対して教育公務員に関しては、別に教育公務員特例法によって「教育公務員は、その職責を遂行するために、絶えず研究と修養に努めなければならない。」(21条1項) と定められ、任命権者は「教育公務員の研修について、それに要する施設、研修を奨励するための方途その他研修に関する計画を樹立し、その実施に努めなければならない」(同2項) と定められています。

　一般公務員の研修と教師の研修権との違いは、教師の場合、自主研修が重視されている点にあるといえます。教師の教育の自由を保障するためには、行政による上からの研修ではなく、教師という専門職性を重視した自主的な研修を重視する必要があります。そのために、教育行政は自主研修に関する条件整備を行う義務があるものと解され、具体的には校外自主研修の機会保障や研修経費の負担などがあげられます。

　【自主研修をめぐる近年の問題】　自主研修については、勤務時間外において教職員が自発的に研修に参加すること自体には問題は生じないでしょう。ここで問題とされるのは、教職員が勤務時間内に、いわゆる教職員組合が実施するいわゆる「教研集会」に参加することは認められるか、すなわち、職務専念義務を免除するべきであるかという点です。

　これについて、教研集会は組合活動の一環として行われているのだから、校長は、当該教研集会への参加についての研修性の判断を行うまでもなく、職務専念義務の免除を承認すべきではないとの見解があります。

　主催者が誰であるかを問うことなく、当該集会の研修性が判断されなけれ

260

═══════════════ <教職員> ═══════════════

ばならず、また、教職員組合を単に「労働組合」として捉えるのでなく、専門職の自己研鑽の場として機能する「職能団体」として位置づけるという視点が重要でしょう。この点につき最高裁も、教研集会開催のために学校施設を使用することを校長が不許可とした事件について、教研集会の労働運動としての側面を認めつつも、「教員らによる自主的研修としての側面をも有しているところ、その側面に関する限りは、自主的で自律的な研修を奨励する教育公務員特例法旧19条、20条の趣旨にかなうものというべきである」（最判2006・2・7民集60巻2号401頁）としています。

【官製研修について】　以上のように教師の研修については、自主研修を重視するとの理念が存しますが、1988年5月に教育公務員特例法が改正され、初任者研修制度が創設されました。これは任命権者が小学校等の教諭等に採用した日から1年間の初任者研修を実施しなければならないというものです。また、2002年6月改正では10年経験者研修が創設されました。これは小学校等の教諭等が在職期間10年に達した後相当の期間内に、任命権者は研修を実施しなければならないというものです。

　この他、東京都では校長の職務命令に従わずに入学式・卒業式で君が代斉唱の際に起立しなかったり、歌わなかった教師に対して、「服務事故再発防止研修」を受けることを命じました。教師の教育の自由を保障する重要な役割を果たしてきた自主研修の保障は、大きく変貌し、教育行政の教育内容統制の手段としての「官製研修」が拡大・強化されつつあるというのが現状です。

　なお、旧教育基本法6条2項では、教師に「全体の奉仕者」としての位置づけを与えていましたが、現行法ではこの文言が削除された上で「研修の充実が図られなければならない」と規定しています。前記の自主研修保障の後退という流れで新法が解釈されることが懸念されます。

《参考文献》
・神田修『教師の研修権』三省堂、1988年

【村元宏行】

第3部　事例で学ぶ教育法

Q40　学校の組合活動

私が所属する教職員組合（職員団体）では、職場討議などを通して教育現場から改善できることを積極的に提案し、文書を配布してきました。しかし、校長は批判的です。学校現場での組合活動は認められないのでしょうか。

A　【労働基本権保障と公務員法との関係】　憲法28条は、勤労者（労働者）に対して、団結権、団体交渉権およびその他の団体行動権（労働三権）を保障しています。教職員も労働者ですから、この労働三権保障の法的効果を享受するものであることは当然です。したがって、教職員は労働組合を結成することも団体交渉をすることもその他団体行動権の主要な内容である争議行為をすることも、民間私企業に勤務する労働者と同様に保障されていることになるはずです。ところが、現行法ではこうした法体制にはなっていません。すなわち、地方公務員法、国家公務員法では、争議行為は全面・一律禁止措置がとられていて、団結権についても、労働組合という名称を使わずに「職員団体」と定義づけ（地公法52条1項）、管理職員の職員団体からの排除を定め（同条3項）、職員団体を登録制度のもとにおく（53条）などの制約を課し、団体交渉権についても、団体交渉は登録を受けた職員団体とのみなし得るもので（55条1項）、交渉の結果、協約を締結する権利は認められず（同条2項）、管理運営事項は交渉事項とならない（同条3項）等々、多くの制約のもとにおいています。

憲法の労働三権保障とこうした公務員法との関係をどう捉えるかは労働法上の難問です。とりわけ、公務員法上の争議行為の禁止規定の合憲性については学説や判例で大いに論議されてきました。最高裁判例は、全農林警職法事件（最大判1973・4・25刑集27巻4号547頁）において、①労働基本権は勤労者を含めた国民全体の共同利益の見地から制約されうる、②勤務条件法定主義の原則から争議行為に訴えることは議会制民主主義に反する、③争議行為の禁止に対応した代償措置が講じられている、などから公務員の争議行為の禁止規定を合憲としました。判例はこれにより一応の決着をみましたが、学説のなかでは依然として違憲論が根強く残っています。

【組合活動の正当性】　組合活動という概念は、広義には、憲法28条が想定する団結活動、団体交渉、争議行為等団体行動のすべてを包含するもので

262

すが、通常用いられる組合活動は、団体交渉と争議行為を除いた日常的な組合としての活動を指す狭義の概念です。狭義の組合活動は、労働組合にとって団結自治に基づく自主運営権、未組織労働者への組織拡張権、使用者からの支配・介入に対する組織防衛権などの活動権であって、憲法28条の団結権保障の一環です。典型的には、ビラ貼り、組合文書の配布、示威集会、リボン・ワッペン戦術などよくみられるものです。しかし、こうした活動は基本的に職場内ですることになりますが、その限りで行政当局と衝突せざるを得ません。地方公務員法では公務員は職務専念義務があるので（35条）、勤務時間中にはあらゆる組合活動はできない、また、庁舎内でのビラ貼り、文書配布、リボン戦術等は使用者（当局）の施設管理権や労務指揮権といった財産権を侵害するので施設を利用する組合活動はできない（職員ロッカーへのビラ貼りに関して、国鉄札幌運転区事件・最判1979・10・30民集33巻6号647頁。リボン戦術に関して、大成観光事件・最判1982・4・13民集36巻4号659頁）、とするのが当局側の見解です。学説では、組合活動の正当性は、組合側の活動の態様、使用者の対応その他諸般の事情を考慮して、労働側の団結権保障と使用者の財産権を比較考量して団結権が使用者の財産権にどこまで立ち入ることができるかという観点から考えるべきだと主張されています。具体的には、上記ビラ貼り、ビラ配布、リボン戦術等は使用者の業務に具体的に支障が生じない限り正当な組合活動であるとします。組合活動の正当性を主張する論拠として、労使慣行が使われる場合があります。この点でも見解対立は厳しく、当局側の見解は、旧法例2条（現行は、法の適用に関する通則法3条）を根拠にし、労働慣行は成立する余地がないとします。しかし、労働法でいう労使慣行はこの規定を論拠にするのではなく民法92条を論拠とするものであり、労使慣行が十分成立する余地はあるとするのが学説・判例です（商大八戸ノ里ドライビングスクール事件・最判1995・3・9労働判例679号30頁）。

《参考文献》
・西谷敏『労働組合法第3版』有斐閣、2012年
・金子征史＝藤本茂＝大場敏彦『基礎から学ぶ労働法Ⅱ—集団的労働関係法・社会保障法』エイデル研究所、2013年

【金子征史】

第3部　事例で学ぶ教育法

Q41　教職員の人事

わが子の担任だった先生が4月に学校を異動してしまいました。教職員の人事権はどのようなしくみになっているのでしょうか。

A　【教職員の人事権のしくみ】　人事権とは、本来労働法上の概念で、使用者が労働者の採用・配転・出向・昇進・解雇などを決定する権限を意味しますが、その法的根拠は労働契約に基づくものです。学校における教職員は労務を提供し賃金を受けとる関係に置かれていて、労働法上の労働者であることに変わりはありません。したがって、人事権は労働者たる教職員の相手方となる「使用者」に属する権限ということになります。私立学校の教職員の場合には、労働法の適用下に置かれることになり、学校法人の理事長が使用者で、教職員は労働者となり、人事権も当事者間で締結された労働契約に基づくものとなります。

【公立学校教職員の人事のしくみ】　教職員の多くを占める公立学校教職員（県費負担教職員）の人事に関しては、一般労働法の適用ではなく、地方教育行政の組織及び運営に関する法律（以下「地教行法」）の定めるところとなっています。それによると、教職員の任免その他の人事権に関しては、都道府県教育委員会（県教委）に属します（地教行法37条1項）。そして、県教委が人事権を行使する場合には、市町村教育委員会（地教委）の内申を待って行います（38条1項、教員人事における内申権という）。この場合、地教委は教育長の助言により内申を行います（同条3項）。さらに、校長は所属県費負担教職員の人事に関する意見を地教委に申し出ることができる（39条、校長の意見具申権という）とされています。

教職員人事は、適正配置、人事交流の観点から都道府県ごとに広域に行われますが、県費負担教職員の身分は市町村の公務員であり、地教委が服務監督権を有する（43条1項）ことから、人事権の発動には地教委の考え方を反映させることが必要となります。県教委の人事権発動に際して、地教委の内申を待って行うとされ、地教委が教育長の助言により内申を行うとされているのはそのためです。さらに、校長の地教委に対する具申権を制度化したのも、現場で教職員を最も熟知しているのは校長であるからです。ただし、校長の具申権は法律上の要件ではないため、事情によっては校長の具申がなくとも

━━━━━━━━━ ＜教職員＞ ━━━━━━━━━

教育長の助言さえあれば地教委は内申をすることができます（1974年10月4日初中局長通達）。校長の意見具申や地教委の内申は、それぞれ地教委や県教委の判断を法的に拘束するものではありませんが、現場をより熟知している者の判断を尊重するというこのシステムの趣旨からいえば、可能な限り意見具申や内申を尊重することが必要です。

【近年における人事権をめぐる動向】　2005年10月、中央教育審議会（中教審）の「新しい時代の義務教育を創造する」答申において、「義務教育諸学校は市町村が設置し教職員も市区町村の職員でありながら、給与負担と人事権が都道府県にあるため、県費負担教職員が地域に根ざす意識をもちにくくなっていること、また、より教育現場に近いところに権限を下ろすべきであることなどから、人事権についても都道府県から義務教育の実施主体である市区町村に移譲する方向が望ましい」とする方向性が示され、「当面、中核市をはじめとする一定の自治体に人事権を委譲し、その状況や市町村合併の進展等を踏まえつつ、その他の市区町村への人事権委譲について検討することが適当である」との提言がなされました。こうした方向性は、その後、2006年12月の規制改革・民間開放改革会議の第3次答申、2007年1月の教育再生会議の第1次報告などで確認されてきました。しかし、その後、全国都道府県教育長協議会などはこうした動きに対して慎重審議を要請し、結局、2007年3月の中教審答申「教育基本法の改正を受けて緊急に必要とされる教育制度の改正について」で、「県費負担教職員の人事権を全面的に市区町村に移譲することについては、県費負担の在り方を含め、今後引き続き検討」することとされました。義務教育学校の設置運営に関し第一義的に責任を負う地教委が自己決定・自己責任を可能にするシステムづくりのためには権限移譲の方向で抜本的に検討されることが望まれます。

《参考文献》
・小川正人『市町村の教育改革が学校を変える―教育委員会制度の可能性』岩波書店、2006年
・新井秀明「教員の市町村採用」江川＝高橋＝葉養＝望月編『最新教育キーワード〔第12版〕』時事通信社、2007年

【金子征史】

====== 第3部　事例で学ぶ教育法 ======

Q42　教員評価問題

「新しい教員評価」が実施されるようになってからしばらく経ちましたが、そもそもどのような目的で始まったのでしょうか。また、これまでにどのような成果があがっていて、どのような課題があるのでしょうか。

A　【目的と現状】　2000年前後からいじめ、不登校、学力低下など教育諸課題の深刻化や「指導力不足教員」問題が注目されたことを背景として、教員の資質・能力や業績に対する関心が強まり、教員評価システムの導入が全国的に進みました。教員評価の実施を促進した別の原因として、年功的給与体系から職務・職責や勤務実績に応じた給与体系への移行を図る公務員制度改革もありました。このような背景から、「新しい教員評価」は、教員の資質能力向上のための方法と給与等の処遇への反映や昇任・異動等の人事決定の判断材料という2つの性格をもっています。従来の勤務評定とは異なり、資質能力の向上という目的があるため、個々の教員が職務に関する目標を設定し、その成果を自己評価したうえで校長等の管理職と面談を行う「目標管理」が取り入れられるとともに、評価者である管理職も授業観察を行うなどして、教員の職務遂行状況を具体的に把握し、良い点と改善点をフィードバックすることが求められています。

　文部科学省が47都道府県教育委員会と19指定都市教育委員会を対象に2010年4月1日時点での教員評価システムの取組状況について調査した結果によれば、教員評価の結果を研修に活用していたのは能力評価で28委員会、業績評価では19委員会でした。資質能力向上のためには、管理職による授業観察とその後の教員へのフィードバックのほか、評価をふまえて研修内容を確定したならば、そのための研修機会を保障することも必要となりますが、その点での取り組みはまだ十分とはいえないようです。一方、教員評価の結果を昇給・降給に活用していたのは能力評価で14委員会、業績評価では13委員会、同じく勤勉手当に活用していたのは能力評価で8委員会、業績評価では11委員会でした。調査時点では、給与等の処遇への反映を行っている教育委員会も一部に留まっていました。

　【課題】　教員の資質能力向上を目的として行われる評価が「職能成長型」や「能力開発型」と呼ばれるのに対して、給与や人事決定のために行う評価

266

＜教職員＞

は「査定型」や「アカウンタビリティ型」と呼ばれます。また、前者においては教員が職務を遂行する過程における自己省察と管理職や同僚教員からのフィードバックが重要であることから「形成的評価」、後者では学期や学年の終わりに職務能力の発揮度や結果としての業績の判定を行うことから「総括的評価」ともいわれます。日本の教員評価は、この両方の目的・性格をもたされているわけですが、それらを同時に追求することの困難が指摘されています。職能成長を目的とする場合、もっとも重要なことは評価される教員が評価者を信頼し、進んで弱点を明らかにすることですが、そうすることが給与決定や人事上のマイナス査定になるのであれば、評価＝査定者と信頼関係を取り結ぶことは難しくなるでしょう。

　教員に対する調査では、教員評価が、自分の資質能力の向上に役立っているか、また、評価結果の給与等処遇への反映は職務上の意欲や自信の向上につながっているかという質問への回答は、概して、あまり肯定的なものではありませんでした。このような結果を受けて、結果の活用をさらに進めるべきだという意見があるかもしれませんが、その前に教員評価の目的や基準や方法を慎重に再検討することも必要でしょう。また、資質能力向上はお題目にすぎず、結局は成果主義的な給与制度の実施を含む、教員管理上の都合によって推進されているのではないかという不信感も教員の一部では払拭されていません。教員評価が2つの目的をもつことの困難をふまえ、職能成長に対する支援という目的に特化した制度と運用に向けた再検討が、教員からの信頼獲得へとつながる可能性があります。

　【今後の展開】　2014年に地方公務員法が一部改正され、「人事評価」は任用、給与、分限、その他の人事管理の基礎として活用することが明確に規定されました（23条1項）。その結果、現在は一部にとどまっている人事決定への教員評価結果の反映が進み、資質能力向上という目的との両立がますます難しくなることが予想されます。一方、法改正により、人事評価の「公正」が強調されたため、評価基準の公表、評価者訓練、情報開示や面談、苦情処理等に関して、制度と運用の改善を期待することができるでしょう。

《参考文献》
・金子真理子・苅谷剛彦編著『教員評価の社会学』岩波書店、2010年

【勝野正章】

第3部　事例で学ぶ教育法

Q43　教職員の多忙化と勤務条件

今の教育現場は多忙で心身に影響が出ている者も多いです。このままでは過労死しかねません。何とかならないでしょうか。

A　【教職員の勤務条件に関する法適用関係】　憲法27条によれば、労働者の勤務条件に関する基準は法律によって定めることとされています。この規定を受けて、労働基準法（以下「労基法」）が一般的な労働条件基準を定める法律として存在します。教職員も労働者ですが、ただ、その身分上の差異によって労働条件基準を定めた法の適用関係も異なります。まず私立学校に勤務する教職員は労基法の適用下に置かれます。公立学校の県費負担教職員の場合にも同法の適用がありますが、地方公務員法（以下「地公法」）によって労基法の適用除外規定が多くあり（地公法58条3項）、結局、地公法に基づく都道府県の条例によって定められています（同法24条6項）。なお、公立学校の教職員の場合には、地公法の特別法である教育公務員特例法（以下「教特法」）も適用されます。したがって、具体的にみるにはこれらの法律や条例を十分注意してみる必要がありますが、基本的には憲法25条の趣旨、健康で文化的な最低限度の生活保障（生存権保障の理念）を生かした勤務条件となっていなければなりません。

【県費負担教職員の労働時間】　県費負担教職員の勤務時間は、労基法の適用下に置かれ、労基法32条の週40時間および1日について8時間以内となります。そして地公法24条6項で「職員の給与、勤務時間その他の勤務条件は、条例で定める」と定められていますので、都道府県の条例により定められ（地教行法42条）、内容的に労基法の規定に反しないものになります。具体的な条例もこの原則に即した労働時間基準を定めています。国家公務員の勤務時間を定める「一般職の職員の勤務時間、休暇等に関する法律」においても、勤務時間は、休憩時間を除き、1週間当たり40時間と定め（5条）、日曜日および土曜日は週休日（勤務時間を割り振らない日）とされています（6条1項）。実際の勤務に際して、公務の運営上の事情により特別の形態によって勤務する必要がある教職員については、週休日および勤務時間の割り振りを別に定めることができます（7条1項）。県費負担教職員の勤務時間の割り振りについては、任命権者、つまり地方教育委員会がすることになります。

268

======================= ＜教職員＞ =======================

【時間外・休日労働】　過労や多忙の原因となる時間外・休日労働は、労基法では、非常災害時および公務のため臨時に必要がある場合（33条）と労使協定による場合（36条）とがあります。時間外・休日労働は、先進諸国に比して規制が緩く、手当も低いため、長時間残業を恒常化する結果をもたらし、サービス残業と相まって過労死の原因の1つといわれています。

　県費負担教職員の場合は、「公立の義務教育諸学校等の教育職員の給与等に関する特別措置法」（以下「給特法」）により、俸給月額の4％の教職調整額を支給することとし、この調整額は、教職という勤務実態の特殊性から、時間外・休日労働も想定したものであるため、別途、時間外・休日労働手当を支給せずに、時間外・休日労働を命じ得るものです。給特法では、教職員に時間外・休日労働をさせることができるのは、政令で定める基準に従い条例で定める場合に限る（6条1項）とされています。具体的にはこの規定に基づく政令（2003年政令484号）によって、実習、学校行事、非常災害その他やむを得ない場合の業務など、いわゆる超勤4項目に該当する場合のみ時間外・休日労働を認めています。しかし、実際には、これらに該当しない業務についても時間外・休日労働をしているのが一般的であり、2006年に文部科学省で実施された教員勤務実態調査（東京大学『平成18年度文部科学者委託調査研究報告書』）でも、教職員の時間外・休日労働は減少することなく増加する傾向が明らかとなっています。2007年3月の中教審答申において、教職調整額の見直しを専門的・技術的に検討することが必要とされ、それを受けて文科省は「学校の組織運営の在り方を踏まえた教職調整額の見直し等に関する検討会議」を設置し、2008年9月「審議のまとめ」が出されました。そこでは、これからの時代にふさわしい学校のあり方や教職員の職務のあり方、それをふまえた教職員の勤務時間管理、時間外勤務、適切な処遇のあり方、さらに教職調整額制度の見直しについての課題や論点を整理しました。この「審議のまとめ」をふまえて中教審では教職調整額制度の廃止の方向での議論が進められています。教職員の過労死を防ぎ、不必要な時間外・休日労働をなくすためには給特法による教職調整額制度は完全に廃止されるべきではないでしょうか。

《参考文献》
・金子征史「教師の労働条件—年休権を中心に」日本教育法学会編『講座教育法5　学校の自治』総合労働研究所、1981年

【金子征史】

第3部　事例で学ぶ教育法

Q44　指導力不足教員への対応

子どもの担任の先生は授業を板書中心で進め、質問しても答えてくれないそうです。子どもは聞いてもわからないから、塾の先生に聞けばいいよと、ほとんど諦めています。こんな先生は辞めてもらいたいのですが、どうしたらよいでしょうか。

A　【指導力不足教員の配転制度】　2001年に地教行法改正で、指導力不足教員を教職以外の職種に転任させる制度が導入されました。すなわち、都道府県の教育委員会（教委）は、市町村立学校の県費負担教職員が、①児童生徒への指導が不適切であること、②研修等必要な措置を講じてもなお児童生徒への指導を適切に行うことができないと認められること、の2つの要件に該当した場合に免職とし、引き続いて教員以外の職に採用することができるとしています（47条の2第1項）。この場合、具体的実施にあたっては、事実の確認や上記2つの要件該当性の判断が重要となります。この点については、すべて各教委規則に委ねられるため（同条2項）、都道府県ごとに判定基準と判定手続が定められています。

　この判定基準について文科省の事務次官通知（2001年8月29日）が出されました。そこでは、①教科に関する専門的知識・技術が不足しているため、学習指導を適切に行うことができない場合（教える内容に誤りが多かったり、児童生徒の質問に正確に答えることができない等）、②指導方法が不適切であるため、学習指導を適切に行うことができない場合（ほとんど授業内容を板書するだけで、児童生徒の質問を受けつけない等）、③児童生徒の心を理解する能力や意欲に欠け、学級経営や生徒指導を適切に行うことができない場合（児童生徒の意見をまったく聞かず、対話もしないなど児童生徒とのコミュニケーションをとろうとしない等）といった3つの典型的なケースを示しています。実際のより詳しい基準は各教委規則で設けられています。また、指導力不足教員の認定手続については教委が定めるものですが、前述の文科省の通知によれば、手続の内容として想定している事項は、①教委内に判定委員会等を設けて判断すること（判定委員会には専門的知識を有する学識経験者等を加えることが望ましい）、②指導が不適切である原因が精神疾患等の病気に起因するおそれがある場合には、精神科医等医師の意見を聴くこと、③必要に応じて校長等から授業状況等の様子を報

270

＜教職員＞

告させること、④必要に応じて当該教員に意見を述べる機会を与えることなどです。この手続を進めるにあたって、当該教員のプライバシーに配慮すること、および地公法49条の2の定めに基づく不服申立てを行うことが可能であることも重要との考えを示しています。

2008年の文科省「指導力不足教員の人事管理に関する取組等について」では、2005年度に指導力不足教員として研修を受けた者は342名であり、そのうち、現場復帰116、依願退職者93、分限免職者6、分限休職者8、転任者2、継続研修者115、定年退職者1、病気休暇者1、という状況でしたが、2013年には、研修を受けた者77名であり、そのうち現場復帰37、依願退職16、分限免職2、分限休職3、転任1、研修継続15など、全体として減少傾向にあるようです。

【指導力不足教員に対する免職処分】　上記調査によれば、指導力不足教員が研修によって現場復帰するケースは全体の3分の1から半数ほどです。また、教員以外の職種に転任させるケースはきわめてまれです。とはいえ研修によって改善がみられない教員を地公法に基づく分限免職にするのは身分保障上、実際は困難です。結局は、説得で自主的に退職させる、目をつぶって現場復帰させる、あるいは研修をさらに継続させる、といった対応しかなく、任命権者は苦慮しているのが現実です。そこで、2007年に教職免許法に基づく教員免許更新制の導入とあいまって、教特法の改正により新たな指導力不足教員への措置が定められました。具体的には、任命権者が、児童生徒への指導が不適切であると認定した教員に対して、原則として1年間の指導改善研修を実施し（教特法25条の2）、研修終了時の認定でなお指導を適切に行うことができないと認められた教員に対して免職等の措置を講ずることができる（同25条の3）、とするものです。この制度の導入によって、指導力不足の教員に対する人事管理の実務は、より機能すると考えられていますが、この措置により、対象とされる教員の身分保障が失われることを考えると、指導力不足教員の認定に際しての適正な手続や公正な判断がなされるよう慎重な配慮が必要とされます。以上のことからみれば、質問のケースは、指導力不足教員と認定される可能性が高いケースと思われます。

《参考文献》
・特集「指導力不足教員」季刊教育法129号、2001年
・特集「教員の資質向上の方法」季刊教育法141号、2004年　　　　　【金子征史】

第3部　事例で学ぶ教育法

Q45　学校事務の共同実施

学校事務の共同実施が進んでいると聞きますが、どういうことでしょうか。
学校事務室は事務用品を用意してくれたり、学校施設を良くしていくために
アンケートをしてくれたり、事務の先生にお世話になってきたのですが…。

A　学校教育法37条1項では、学校の基本的な人的条件として「校長、
教頭、教諭、養護教諭及び事務職員を置かなければならない」とされていま
す。このなかで、「事務職員」は教育専門職ではないにも関わらず規定され
ています。これは学校が本来の目的である教育を行うためには事務的な仕事
が伴うことを意味しています。たとえば、学校事務には教材や学用品の手配、
それに係る費用（教材費、給食費、積立金等）の徴収・管理、学校施設・設備の
管理等があげられます。事務職員はこのような役割を担い、教員の負担軽減
化を図ることにより学校教育を支えており、そのため学校に必要な人的条件
として法的にも位置づけられているのです。また、公立小・中学校の事務職
員の給与は教員と同様に、義務教育費国庫負担法等に基づき国庫負担の対象
とされ、義務標準法に基づき定数が設定されています。この点について、文
科省は2012年9月に「子どもと向き合うための新たな教職員定数改善計画
案」を策定しました。これは2013年から2017年にかけて教職員数の改善（2
万7800人増）を図るものですが、このなかには事務職員も位置づけられており、
特に2013年度の文科省の予算要求では「地域連携強化のため」に事務職員
の増加を求めています。

　他方、このような学校事務のあり方については、1998年の中教審答申「今
後の地方教育行政の在り方について」において、少子化による学校の小規模
化や学習指導要領の改訂や学校裁量権の拡大を背景とした校長や教職員等の
事務・業務の負担を軽減化するために、学校事務・業務の共同実施が打ち出
されました。具体的には「特定の学校に複数の事務職員を集中的に配置して
複数校を兼務させる」「学校の事務を共同実施するセンター的組織を設置す
る」という方向性です。

　この方向性をふまえ、文科省は前述の予算要求において、学校事務の効率
化や共同事務実施を名目に事務職員の増加を図ってきました。そして、全国
公立小中学校事務研究会の調査によれば、約8割の都道府県が学校事務の共

<教職員>

同実施の推進を図っており、約半数の市区町村が全域もしくは一部地域で学校事務を共同実施している実態が明らかになっています。また、この成果としては学校間における情報の共有、事務処理の不正の防止や迅速化・標準化などが明らかになっています。他方で、教員の事務負担軽減や学校のマネジメント力強化等については課題があるようです。

また、学校事務のセンター化を図った地域では課題も出てきています。学校事務のセンター化とは、事務職員が個々の学校ではなく教育委員会や拠点となる学校に配置され、複数の学校事務を処理する方式です。この他にも、センターに正規の事務職員を配置し、学校には非正規の事務職員を配置するというような形態もあります。このようなセンター化の問題点は学校の人員が減ることで、逆に教員の負担が増えるということが考えられます。たとえば、学校施設・設備の管理という点では、それらの破損・危険箇所の発見は施設・設備を使用する人の目が多ければ良いわけですし、その修繕やそれに係る手続きという点では学校内に事務職員がいた方がより円滑かつ迅速に進むでしょう。また、教材費や学校給食費の徴収の点では、最近、経済的な困窮からそれらの未納の問題がありますが、それらへの対応は教員ではなく事務職員であることも多いようです。なぜなら、教員は子どもとの関係から保護者に聞きにくいことや、授業やその準備のため時間的余裕がないこと等の事情があるからです。また、事務職員は教員よりもフラットな関係で保護者と向き合うことができ、それに加えて、経済的な困窮をしている保護者への支援制度（学校教育法19条の就学援助制度）に関する知識も持ち合わせているため、円滑な徴収に加え、子どもと保護者の安心につながる可能性があるのです。

このような学校事務のセンター化は、すでに学校用務や給食調理の面ではセンター化が進みつつあるという動きと連動して、今後、自治体で拡大していく可能性があります。ただ、教員ばかりか子どもや保護者の安心を図っていくという事務職員の役割を考えれば、学校事務の共同実施やセンター化の導入は条件整備という観点から慎重な判断が求められています。

《参考文献》
・全国学校事務制度研究会（制度研）『お金の心配をさせない学校づくり―子どものための学校事務実践』大月書店、2011年
・藤本典裕・制度研『学校から見える子どもの貧困』大月書店、2009年　　【堀井雅道】

===== 第3部　事例で学ぶ教育法 =====

Q46　学校給食

学校給食がいろいろと話題になっています。2012年には、給食の食材が原因の食物アレルギーで小学生が亡くなるという事件が起こりました。中学校では給食のない学校も珍しくありません。学校給食というのはどのようなしくみで、何のために行われているのでしょうか。

A　学校給食法という法律があります（1954年制定）。この法律には、「学校給食の普及充実を図ることを目的とする」「義務教育諸学校の設置者は、(中略) 学校給食が実施されるように努めなければならない」と規定されています（1条、4条）。これを受けて、学校給食は、1969年告示の学習指導要領から特別活動のなかに位置づけられています（小中学校の場合）。

【食育基本法、栄養教諭、学校給食法の改正】　2005年には、食育基本法が制定され、食育を「国民運動」として取り組み（前文）、「国民の心身の健康の増進と豊かな人間形成」（2条）、「食に関する感謝の念と理解」（3条）、「伝統的な食文化、環境と調和した生産等への配慮及び農山漁村の活性化と食料自給率の向上への貢献」（7条）等に資するように推進されなければならない、と規定しています。また、第19条は、「家庭における食育の推進」を、20条は「学校、保育所等における食育の推進」をうたっています。

食育基本法に先立って2005年4月から栄養教諭制度がスタートしました（学校教育法の一部改正で、同法37条13項に規定）。文部科学省は、子どもたちの食の乱れが深刻化しているなかでは「食に関する指導の充実」が必要とされていると、その意義を説明しています。文部科学省があげる栄養教諭の行うべき職務は次の3つです。①子どもへの個別指導②学校給食を教材として学校内で他の職員と連携しながら行う食に関する指導③食に関する指導の連携、コーディネーター役。　こうしたなかで、2008年に学校給食法が大幅に改正され、第1条に「学校における食育の推進を図ることを目的とする」ことが加えられました。食育基本法が目指す「国民運動」のなかでは、学校給食が栄養教諭を中心として重要な役割を果たす、そんなイメージが湧いてきます。

【学校給食の今】　文部科学省の調査によれば（全国の国公私立学校対象、2012年5月現在）、完全給食実施率は小学校で98.2％、中学校で78.1％、特別支援学校で86.9％です。この実施率は特に中学校の場合、都道府県によってかなり

の違いがあります。100％のところもありますが、神奈川は24.4％です（実施学校数の割合。2014年5月調査）。同じ県でも市町村によって実施状況は異なります。神奈川県の場合、小学校はどこもほぼ100％ですが、中学校では100％の市町村がある一方、ゼロの市町村もあります（神奈川県教育委員会調べ）。つまり市町村の姿勢次第ということになります。

調理方法も単独調理場方式、共同調理場方式、外部委託などいろいろです。自治体によって大きな違いがあるのは、財政への影響が大きいからです。

学校給食に対する子ども、保護者の意識も大きく変わっています。食べ方や食に対する嗜好は、個人的なものだという理由で、わが子には弁当をもたせたいという意向をもつ家庭がある一方、弁当をもたせるのは労力が大変なので給食を、という要望もあります。中学校のなかには業者の弁当を数種類用意して、家庭からの弁当持参も含めて選択にしているところもあります。

【学校給食がかかえる課題】 学校給食を考える場合、まずは基本的な考え方に大きな違いがあります。一律の内容や学校任せにするなどの方式は好ましくないという考え方がありますし、現にある食の乱れや偏りを学校教育のなかで正していくべきという考え方もあります。学校現場もさまざまです。地域の食材を使って郷土学習につなげている取り組みもあるし、完食競争で偏りをなくしていこうという学校もあります。

給食を取り巻く環境にも課題はあります。栄養教諭の配置は増えていますが、全国で4355人に過ぎません。食物アレルギーの子どもの数も、原因食材の種類も増えて、複雑な対応が必要になっており、アレルギーが起きた場合の抗アレルギー薬の注射を含めて現場教職員の負担は増えるばかりです。

また、学校給食は出発当時から、米国の余剰農産物の消費として考えられるなどビジネスチャンスとしても捉えられてきました。複雑に絡み合った現代社会のなかで、給食が子どもの利益を最優先しながら実施されていくにはどうしたらよいか、考えていく必要がありそうです。

《参考文献》
・河合知子ほか『問われる食育と栄養士：学校給食から考える』筑摩書房、2006年
・池上甲一ほか『食の共同体』ナカニシヤ出版、2008年
・牧下圭貴『学校給食』岩波書店、2009年

【永田裕之】

― 第3部　事例で学ぶ教育法 ―

Q47　学校図書館への司書教諭の設置

学校図書館への司書教諭の設置の法的根拠は何でしょうか。どうすればその資格を取ることができ、学校司書との違いは何でしょうか。

A　日本では、学校図書館の定義、運営方法等を定めた法律として、1954年4月1日に学校図書館法が施行されています。司書教諭の設置義務についても、同法5条1項に「学校には、学校図書館の専門的職務を掌らせるため、司書教諭を置かなければならない」と定められています。ただし、同法附則2項において「当分の間…置かないことができる」と付記されていたため、この義務は実質的に猶予され、多くの学校で司書教諭の設置が進むことはありませんでした。この猶予措置は1997年の法改正により撤廃され、2003年4月1日以降は司書教諭の設置が義務付けられますが、現行法の附則2項でも「政令で定める規模以下の学校にあつては、当分の間」、司書教諭を置かなくてもよいとされています。「政令で定める規模」とは、学校図書館法附則第2項の学校の規模を定める政令により「11学級」と定められています。つまり、12学級以上の学校には設置義務がありますが、11学級以下の学校では今も猶予されていることになります。文科省の2014年度調査によると、国公私立学校での司書教諭の発令状況は、小学校66.2％、中学校62.3％、高校81.5％となっています。司書教諭がいない学校もまだまだ多く、教育の平等性という観点から法改正が望まれます。

【司書教諭資格の取得方法】　学校図書館法5条2項には、司書教諭は「教諭をもつて充てる」と定められています。司書教諭は主幹教諭、指導教諭、教諭であることを前提とする「充て職」であるため、その資格取得には、教育職員免許法に定める小中高、特別支援学校の免許状が必要となります。資格講習は毎年夏季を中心に集中講義形式で全国の大学等で実施されていますので、現職教員と免許取得者は講習にて5科目10単位を修得し、所定の手続きを経て司書教諭資格を取得できます。講習機関は5月末に『官報』にて告示され、実施要項等は文科省のサイトに掲載されます。

教員を目指す大学生は、2年以上在学し、62単位を取得すれば、上記の講習を受講することもできますし、在籍する大学・短期大学に司書教諭課程があればその科目の単位を取得した後、法定科目として認定を受けることも可

＜教職員＞

能です。通信課程で司書教諭課程を開いている大学もありますので、通信教育を通して資格取得を目指すこともできます。

【司書教諭と学校司書の関係】 2014年6月20日、学校図書館法が一部改正され、同法6条に「学校には（中略）専ら学校図書館の職務に従事する職員（「学校司書」という）を置くよう努めなければならない」との条文が追加されました。法改正以前から、各地の学校には「学校司書」と呼ばれる職員が置かれ、司書教諭制度の不備を補ってきた経緯があり、ようやくその職種が法的に認められることになったのです。2つの職種の違いは、司書教諭の多くが教科や学級担任との兼務となるのに対して、学校司書の多くは専任で職務にあたる点にあります。ただし、専任とはいっても、小中の学校司書は非正規雇用が多く、パートタイムだったり、数校を掛け持ちして勤務する実態もあります。高校では小中よりは安定した雇用身分・勤務態勢であることが多いのですが、実習助手として他校務を兼務する地域も一部あり、正規職員の比率も低下傾向にあります。法改正にあわせて、学校司書の資格制度の整備や定数措置の実現が強く求められています。法律では司書教諭が「専門的職務を掌」り、学校司書は「従事する」という表現が用いられているため、司書教諭＞学校司書という職階をイメージしがちですが、そのような一面的な捉え方をするのは好ましくありません。学校司書の歴史は司書教諭よりも古く、さまざまな研究が積み重ねられてきました。たとえば、学校図書館では教育的配慮のもとで一部の資料の閲覧が制限されたり、読書のプライバシーが十分に守られていない現状もありますが、子どもの権利条約の理念や憲法21条に裏付けられた「図書館の自由」を重視する立場からそれを問い直す実践も深められています。一方、学校司書の採用では今のところ図書館法に定められた司書資格（公共図書館の専門資格）を要件とするケースが多いため、学校の制度や教育課程の専門知識は必ずしも十分ではないという指摘もあります。

　学校図書館には、「教育課程の展開に寄与」し、「児童又は生徒の健全な教養を育成する」べく（法2条）、読書センター・学習センター・情報センターという機能が備わっているとされます。司書教諭と学校司書は各々の専門性や資質を生かし、協働してこれらの機能を果たしてくことが期待されます。

《参考文献》
・学校図書館問題研究会編『学校司書って、こんな仕事』かもがわ出版、2014年
・渡邊重夫『学校図書館の対話力　子ども・本・自由』青弓社、2014年　　【山口真也】

第3部　事例で学ぶ教育法

Q48　子どもの権利救済と教育委員会

子どもからのSOSを受けとめ、効果的に救済していくことが課題になっています。教育委員会が設置している相談窓口や子どもオンブズパーソンのような第三者機関はどのような役割を果たしているのでしょうか。

A　教育相談、教育支援、教員研修等を総合的に行う機関として、都道府県や市町村、大学・財団等に「教育センター」や「教育研究所」が設置されています。主として教育相談事業を行う機関としては、教育委員会や地方教育事務所に「教育相談所・相談室」が設置されており、地域によって対象や扱う事例に関して差異はありますが、概して学校・家庭教育全般に関する相談を幼児・児童・生徒、保護者、教職員等から受けつけています。相談の多くは保護者からです。各市町村教育委員会や教育事務所単位では、各地域における相談事業を行い、都道府県レベルでは、全域からの相談事業を行うとともに各地域と連携・協力し、教育相談機能の向上を図っているところもあります。相談事業としては、一般的に電話による相談や来所、訪問、巡回相談を実施しており、心理専門職（臨床心理士等）および学校教育を専門とする相談員（指導主事、退職校長等）が相談に応じています。また、メールによる相談を実施しているところもありますが、電話や来所につなげていく入り口として限定して利用されるケースが多いです。学校に関する教職員からの相談に関しては、幼児・児童・生徒の理解、課題解決、成長支援、指導法、情報提供、緊急支援等を実施しています。概して、保護者や教職員を通しての支援が中心となっており、子ども自身からの相談が少ないことが課題です。

　不登校相談に関しては、教育委員会は「教育支援センター（適応指導教室）」を設置しています。不登校の相談には教育委員会所管の機関や児童相談所、福祉事務所、病院等があたっており、こうした機関等で相談や指導を受けた場合、指導要録上出席扱いとする傾向にあります。いじめ相談に関しては、文部科学省が2007年2月7日より24時間体制で相談することができるよう、全国統一の電話番号を設置し、原則として当該所在地の教育委員会の相談機関に接続されます。都道府県・市町村教育委員会の実状により、児童相談所・警察・いのちの電話協会・臨床心理士会等、さまざまな相談機関との連携協力を行っています。

＝＝＝＝＝＝＝＝＝＝＝＝ ＜教育行財政＞ ＝＝＝＝＝＝＝＝＝＝＝＝

　一方、子どもオンブズパーソンとは、北欧諸国を中心に発展してきた子どもの利益・権利の擁護・促進を目的とする独立した公的第三者機関です。個別救済、モニタリング、制度改善・提言、教育・啓発という4つの機能を発揮しています。日本では、兵庫県川西市の「川西市子どもの人権オンブズパーソン条例」（1998年12月）を皮切りに、「埼玉県子どもの権利擁護委員会条例」（2002年3月）等がつくられ、地方自治法上の規定に基づく執行機関の附属機関として位置づけられ、実績をあげています。愛知県豊田市や東京都世田谷区のように、子どもの権利に関する総合条例のなかで相談・救済機関を設置する自治体もあります。子どもオンブズパーソンは、子どもの立場に立ち子どもに寄り添い問題解決にあたることが原則で、カウンセリング機能、ソーシャルワーク機能がその役割に含まれています。この特質は、子ども自身を「解決の主体」として位置づけ、常に子どもの最善の利益を第1に考えているところです。第2に子どもの現実に寄り添い子どもとの対話を深めるなかで、子どもとともに最善の利益を追求し、そうした活動を通し行動の選択肢を子どもが豊かにもてるようにする、すなわち子どものエンパワメントを図ることです。第3に、他の機関とは違う特質としては、独立した第三者機関であることを背景に、関係機関への調査権限を有し、問題があった場合には、関係当局などに勧告・意見表明などを出す権限を有していることであり、他の関係機関との橋渡し的な役割も担っています。さらに第4に、さまざまな個々の事例を取り扱った経験をもとに制度や政策の改善を提言していくことができることです。

　相談者は、当該子どもの最善の利益を保障するためにそれぞれの問題の性質をふまえ、地域の実情に応じ、どの機関に相談するのが個別救済に繋がるのか十分な検討を要します。特に教育委員会に関しては、オンブズを含めた子ども相談・救済に関しての理解と普及を促進するとともに連携を深め、そして、学校の管理職に関しては、日頃より教職員や保護者、子ども本人がアクセスできるよう有益な情報を提供していくことが望まれます。

《参考文献》
・荒牧重人＝吉永省三＝吉田恒雄＝半田勝久編『子ども支援の相談・救済─子どもが安心して相談できる仕組みと活動』日本評論社、2008年

【半田勝久】

第3部　事例で学ぶ教育法

Q49　学校教育における私費負担と学校予算

義務教育無償の憲法規定（第26条）にもかかわらず、保護者は多額の学校徴収金を負担していますし、その負担額は自治体・学校ごとに大きく違っています。こうした実態は憲法に違反するのではないでしょうか。

A　【義務教育無償をめぐる論争と現行法規定】　憲法26条は「義務教育は、これを無償とする」と規定していますが、この規定をどう解釈するかをめぐり学説上の対立があります―授業料無償説vs.修学費（就学必需費）無償説―。

授業料無償説とは、①憲法の無償規定は国政上の任務を明記したにとどまるもので子どもの就学に要する一切の費用を無償化することを意味しないこと、②その理由は、義務教育が国の存立・繁栄という国家的要請だけでなく親の本来有している子どもを教育すべき責務からも成り立っていること、③わが国の義務教育の沿革から照らして、憲法の規定は国が義務教育を提供するにつき有償にしないこと＝授業料不徴収の意味に解することが妥当である、という考え方です（「教科書代国庫負担上告事件」最高裁判決1964年2月26日）。これに対して、修学費（就学必需費）無償説は、憲法の無償規定は国民の誰にも「教育を受ける権利」を均等に保障することを要請するものであり、学校教育については単に「就学」のための授業料不徴収にとどまらず「修学」に必要な全費用（教科書代、教材費、学用品費、給食費等）を無償化すべきであるという主張です。

国の政策では授業料無償説が採られていますが、義務教育無償化の理念を漸進的に実現してくべきという考えから義務教育諸学校の教科書無償が1963年以降制度化されました（「義務教育諸学校の教科用図書の無償に関する法律」1962年3月31日）。ただ、1980年以降の行政改革の流れのなかで、公教育費の削減と効率的活用を強く求める政治的立場からは、この義務教育諸学校の教科書無償は富裕家庭まで無償の恩恵を及ぼす「悪平等」政策であると批判され、その廃止が主張されてきました。

【学校教育活動における「私費」と「公費」】　授業料不徴収と教科書代無償にもかかわらず、保護者は学校教育に多額の私費負担を強いられているのも事実です。学校教育における保護者負担を軽減するために学校標準運営費

280

<教育行財政>

を作成し、学校教育活動に要する諸経費に明確な「公費」と「私費」の区分基準を設け、学校・教師が安易かつ恣意的に保護者から本来公費で賄うべき経費までを徴収しないよう工夫している自治体もあります。たとえば、東京都の学校標準運営費で保護者の私費負担とされている基準は次のようなものです。

「ア．児童生徒個人の所有物として学校、家庭のいずれにおいても使用できるもの、及び、学年など特定の集団の全員が個人用の教材教具として使用するもの（学用品、参考書、辞典類など）。

　イ．教育活動の結果として、その教材教具そのもの、またはそれから生ずる直接的利益が児童生徒個人に還元されるもの（調理材料、被服材料、工作材料など）

　ウ．児童生徒が直接口にするもの等、衛生上共用または備付けとすることが不適当なもの（笛、ハーモニカ、柔道着など）」

　この基準以外の項目はすべて公費とされています。ただし、こうした私費負担の基準そのものについても、教育活動の一環として行われる以上本来公費で賄われる項目もあるという指摘もあります。また、こうした学校標準運営費で「公費」「私費」基準を設けているにもかかわらず、自治体の財政悪化のもとで学校予算が縮減される傾向が強まっていることもあって、教育活動上で安易に保護者負担に頼る学校・教員が多いことも事実です。

　学校標準運営費が存在していない自治体では、保護者負担の実態把握とその公費への組み替えを図っていきながら学校標準運営費を策定していくことが望まれます。また、学校標準運営費がある自治体でも、前述のような財政悪化を背景に保護者負担に依存する傾向が強まる状況もあることから、個々の教員が個別の教育活動で保護者負担に安易に頼ることのないように、学校予算の透明で計画的な作成・執行に努めることが肝要ですし、公費と保護者負担の実情を保護者に公開し学校徴収金を含めた学校予算のあり方を公の場で吟味することも求められます。

《参考文献》
・本多正人編著『公立学校財務の制度・政策と実務』学事出版、2015年
・本多正人「学校の財務管理」（小川正人・勝野正章編『教育行政と学校経営』放送大学教育振興会）、2012年

【小川正人】

第3部　事例で学ぶ教育法

Q50　学級編制と教育委員会

学校の教育活動において、学級の児童生徒数を何人にするかは、日々の授業や指導等にとって重要な事柄です。学校が自由に決定できるのでしょうか。学級編制は、どのようにして決められているのでしょうか。

A　【法令上のしくみ】　公立義務教育学校の場合、学級の児童生徒数の人数は、「公立義務教育諸学校の学級編制及び教職員定数の標準に関する法律」(以下、義務標準法) を標準とした上で都道府県と市町村で決定され運用されています。

　公立義務教育学校の教職員の給与は、義務教育費国庫負担制度により国1/3、都道府県2/3を負担し合っています。そのため、国が給与負担する教職員数を算定するために、各都道府県の学級数を試算してその学級数を単位に何人の教職員を配置するかを決定します。学級を単位に配置する教職員数を算出するのは、日本の学校では学級をベースに日々の授業や教育活動が行われているからです。学級の児童生徒数を何人にするかは、配置する教職員の数に直接結びつき教職員の人件費に影響するため教職員給与を負担する国や都道府県は学級の児童生徒数を何人にするかを厳しく管理してきました。すなわち、学級の児童生徒数を仮に40人ではなく20人とした場合、20人学級の方が40人学級より算出される教職員数が倍になりますので、教職員人件費を抑制したい国や都道府県の立場からは学級の児童生徒数を多くすることを望むということになります。なお、学級を何人の児童生徒数で組織するかを学級編制といい、義務標準法に定められている学級編制標準は文言どおり「標準」であり都道府県等は国の「標準」を参考にして自由に自らの学級編制基準を決定できたのですが、実際は、長い間、都道府県が遵守すべき「基準」として機能してきました。また、教職員給与を負担する都道府県が都道府県内の教職員定数を管理し学級編制基準を決定してきましたので、市町村は独自に都道府県と異なる学級編制基準を定めることはできませんでした。

　【学級編制基準決定の見直し動向】　上記のような学級編制のしくみと運用に対して、1990年代後半から始動する地方分権改革のなかで見直しの要請が地方から高まってきました。以下、年代順に整理すると、(1)中教審答申「今後の地方教育行政の在り方について」(1998年) の提言を受けて、2001年度か

ら都道府県の判断で国の標準を下回る「特例的な学級編制基準を設定することを可能」にしました（義務標準法3条2項に「特に必要があると認める場合」と新規定）。(2)2003年度から「特例的」な場合に限らず、全国一律に国の標準を下回る一般的な学級編制基準の設定を都道府県ができるようになりました（ただし、都道府県の自己財源で実施することを条件とし、国の定数や加配を活用した少人数学級は認めないとしていました）。(3)2004年度から都道府県の判断で、研究指定校とし教育指導改善の特別な研究を行うという条件で加配を活用して少人数学級をできるようになりました。(4)中教審答申「新しい時代の義務教育を創造する」(2005年)の提言を受け、2006年度から、①加配活用による少人数学級を認める要件としていた特別な研究指定校の条件を廃止し、一般的に（加配活用も含めて）少人数学級を容認、②学級編制基準の決定権・編成権を市町村に委譲（都道府県との事前協議―同意制を廃止）、③それまで「特区」だけにしか容認されていなかった市町村教員制度（市町村の経費で独自に教員採用が可能）が一般化、等が実現しました。

　【今後の課題】　自治体において学級編制基準を改善するには、(1)都道府県で学級編制基準を改善し都道府県下の全市町村の学級編制基準を一律に改善するか、あるいは、(2)市町村の学級編制基準設定権限を活用して少人数指導加配教員を市町村の判断で少人数学級に活用するか、さらに、(3)市町村単費で教員を採用して学級編制基準の改善を図るという幾通りかの方策があります。ただ、いずれの方策を採るとしても都道府県、市町村の双方にとって国の標準を下回る学級編制基準の改善は独自の教員採用を必要とするため財政負担が重くのしかかります。学級編制基準の改善と少人数学級の取り組みは、やはり、国の主導による計画的な学級編制標準の改善が不可欠であり、その下で、都道府県の学級編制基準の改善とその弾力的な運用を図っていく方が確実な成果をあげることができるでしょう。

《参考文献》
・青木栄一『地方分権と教育行政―少人数学級編制の政策過程』勁草書房、2013年
・小川正人「義務標準法制改革と少人数学級政策」東京大学大学院教育学研究科『日本の教育と基礎学力』明石書店、2006年

【小川正人】

第3部　事例で学ぶ教育法

Q51　教員養成

先生になるのが小さい頃からの夢で、それは大学生の今も変わりません。でも、教職課程を履修していろいろなことを学ぶにつれ、教師になることへの不安やためらいが大きくなってきています。どうしたらよいでしょうか。

A　子どもと直接関わる教師は、教育のあり方を左右する重要な存在です。逆に、教師のあり方によって教育はどのようにも変えられるということもできます。それゆえ、教員養成は教育政策・制度のなかで重要な位置を占めてきたのです。

戦前の教員養成は師範学校を中心として行われました。師範学校は寄宿舎制の軍隊式教育・訓練により「順良信愛威重ノ気質」(師範学校令1条)を育成しようとしましたが、これは戦前においてさえ「師範タイプ」と揶揄される画一的な教師を生み出すものともなりました。師範学校では、教授法や実践的な教育スキルの育成に重点が置かれました。教育内容は国が決定し、教師にはこれを効果的・効率的に教えることが期待されたのです。

戦後の教員養成は、これらに対する批判と反省に基づいています。師範学校が中等教育段階の学校であり、学校制度の傍系に位置づけられたのに対し、教員養成は大学で行うこと、どの大学・学部からでも教師になることができること(開放制)を原則とし、免許状制度をとる教員養成が始まりました。これらは高い専門性と多様性をもつ教員養成を目指すものでした。

教員養成のあり方は、常に議論や「改革」の対象とされてきました。臨時教育審議会および教育職員養成審議会の各答申を受けた1988年の免許法改正では、免許取得基準が大幅に引き上げられ、とりわけ教育方法・スキルなど実践的指導力の向上に重点を置くカリキュラム改正が行われました。一方で、免許状を有しない者が教壇に立てるしくみがつくられ、特別非常勤講師制度や特別免許状制度の創設(1988年)、免許状を有しない者が校長になれる「民間人校長」(2000年　現在では副校長、教頭も)、特別免許状から普通免許状への上進(2004年)等により、大学における養成、開放制の形骸化と免許状制度の弾力化・二重基準化が進んできています。

近年の最重要課題として掲げられているのは、教師の資質能力の向上、教員養成の高度化です。その具体策の1つである教員免許更新制(2007年)は、

284

＜教育行財政＞

免許状に10年間の有効期限を付し、免許状更新講習の受講・修了認定を義務づけるものですが、「不適格」教員の排除に利用されるおそれがある、真に教員の資質向上にはつながらないのではないか、という強い批判があります（Q54「教員免許の更新制」参照）。

　もう1つは、大学院（修士レベル）での教員養成です。1970年代末に現職教員の研修・研究を目的とする大学院大学、いわゆる新構想大学が設置されました。専修免許状が創設される（1988年）と、修士課程の設置は急速に進み、1996年にはすべての国立教員養成系大学・学部に修士課程が置かれました。2008年には、スクールリーダーの養成等を目的に、より教員養成に特化し実践的専門性を重視する「教師の資質向上の専門職大学院」として教職大学院が創設され、これもすべての国立大学に設置される予定です。修士レベルに新たな免許状「一般免許状（仮称）」を創設し、これを標準的免許状とするという提言もなされています（「教職生活の全体を通じた教員の資質能力の総合的な向上方策について（答申）」2012年8月28日）。

　しかし、カリキュラムや教員構成などからみて、教職大学院が高度な専門職大学院としての実体を備えているかには疑問が呈されています。また、教職大学院修了者に対するインセンティブの付与（＝優遇策　初任者研修の免除、教員採用選考における選考内容の一部免除、採用枠の新設、教員採用選考合格者の名簿登載期間延長等）は公平性を欠くものという批判を免れません。

　第2次安倍内閣のもとで教育制度の根幹に関わるような改正が次々になされています。小中一貫教育の制度化もその1つですが、今日の免許状制度の検討はこのような学校制度の改革とも関わって進められている点にも特徴があります（中教審教員養成部会「これからの学校教育を担う教員の資質能力の向上について（中間まとめ）」2015年7月16日）。また、政府の教育再生実行会議は、教員採用試験の共同化や教師インターン制度（仮称）を（第七次提言　2015年5月14日）、自民党教育再生実行本部は教員免許の国家資格化（第四次提言　2015年5月12日）などを打ち出しており、議論の行方を注視する必要があります。

《参考文献》
・土屋基規編著「現代教育制度論」ミネルヴァ書房、2014年
・佐藤学「専門家として教師を育てる―教師教育改革のグランドデザイン―」岩波書店、2015年

【吉岡直子】

第3部　事例で学ぶ教育法

Q52　教員の条件附採用

子どもの頃からの夢がかない、教員採用試験に合格しました。一生懸命がんばる覚悟ですが、採用後1年間は条件附採用であるのが不安です。

A　公務員の採用については「臨時的任用又は非常勤職員の任用の場合を除き、職員の採用は、すべて条件附のものとし、その職員がその職において六月を勤務し、その間その職務を良好な成績で遂行したときに正式採用になるものとする。」(地公法22条　同旨国公法59条)とされています。条件附き採用期間中は、法律に定める理由によらずその意に反して降任、免職、休職、降給することが可能であり、身分保障に関する地方公務員法の一部の規定や不利益処分を受けた場合の審査請求など行政不服審査法の適用がなく、不安定な状態に置かれます(国家公務員法81条。地方公務員法29条の2)。

　児童・生徒の教育に直接携わる教諭等(教諭、助教諭、保育教諭、助保育教諭および講師)の場合、条件附採用の期間は1年間とされています(教特法12条)。従前は、教諭等についても条件附採用期間は一般職の公務員と同じく6か月でしたが、1988年の教特法改正により延長されました。これは、その職務の専門性から、教員としての能力・適性を判断するには6か月では不十分と考えられたためです。この1年間は教員としての適性を確認する期間であり、教員としてふさわしくないと判断されれば正式採用されず、またそれは解雇には当たらないとされるのです。採用された者はこの期間に「教諭又は保育教諭の職務の遂行に必要な事項に関する実践的な研修(初任者研修)」を受けなければなりません(教特法23条)。

　近年「指導力不足教員」問題とも関わって、条件附採用の厳格な運用が求められるようになってきています。2001(平成13)年度までは正式採用とならなかった人の数は全国でも40〜50人前後にとどまり、採用者全体に占める割合も0.5%以下でした。それが2002(平成14)年度に100人を、2007(同19)年度には300人を超えました。

　ただし、このうち不採用となったものはわずかで、圧倒的大多数は依願退職によるものです(平成25年度　総数351　不採用3　依願退職340(うち不採用決定者13　病気92(うち精神疾患79)　その他235)　死亡退職2　懲戒免職6　採用者全体の1.18%)。新任教員が1年足らずの間に学校現場で疲弊していく様が想像され

286

＝＝＝＝＝＝＝＝ ＜教育行財政＞ ＝＝＝＝＝＝＝＝

ます。

　教員としての適格性の有無の判断が慎重になされるべきものであることは
いうまでもありません。過去には、体罰や同僚教員に対するセクシュアル・
ハラスメントが不採用の理由になった例がありますが、なかには新任教員に
対する恣意的評価と見られるケースもあります。

　条件附採用教員に対する分限免職処分の取消を求めた裁判で、京都地裁は、
「勤務実績不良あるいは適格性欠如といえない上、本件処分の前提となる管
理職等の評価が客観的に合理性を有するものかどうか疑わしいものであるこ
とを総合すれば、被告の判断は客観的に合理性をもつものとして許容される
限度を超えた不当なものであり、本件処分にはその裁量権の行使を誤った違
法がある」として原告勝訴の判断を下しました（2008年2月28日）。控訴審も
「職場における適切な指導・支援態勢の存在と本人が改善に向けて努力をす
る機会を付与されたこと、ある程度の整合的・統一的な評価基準の存在が前
提となること、できる限り客観的で安定した方針の下で、今後の経験、研さ
んによっても、教員としての適性が備わることが困難であるかどうかを検討
することが相当」であると判示しました（大阪高裁2009年6月4日）。また、東
京地裁2014年12月8日判決は、条件附採用期間を設けた理由については「初
任者研修を受けることと平仄をあわせたところにあるから、教員としての適
格性を判断するにあたっても、本来、初任者研修による初任者への教育効果
を踏まえて判断することが予定されているはずである。しかるに、十分な初
任者研修が行われていないにもかかわらず、単なる原告の未熟な人格態度を
もって、直ちに原告に教員としての適格性を欠くと判断することは相当では
ない。」と述べています。

　新任教員を育てていく視点こそが求められているということができます。

《参考文献》
・文科省「平成20年度公立学校教職員の人事行政の状況調査について」

【吉岡直子】

287

第3部　事例で学ぶ教育法

Q53　教員の臨時採用

教師を目指しています。すぐに合格するのは難しいようで、臨時採用で講師をしながら採用試験を受ける先輩もいますが、臨時採用とはどんなものですか。

A　公務員の任用のなかに臨時的任用というものがあります（地公法22条）。緊急の場合、臨時の職に関する場合、あるいは任用候補者名簿がない場合に限り任用され、競争試験や選考の必要はありません。ただし、身分保障に関する規定や不利益処分に対する不服申立てに関する規定、行政不服審査法の規定は適用されません（地公法29条の2、国公法81条）。いわゆる臨採、臨時教員はこの臨時的任用の一種で、産前産後休業、育児休業、事故欠、研修等で欠員が生じた場合や急な学級増の場合などに、臨時的措置として一定期間採用されます。臨時教員は、希望者が教育委員会に登録し、教育委員会が必要に応じて順次採用し、任用期間は2週間から1年間とさまざまです。

臨時教員には非常勤講師と常勤講師の2種類があり、教員免許状取得者および見込み者であることが要件です。非常勤講師は主として高等学校で採用されるもので、小学校の専科の教員もこれに該当する場合があります。専門教科の授業だけを担当し、このほかに拘束されることはなく、時間給が支払われます。これに対して常勤講師は、授業のほか学級担任や部活動、その他の校務まで担当することが一般的で、実質的には正式採用の教員と変わらない仕事をします。労働条件は自治体によって異なりますが、各種手当や一時金（ボーナス）が支給されるなど、正規教員にほぼ準じたものとなっています。しかし、3月末で任用が一旦終わるため、社会保険から外れ、長期間勤務しても賃金には上限が設けられているなどさまざまな格差があります。

臨時採用・非正規教員数は近年顕著な増加傾向をみせています。文科省によれば、2005年には8.4万人（12.3%）だったものが2011年には11.2万人（16%）に上っています。教員定数の標準に占める臨時任用教員の割合は、全国平均で7%（法定数に含まない産休・育休代替等、地方独自措置を除外）です。正規教員の割合は全国平均では92.7%ですが、沖縄82.5%、三重87.3%など自治体によりばらつきがあります。2001年に義務標準法が改正され「教職員の数は、政令で定めるところにより、公立の義務教育諸学校に置く非常勤の講師……

288

＜教育行財政＞

の数に換算することができる。」(17条) とする規定が加えられました（定数内講師）。これにより法律で算定される正規教職員の定数内に臨時教職員を配置することが可能になりました。さらに、2004年からは義務教育費国庫負担金が総額裁量制となり、都道府県は人件費の枠内で教職員の給与や配置についての自由度が増しました。2006年に成立した行政改革推進法は教職員数について「児童及び生徒の減少に見合う数を上回る数の純減」を求めています（53条3項）。こうして教職員数が押さえられるなかで、人件費の安い臨時教員を多用する傾向が定着することになりました。

　臨時教員の仕事は産休・育休・病休の補充の臨時教員、高校の時間講師といった限定的なものから、都道府県や市町村独自の加配、〇〇サポーター、〇〇支援員など、より多様化しています。これらは子どもや学校の新たな課題に対応するもので、緊急でも臨時でもないにも関わらず、「補助」的な活動を担う教員とみなされているのです。このような教師たちをいわば使い捨てにすることによって、日本の学校現場は辛うじて成立しているといっても過言ではありません。また、臨時教員など非正規教員の増加は、正規職員の負担増にもつながります。校務分掌上、正規教員でなくては勤まらない仕事があるからです。非正規教員の増加・臨時的任用の「恒久化」は教職員全体の労働条件の悪化を招いているのです。一人ひとりの子どもに目を配り、わかりやすい授業をするためには長期的な見通しに立った指導計画が必要で、それにはチームワークも不可欠です。週や月単位の任用ではこのような教育活動はできませんし、身分保障もない不安定な状況では、落ち着いて仕事に没頭することも困難になります。体系的な研修を受けることもできず、教師の力量形成や成長の機会を保障されません。

　国の教職員定数改善計画は第7次計画（2001〜05年度で計2万6,900人を改善）以降策定されていません。自治体の裁量に委ねると言えば聞こえは良いのですが、実際には国の責任放棄に他なりません。国がナショナルミニマムを定め、その財政的な保障を行うという本来のあり方に立ち戻り、計画的な教職員の定数改善を行うこと、それに基づいて都道府県教育委員会が計画的に、責任をもって正規教員の採用・配置を行うことが求められます（公立義務教育諸学校の学校規模及び教職員配置の適正化に関する検討会議報告など　平成24年9月6日）。

《参考文献》
・教師教育学会編『日本の教師教育改革』学事出版、2008年　　　　　　　【吉岡直子】

第3部　事例で学ぶ教育法

Q54　教員免許の更新制

そろそろ免許状更新講習の準備をしなければなりませんが、そもそもこの制度はどういう意味をもつのでしょうか。10年研修もあるのに、わざわざ自費で受講しなければならないのも腑に落ちません。

A　2007年6月、教育職員免許法が改正され、2009年度から免許更新制が実施されました。従来、終身有効であった免許状に10年の有効期間を付し、免許状更新講習の受講・修了により、有効期間を更新するというものです。受講対象者は現職教員、教員採用内定者、臨時任用教員リストに登載されている者等ですが、教員を指導する立場にある者（校長、副校長、教頭、主幹教諭または指導教諭、教育長、指導主事等）や優秀教員表彰者等は受講を免除されます。

　大学の他、都道府県・指定都市等教育委員会等が開設する講習には、「教職についての省察並びに子どもの変化、教育政策の動向及び学校の内外における連携協力についての理解に関する事項」（「教育の最新事情」）12時間（必修）、「教科指導、生徒指導その他教育内容の充実に関する事項」18時間（選択）があり、該当教員はこれらを受講し試験に合格し、終了認定を受けなければなりません。なお、施行後5年後の再検討がなされ、必修領域を6時間とし新たに6時間の選択必修領域が設けられました（2016年度から運用予定）。

　教員免許更新制は、教師の適格性の確保と資質能力の向上という2つの相異なる目的から導入が検討されてきたものですが、免許状授与の際に人物等教師としての適格性を判断していない、教師としての適格性を判断できるようなメルクマールがない、公務員制度や他の資格制度との整合性を欠く、免許状は一定の資質能力を公に証明するもので現職教員のみを対象とすることは困難である等の理由で導入が見送られた経緯があります（「今後の教員免許制度の在り方について（答申）」2002年2月21日）。代わって制度化されたのが10年経験者研修だったのです（2003〔平成15〕年度から実施）。

　その後、免許更新制は再び議論の俎上にあげられ、いわば結論ありきで導入されることになりました。しかし、その目的については、資質能力の向上（中教審「今後の教員養成・免許制度の在り方について（答申）」2006年7月）と「不適格」教員の排除（教育再生会議「社会総がかりで教育再生を—公教育再生への第一歩—第一

290

＝＝＝＝＝＝＝＝＝＝＝＝＝＝＝＝＝ ＜教育行財政＞ ＝＝＝＝＝＝＝＝＝＝＝＝＝＝＝＝＝

次報告」2006年1月24日）とが対立・迷走するのですが、最終的に「その時々で求められる教員として必要な資質能力が保持されるよう、定期的に必要な刷新（リニューアル）を図るための制度」とされました。「不適格」教員の排除ではないと明言はされていても（文科省HP）、更新の要件を満たさない場合には免許状が失効するのですから、適格性審査という側面があることは否定できません。

　そもそもこのような制度で教師の資質向上が図れるのでしょうか。講習内容として使命感や責任感、社会性などがあげられていますが、どれも抽象的で客観的な指標も示されておらず、恣意的な運用のおそれをはらんでいます。実際問題としても、試験によって資質能力の向上を判断することなど不可能です。何をどう評価するかも明らかでないまま、「評価される」事実が先行することは教師を萎縮させます。教師の地位は不安定なものになり、教師志望者の減少を招き、ひいては教師の質の低下にもつながりかねません。この制度は建前とは逆に、教師から自信と誇りを奪うものといわねばなりません。

　教師は子どもや同僚と関わりながら積み重ねた教育実践を振り返り、新たな知識を身につけていきます。このような自主的な学びが教師の専門性を支えているのです。教師の研修は義務であると同時に権利であると理解されてきたのもこのためです（教特法21条、22条）。日本の教師たちは、自主的な研究会や校内研修などで専門性を深めてきました。このような教師同士の学び合いは、教師の専門的な職能成長を支える優れた取り組みとして、国際的にも注目されています。ときの教育政策にそって定められた内容の講習を受け、試験に合格しなければ教師の身分を失うというしくみは世界にも例がありません。自主的な学びを保障する条件整備こそが求められているのです。

《参考文献》
・日本教師教育学会編『日本の教師教育改革』学事出版、2007年
・土屋基規「教員免許更新制度の検討」日本教育法学会編『新教育基本法と教育法学』有斐閣、2008年
・喜多・三浦編『免許更新制では教師は育たない』岩波書店、2010年

【吉岡直子】

━━━━━━━ 第3部　事例で学ぶ教育法 ━━━━━━━

Q55　生涯学習と住民の学習権

生涯学習とはどのような学習のことをいいますか？憲法26条の国民の教育を受ける権利と生涯学習とはどのような関係にあるでしょうか。

A　人間の生誕から死にいたるまでの全活動と体験は、広くいえば学習過程とその結果です。その意味では、人間は生涯を通じて学習する存在です。ただし、ここでいう「生涯学習」は、そのような心理学的・生物学的側面だけではなく、社会的制度的な意味合いを含みます。その1つは、教育システムとの関係です。たとえば、学校教育が、就学前、初等、中等、高等教育などの制度的構造をもち、入学、退学、卒業（修了）や学歴・資格制度（履修証明、卒業証書、学位）と結びつき、フォーマルな教育学習期間を終了することで、労働・職業期間の前段階の準備が完結するとするフロントエンドモデルといわれるのに対して、生涯学習は、人生のどの段階でも可能な学習であり、終わりがありません。学校教育との対比では、学校後教育であり、リカレント（還流）教育であり、継続的学習です。その場合、青年期、成人期、高齢期の学習が想起される場合が多いといえます。2つ目は、社会教育や成人教育、あるいは職業技術教育との対比においての意味です。生涯学習は、この点では、社会教育、成人教育、職業技術教育と重なり合い、さらにそれら全体を包含する親概念（master concept）です。

　なお、生涯学習（lifelong learning）という言葉は、ユネスコの生涯教育・学習に関する理念、政策との対比でいわれてきました。1965年にP・ラングランの示した生涯教育概念は、教育システムの垂直的・水平的統合（lifelong integrated education）を鍵的概念としたのに対し、後継者のE・ジェルピは、1980年代から90年代にかけて、社会的・経済的・文化的不利益者の抑圧から解放の弁証法として、その道具としての生涯学習を示し、識字教育でのP・フレイレの「被抑圧者の教育学」や「意識化教育」と共振するものでした。1997年のユネスコ第5回国際成人教育会議（ドイツ・ハンブルク）、2009年第6回国際成人教育会議（ブラジル・ベレン）を経て、21世紀の生涯学習概念は、これらに加えて職場学習・職業技術能力開発や社会的市民学習、地域学習センター概念が付加されてきています。3つ目は、学習方法・学習形態において、生涯学習は、柔軟で可変的です。定型教育（formal education）、非定型教育

292

＝＝＝＝＝＝＝＜社会教育＞＝＝＝＝＝＝＝

(informal education)、不定型教育（non formal education）の3種類の教育形態のいずれも学習方法に採用しています。

　憲法の保障する国民の教育を受ける権利（26条）は、狭く義務教育あるいは学校教育に限定されるものではありません。「この理想の実現は、根本において教育の力にまつべきものである」と憲法の理念との強い接続性をうたった1947年教育基本法には、明確に「教育の目的は、あらゆる機会に、あらゆる場所において実現されなければならない」（2条　教育の方針）と現代の生涯学習理念を先駆的に示していました。同時に、「家庭教育及び勤労の場所その他社会において行われる教育は、国及び地方公共団体によって奨励されなければならない」（7条）として「勤労の場所」も例外とするものではありませんでした。2006年に改正された教育基本法においては、「生涯学習」という言葉が、初めて採用され、「その生涯にわたって、あらゆる機会に、あらゆる場所において学習することができ」「その成果を適切に生かすことのできる社会の実現が図られなければならない」（改正教育基本法3条）という文言に変わりました。47年教基法の「勤労の場所」（7条）という文言や「教育の方針」（2条）が削除されましたが、「あらゆる機会に、あらゆる場所において」「教育を受ける権利」（憲法26条）という意味と「あらゆる機会に、あらゆる場所において」の「生涯学習」の「成果を適切に生かす」（2006教基法3条生涯学習の理念）が、同等の意味をもつように、憲法26条を基軸に、統合的に解釈されていくことが求められています。なお、「教育を受ける権利」という憲法的人権の適用について、学校教育を中心に限定的に解釈すべきという主張もありますが、「日本国憲法の精神にのっとり」（2006改正教基法）という意味を、生涯にわたっての教育・学習への接近とその権利保障、幸福追求の実現という視野において深く受け止めれば、あえて、学校教育に限定すべき理由はありません。世界人権宣言（26条、1948年）、社会権規約（13条、1979年）、ユネスコ学習権宣言（1985年）、既に触れたユネスコ国際成人教育会議（ハンブルク1997年、ベレン2009年）などと照応する新段階の「生涯学習権」を、憲法26条を起点に構築していく時代に、私たちは立っているといえます。

《参考文献》
・日本教育法学会編『教育基本法改正批判』法律時報増刊、日本評論社、2004年
・荒牧重人他編『別冊法学セミナー　新基本法コンメンタール教育関係法』日本評論社、2015年

【姉崎洋一】

Q56　学校支援、コミュニティ・スクール

近年、学校支援とかコミュニティ・スクールとか聞きますが、これらはどのような内容で、どんな特徴があるのでしょうか。

A　【政策的背景と概要】　コミュニティ・スクールは、法的には、2004年の地教行法一部改正により、教育委員会が所管の公立学校に「学校運営協議会」の設置ができるとされたことが裏付けとなっています。改正に至る主な経過をみると、1998年の中教審答申における「学校評議会制度」設置の提言、2000年12月の教育改革国民会議による「新しいタイプの学校（コミュニティ・スクール等）」設置可能性の検討、2004年の中教審答申「今後の学校の管理運営の在り方について」などで、地域住民の学校運営参加の重要性が指摘されました。保護者や地域住民の参画によって画一的とされてきた学校運営を変革し、地域の特性を生かしつつ地域のニーズを反映させた学校づくりを進めること、地域に対して学校の実情を広く伝えること、さらには学校を核とした地域の活性化などが期待されています。コミュニティ・スクールは「地域運営学校」とも呼ばれますが、その制度の核となる「学校運営協議会」と従来までの「学校評議員制度」とを比較すると、校長や教職員の人事に関する意見の教育委員会への提出や教育課程の承認などより広い権限が付与されています。文科省によれば、当初の4都府県の6市区17校（2005年）から年々増加し、44都道府県にコミュニティ・スクールが置かれ、5道府県および235市町村の教育委員会による指定校数は2,389校（2015年）となっています。一方、学校支援に関する施策はこれまでにも数多くありますが、現在推進されている特徴的なものとして「学校支援地域本部」があります。2006年の教基法13条「学校、家庭及び地域住民等の相互の連携協力」規定の新設や、2008年の中教審答申「今後の生涯学習の振興方策について」において「学校を地域の拠点として社会全体で支援する取組の推進」が盛り込まれたことなどを背景としています。地域ぐるみでの子育てを支える地域の人々の力をコーディネートすることをねらいとする学校支援地域本部は、全市町村での設置を目標とし、628市区町村、3,746本部（2014年）で実施されています。

　【学校と地域の戦後史】　学校と地域の連携というテーマは、戦後直後から議論されてきました。第一次アメリカ教育使節団報告（1946年3月）において

294

===== <社会教育> =====

「教育はもちろん学校だけに限られるものではない。家庭、近隣、その他の社会機構もそれぞれ教育において果たすべき役割を持っている」とされたことなどの影響もあり、「本郷プラン」など地域社会を基盤とした教育実践も行われ、その後の地域教育計画に関する議論のさきがけとなりました。その後も、地域との連携、学社連携、学社融合など、さまざまな用語で語られ、学校の体育施設をはじめとする地域開放が徐々に進んでいきました。一方で、「荒れた学校」の再生、厳しい校則などに象徴される管理教育など学校をめぐる諸問題に対して、父母参加が提唱され、各地で取り組みが行われましたが、法的制度の裏付けはなく、個々の地域での対応にとどまっていました。

　【今後の課題】　コミュニティ・スクールについては、学校の活性化、教職員の意識改革、地域の協力などの面で成果が得られたとする評価の一方で、学力向上やいじめ・不登校・暴力等の生活指導などの側面では未だ実感が持てる段階に達していないと捉えている割合も少なくありません。保護者以外の地域住民の認識や関心が十分に浸透していない側面もあります。また、学校支援や子どもの活動支援に関する同様の施策はこれまでにいくつも実施され、現在も同時並行的に進められています。そのため、地域によっては行事などでの「子どもの取り合い」のような状況も生まれており、連携調整など適切な対応が求められます。さらには、地域の人材を活用する意義は大きいといえますが、学校にとって都合のいい部分だけの利用にとどまるのではなく、関係する各層から広く意見を求めるとともに選定基準の適正化や透明化をいっそう図ることが重要です。そして、学校との関係を築くことで地域が活性化する点について、たとえば、長野県阿智村で中学校体育館改築にあたって学校と地域の人々が学習会や視察を積み重ね知恵を出し合うことで、ともに有効活用ができる施設ができあがり、その後の地域のスポーツ振興にもつながりました。こうした学校と地域の結びつきを模索してきたこれまでの実践の蓄積をふまえつつ、地域の数多くの層が主体的に関わっていく「参加」のあり方を多面的に捉えていくことが問われています。

《参考文献》

・佐藤晴雄編著『コミュニティ・スクールの研究―学校運営協議会の成果と課題―』風間書房、2010年
・岸裕司『学校開放でまち育て―サスティナブルタウンをめざして』学芸出版社、2008年

【尾崎正峰】

第3部　事例で学ぶ教育法

Q57　子どもの居場所・文化活動

子どもの生存・成長・学習を支える子どもの居場所や文化活動について、その実態とそれをとりまく法制度は、どのようなものがあるのでしょうか。

A　【子どもの居場所・文化活動の実態】　近年、子どもの生存・成長・学習を支える新しい社会的共同として、ネットワーク型運動がひろがりをみせています。

　その1つの例として東京・三鷹にある「NPO法人文化学習協同ネットワーク」(代表理事・佐藤洋作) があります。この文化学習協同ネットワークは、地域の子育てセンターとしての役割と登校拒否・不登校の子どもの居場所づくりとしての機能をもつフリースクールです。子どもたちは、この居場所を拠点として、「自分さがし」を行い、その子どもたちに対して、常勤あるいはボランティア・スタッフの青年＝若者やおとなたちは、子どもたちの求める学びや体験的学びの援助、進路探しマガジン『カンパネルラ』の発行やパン屋づくりをはじめとする若者自立支援プログラムの展開などの働くことの援助を行っています。子どもたちは、これらの取り組みのなかで、自らの人生を主体的に生きることを模索し、地域づくりなどの文化活動に文化創造主体として社会参加しているのです。(佐藤洋作『君は君のままでいい』ふきのとう書房、1998年、佐藤洋作・カンパネルラ編集委員会編『もう一つの〈いろいろな〉働き方』ふきのとう書房、2002年、佐藤洋作・浅野由佳・NPO文化学習協同ネットワーク編『コミュニティ・ベーカリー風のすみかにようこそ』ふきのとう書房、2005年、竹内常一・佐藤洋作編著『教育と福祉の出会うところ』山吹書店、2012年、など参照)

　この他にも、子どもの居場所づくりの援助実践としては、東京・杉並にある「ゆう杉並」、東京・世田谷にある「羽根木プレイパーク」、神奈川・川崎にある「子ども夢パーク」などがあります。これらの援助実践は、子どもからみると、「もう1つの学校」という意味での学校外教育であり、「地域での学び」という意味での子どもの社会教育であり、「家庭から自立する」という意味での子育ちです。子どもは、居場所を通して、青年＝若者・おとなは、その子どもの援助を通して、学びを共同化し、自己形成を組織化します。つまり、子どもの居場所は、おとなになるための「自分さがし」の空間であり、子どもの居場所づくりは、「子どもが育つ地域社会」をつくることになるの

296

です。

【子どもの居場所・文化活動をとりまく法制度】 日本における子どもの居場所に関する法制度としては、フリースクールが学校教育法（1947年）に規定されている学校ではないため、直接的なものはありません。文化活動に関する法制度は、子どもの読書活動の推進に関する法律（2001年）があるに過ぎないのです。公的な資金援助がないために、居場所づくりや文化活動を担う青年＝若者・おとなの身分と賃金が不安定なこと、居場所・文化活動に関わる施設整備が不十分であること、それに伴って、子どもや家族にとっては、受益者負担となってしまうこと、あるいは学校卒業資格が取得できないことなど課題があるにもかかわらず、この領域の法整備は、極めて不十分であるということができます。

しかし、国際的にみた場合、IPA子どもの遊ぶ権利宣言（1977年）や、子どもの権利条約（1989年）第31条（休息・余暇、遊び、文化的・芸術的生活への参加）などで「遊ぶ権利」が規定されており、これは、「教育への権利」と並んで明記されています。この点で、日本においても、居場所づくり・文化活動などの社会的共同を法制度的に保障することが求められています。さらに、子ども・若者育成支援推進法（2009年）、子ども・子育て支援法（2012年）、子どもの貧困対策の推進に関する法律（2013年）などの政策動向にも注目する必要があります。特に子ども問題が政策的課題になっている今日、子ども・青年＝若者に関する制度をつくればよいという認識では問題解決につながらず、「教育と福祉の結合」を基盤とした子どもの権利の観点からの制度構想を追求する必要があるでしょう。

《参考文献》
・佐藤一子『子どもが育つ地域社会』東京大学出版会、2002年
・増山均『余暇・遊び・文化の権利と子どもの自由世界』青踏社、2004年
・宮盛邦友編著『子どもの生存・成長・学習を支える新しい社会的共同』北樹出版、2014年
・宮盛邦友『現代の教師と教育実践』学文社、2014年

【宮盛邦友】

第3部　事例で学ぶ教育法

Q58　社会教育職員問題（臨時職員化）

教育（関係）職員のなかで社会教育職員は、どのような位置づけと役割になりますか。社会教育職員の専門性と身分保障にはどのような問題がありますか。社会教育職員の臨時職員化にはどのような問題が生じますか。

A　【社会教育職員の位置づけ・役割】　教育職員には、大きくは、3つの職域があります。これらは、基本的には、憲法・教育基本法で定める国民の教育を受ける権利保障に寄与することを目的としています。1つは、学校教育関係です。学校教育法上の幼稚園、小中高の教諭、大学、短大、高等専門学校等の職種（教授、准教授、講師、助教、助手）、さらには学校事務職、学校図書館司書などが存在します。もう1つは、社会教育職員です。社会教育主事、図書館司書、博物館学芸員が法的根拠をもつ専門職員です。他に、必ずしも法的規定をもたない職員ですが、公民館職員（主事）、青少年施設、女性教育施設、野外教育施設などの職員が存在します。3つ目は、教育に関係する福祉、司法、医療、心理などの学際的・実践的境界領域における生成途上の専門職種が存在します。学童保育指導員、児童福祉関連職員、スクールソーシャルワーカー、家庭裁判所調査官、少年院、少年鑑別施設の法務教員、臨床心理士、スクールカウンセラー、などです。なお、他には、職業能力開発訓練施設職員や学校教育法上の「学校」ではない専修学校、専門学校、各種学校の教職員、民間教育文化産業の生涯学習施設職員が存在します。以上のなかで、社会教育職員の位置づけ、職務の守備範囲は、社会教育法、図書館法、博物館法に明記された目的に規定されます。その領域は広範囲であり、かつ教育サービス提供対象とする学習者も人の生涯の（乳幼児期を除く）すべての年齢の女性と男性を対象としています。

【社会教育職員の専門性と身分保障】　学校教員などの教育職員は、伝統的な専門職（医師、法曹職、神職・僧侶）に比して歴史が新しく、その分社会的威信や身分保障が遅れて形成されてきました。社会教育職員は、この点でさらに遅れて形成されてきた職種です。学校の場合、教員採用の需要供給関係には変動が伴うものの、一定程度の予測可能性が存在します。また、公立学校の場合、教育職員免許法や教育公務員特例法によってその資格、身分保障がなされ、私立学校の場合も、一部の例外を除いて公立学校に準じた身分保障

298

がなされています。これに対して、社会教育施設の設置は、予算の範囲内における任意設置規定であり、地方公共団体間の格差と不均等があります。したがって、法的な根拠をもつ司書、学芸員の場合でも、必ずしも専門職採用とは限らず、場合によっては一般職職種への配置転換もなされ、このことによる人事委員会ないし公平委員会での係争的事例が少なくありません。また、社会教育主事の場合も、教育公務員特例法による身分保障があるとはいえ、その任用、配置は地方公共団体（教育委員会）によって異なります。小規模市町村教育委員会の場合、一時期、派遣社会教育主事制度によって学校教師による社会教育主事配置（概ね3年間、給与負担は都道府県）がなされましたが、必ずしも制度の充実につながったわけではありませんでした。

　過去四半世紀以上の行財政改革によって、社会教育職員の採用、任用、契約関係は激変しました。正規、専門職採用は減少し、非正規、短期契約、民間人材派遣などの増大、一般首長部局への配置換えなど、不安定的な職場環境にいる職員が増大してきています。

　【社会教育職員の臨時職員化の問題点】　社会教育職員は、住民に対するサービスを十全にするためには、正規・フルタイム・専門職的位置づけと身分保障が不可欠です。しかし、社会教育職員の「ワーキングプア」化の実態が、近年指摘されています。「ワーキングプア」状態は、正規の職員ではなく、臨時的雇用、指定管理者制度による雇用職員、ないしは人材派遣会社職員の場合に生じています。社会教育行財政費用削減が、行政部局の統廃合、職員の臨時的雇用、ないし指定管理者制度への依存を生み出し、もっとも安価な方法としては、人材派遣会社との契約による人材配置方策を生み出してきました。この結果、パートタイム就労や低賃金の時給雇用が蔓延し、社会教育職員としての誇りと尊厳ある生活の見通しの困難が大きな問題となってきています。臨時非正規雇用や指定管理者制度での雇用では、対利用者サービスにおいては、長期的継続的なサービス提供や質的な信頼、直接責任性において、責任を持ちきれないことが指摘されています。障害者や高齢者利用などでの特別な配慮や手間暇を必要とするサービス活動がおろそかになる事態も危惧されてきました。これらの改善は喫緊の課題といえます。

《参考文献》
・日本社会教育学会編『地域を支える人々の学習支援』東洋館出版、2015年

【姉崎洋一】

Q59 指定管理者と施設の運営管理

指定管理者制度とは何ですか？指定管理者制度のしくみとはどのようなものですか。「公の施設」の意味とは何ですか。「指定管理者制度」の導入の意味したものは何ですか。

A 【指定管理者制度とは】 指定管理者制度は、新自由主義的・市場原理型の規制緩和策として登場しました。収益性を前提としない図書館などでは、想定外事態でした。行政職員や住民の間には、行政サービスの低下を危惧する声も多くありました。他方では、これをビジネスチャンスあるいは民間参入の拡大と受け止める声もありました。民間企業のみならず、NPO団体が指定管理者として応募する事例も各地にみられました。しかし、行政当局が指定管理者制度に期待するのは、コスト論あるいは効率論です。そこには、住民に直接責任を負い、諸条件の整備確立に努めるという教育行政の目的や公共性や専門性への発想は乏しかったといえます。指定管理者制度の制度原理は、NPM（new public management）、PPP論（public private partnership）あるいはPFI（private finance initiative）という英国の政策に範をもつものです。指定管理者制度導入（2003年）後、全国各地に多様な形態がみられます。2012年4月1日現在で指定管理者制度が導入されている施設は、レクリエーション・スポーツ施設、産業振興施設、基盤施設、社会福祉施設等73,476に上っており、約3割の施設で民間企業等（株式会社、NPO法人、学校法人、医療法人等）が指定管理者になっています（総務省自治行政局「公の施設の指定管理者制度の導入状況等に関する調査結果」2012年11月6日）。この制度は、導入当事者からは、サービス向上や業務遂行能力をあげるのに対して、職員や住民からは、経営優先の弊害指摘や専門性の軽視の声があります。指定管理者の取消し事例も2415施設にのぼる（2009年）など、依然として矛盾の多い制度システムといえます。

【指定管理者制度の問題点】 この制度は、地方自治法244条の2の改正（2003.6月公布、9月施行）に基づくものでした。条文改正による変化と影響は大でした。問題点は、以下でした。①公の施設の管理を「公共的団体」だけではなく、株式会社やNPOなど民間事業者が行うことを可能にした。②指定管理者の裁量権は広範囲に及び、議会や住民のチェック機能は後退せざるをえない。③公の施設の範囲の広範囲（民生、衛生、体育、社会教育、宿泊、公園、

会館、診療など）性により、地方自治体のサービス全体に与える影響が大きい。④民間事業者にとって公的事業参入の千載一遇のチャンス（市場規模数十兆円）と考えられた。⑤この制度普及には、総務省・地域再生本部による導入促進の圧力があった。⑥指定管理者の雇用職員は、公務員の労働権保障の適用を離れ、人件費圧縮と効率性の矛盾のただなかに立たされた、などでした。

【公の施設の意味】　指定管理者制度の管理の対象は「公の施設」です。「公の施設」は、1963年地方自治法改正で登場した比較的新しい概念です。以前は、「営造物」という用語でした。「営造物」概念は、ドイツ行政法的な特別権力関係に由来し、新憲法下の地方自治とはそぐわないので、住民の福祉増進と住民の利用という観点から「公の施設」に変えられました。その時に、「管理委託制度」も導入されましたが、「管理委託」できるのは「公共的な団体」に限定され、教育、福祉のような特定の目的と規制があり、専門的人的配置で事業を行う施設は、個別法の制約を受けることが立法者意思でした。

【「指定管理者制度」の導入の意味】「公の施設」の制度的歴史的矛盾を、住民の立場で解決する方向ではなく、新自由主義的改革として出発させたのが「指定管理者制度」でした。①この制度は、住民に対する直接責任性を考慮すると一律適用されるべきではないとの声は、図書館、公民館、博物館から次々と出されました。②構造改革標語は、「官」から「民」へ、でした。そこにいう「官」とは、官僚主義であり、親方日の丸などの「官」の否定的意味でした。そして、対案に「民」が使われ、ここにいう「民」は、「市民」の「民」ではなく、「民間」「企業」のことでした。「官」の問題性に対して、「民」（企業）のもつ問題性が問われませんでした。③指定管理者は、小さな政府、行政のスリム化の主張に沿うものでした。行政業務のアウトソーシングと非正規、短期雇用の職員を増大させましたが、「公務員」の「全体の奉仕者」としての職責は軽視され、行政の住民サービスは質低下を余儀なくされました。④「効率的な運用」と「経営」（management）が強調され、公共的サービスは同じ原理で遂行されるべきという主張がなされました。この結果、収益性に合わない事業は排除され、特別なサービスを必要とする、困難な立場にある人々を除外した行政が展開されることになったといえます。

《参考文献》
・社会教育推進全国協議会編『住民の学習権と指定管理者制度』社全教ブックレット
　No.1、2006年
【姉崎洋一】

第3部　事例で学ぶ教育法

Q60　学生の奨学金制度

授業料を払えず退学を余儀なくされる学生の数が増えています。また、大学を卒業した後に借りた奨学金を返済できない事例も増加しているようです。日本の大学授業料政策や奨学金制度はどうなっているのでしょうか。

A　【大学費用負担の現状】　各種の教育費調査では、出産から大学卒業までの子育て経費（養育費と教育費の総額）は、子ども1人当たり平均約3千万円と試算されています。なかでも高等教育段階での経費は最も多額で、入学と在学の費用だけで国公立大学で500万円超、私立大学（文系）で700万円弱、私立大学（理系）で800万円超です。これに生活費や自宅外生の経費を加えると1千万円前後となるケースもあります。「大学教育は、いまや持ち家に次ぐ、人生で二番目に高い買い物」（小林2008, 7頁）といわれる所以です。こうした大学費用の高額負担は、家計に重く圧し掛かり、家計所得による大学進学率の格差を生じさせてもいます。たとえば、今日、日本の高等教育進学率は、大学等が49.9％、専修学校等21.9％ですが（文科省「学校基本調査」2013年度）、生活保護世帯の子どもの大学進学率は19.2％、専修学校等が13.7％です。

【先進諸外国の大学授業料と奨学金】　先進諸外国の政策・制度は、おおよそ、次の様に類型化して整理できます。第1に、EUなどでは、授業料の無償ないし低廉化政策と給付（返還を必要としない）を基本としつつ一部貸与を併用した奨学金制度を採っています。そうした政策・制度の背景には、大学は国家・社会に有用な少数のエリート・人材を選抜・養成する公共的機関として捉えられ、大学の機能が公的教育費支出の正当性を担保してきました。しかし、その後、EUなどでも高等教育の大衆化＝進学率の著しい上昇があり、そうした政策・制度を一部見直す動きも出てきています。英国では、1990年に学生ローン法が成立し貸与奨学金が一部導入されています。ただ、大学教育の機会を広く社会人に開放し大学教育のリカレント化を進めていることもあり、社会人が大学教育にアクセスし易いように授業料は低廉化を維持しながら一部給付一部貸与の奨学金制度が一般的です。第2は、米国の大衆化―市場型ともいえるもので、大学の大衆化に対応して大学生のニーズと「懐具合」に応じた多様なタイプの大学が並立する形態です（①エリート・有産階層を対象＝高授業料の一部私立大学、②低廉な授業料の州立大学、③低廉な授業料の職業教育

302

＜大学ほか＞

中心のコミュニテイカレッジ）。一般的な高等教育のニーズに対しては、学生数の約8割を吸収する低廉な授業料の州立大学（公立）の普及により大学教育の開放・機会均等を保障しており、学生も家庭に頼ることのないように、給付、貸与、雇用（アルバイト）の援助プログラムを各学生の家庭の経済状況に応じて組み合わせ、自立的学生生活を保障しようとする奨学金制度が整えられています。ただ、EUや米国でも、経済不況等を背景に大学卒業後に安定した職（収入）を得ることが難しい事態も生じており、大学時代の奨学金を返済できない者も増えていてその救済が課題にもなっています。

【日本の授業料政策・奨学金制度の特徴と問題】　日本の政策・制度は、米国に近い大衆化─市場型に近いと考えられますが、私立と国公立の比率が米国と逆で私大が学生数の約8割となっています。日本は、授業料の低い国公立大と高い私大という二重構造のもとに、私大に大幅に依存する形で高等教育の大衆化を実現させてきましたし、奨学金も貸与のみという先進諸外国には例をみない制度であるために、大学経費の家計負担が非常に重くなっています。日本の公教育予算の対GDP（国内総生産）比率は先進国中最低位であり、特に高等教育費の支出水準は低くなっています。私費＝家計負担の重さが、高等教育進学率の抑制や階層間格差、高等教育在学学生に占める社会人学生率が先進国中最低（労働力の流動化と高度専門職化等に対応したしくみづくりの遅れ）等の問題を生み出し、（高等）教育だけでなく社会全体を劣化させてきていることは看過できません。また、経済不況等もあり、近年、奨学金を利用する学生が多くなっていますが（1990年度21.8％から2010年度50.7％）、卒業後の安定した職（収入）を得られず奨学金を返済できない延滞者も増えています。そうした事態に対して、政府も給付ないし無利子奨学金制度の充実や奨学金の返還月額を卒業後の所得に連動する「所得連動型奨学金制度」の導入等を進めようとしています。

《参考文献》
・小林雅之『進学格差』ちくま新書、2008年
・小林雅之『教育機会均等への挑戦─授業料と奨学金の8カ国比較』東信堂、2013年
・「子供の貧困対策に関する大綱」2014年8月29日閣議決定

【小川正人】

第3部　事例で学ぶ教育法

Q61　大学の自治と大学改革

グローバル化、少子化などの流れのなかで、大学ではさまざまな改革が進んでいますが、大学の自治との関係で問題はないのでしょうか。

A　大学には、憲法23条の学問の自由から大学の自治が保障されています。ポポロ事件最高裁判決（最大判1963・5・22刑集17巻4号370頁）も、「大学における学問の自由を保障するために、伝統的に大学の自治がみとめられている」と判示しており、大学は文科省を含めた外部の権力に干渉されることなく、独立して自由に教育・研究を実施できると考えられています。

ここでの独立性は、教員集団による自律的運営（教授会自治）が前提とされ、主として教授会（これと同等の教員団による会議体）が大学内のさまざまな決定を行う権限を有しています。たとえば教員採用、准教授の教授への昇格、セクハラ行為に対する教員懲戒などについては教授会が決定し、文科省がそれに口を挟むことはできないのです。

また大学は研究機関であると同時に、教育機関でもありますが、どのような学生を入学させ、どのような授業を設置し、必修科目とするか、学生が試験でカンニングをした場合の懲戒処分、そして学生の卒業（学位授与）等についても、教授会による決定に委ねられています。もっとも大学としての一定の基準については大学設置基準が定められており（学教法3条）、卒業には4年間以上在学し、124単位以上修得しなければならないといった最低基準を文科省が設けたとしても、それは大学の自治の侵害とはいえないでしょう。

なお、大学の自治は伝統的に教授会に認められてきましたが、学生も大学の不可欠の構成員です。教員と同等とはいえないですが、大学の運営について要望や批判、そして反対する権利があると考えられます。

最近の大学改革として、大きな改革の1つは国立大学の独立行政法人化です。2004年4月から、国立大学法人法によって、すべての国立大学は国立大学法人となりました。これは、大学に民間の経営手法を導入することにより、大学間の競争を促し、大学の特色化・活性化や大学経営の効率化を目指すものです。国立大学法人は文科省が示す6年間の中期目標に基づき、独自の中期計画を作成した上で大学運営を行い、結果について事後的評価を受けます。財政面では、国は引き続き運営費交付金を支給して支援は行いますが、大学

304

＝＝＝＝＝＝＝＝＝ ＜大学ほか＞ ＝＝＝＝＝＝＝＝＝

の運営費を負担する責任はあくまで国立大学法人にあり、それぞれの大学自身でやりくりしなければなりません。国立大学内の組織について、従来は「各学部の教授会→評議会→学長」というボトムアップ型でしたが、「学長（および役員会）→経営協議会→教育研究評議会」とトップダウン型となり、学長に大きな権限が与えられるようになりました。

その後、2014年学教法改正により教授会が補助機関化されました。同法93条の改正で、教授会の位置づけをより具体化し、小中高校の校長と職員会議の関係のように、学長のリーダーシップを前提に、教授会はそれに対して意見を述べる機関と位置づけたのです。同条2項には「教授会は、学長が次に掲げる事項について決定を行うに当たり意見を述べるものとする」との規定が新設され、「次に掲げる事項」には学生の入学、卒業および課程の修了、学位の授与、そのほか教育研究に関する重要な事項が含まれるとしています。このうち、「教育研究に関する重要な事項」については、憲法23条の大学の自治がある以上、各大学の従来の慣行を尊重して決定されるべきでしょう。教授会自治の重要な構成要素であった人事権についての言及がありませんが、「教育研究に関する重要な事項」に該当すると解釈すべきです。

現在、国立大学では、選択と集中の原理のもとに、国際的な研究型大学、全国的な拠点大学、地域の中核的大学といったように、大学の機能分化を図ろうとする政策が推し進められています。世界レベルでの大学間の競争を促し、教育・研究を活性化させることも必要ですが、急激な人口減などで地方が疲弊しているなか、地方国立大学を弱体化させるようなことがあってはならないでしょう。大学改革は、大学の自治に基づき、あくまで大学の自主的な判断で行われるべきです。しかし、昨今の改革は、文科省による誘導により、実質的には「動員」されていると言わざるを得ません。たとえば文科省の補助金は、任期制・年棒制・外国人教員採用数など、文科省が推奨する改革プランに基づいた指標で評価されているため、各大学は予算獲得のため、自主的に従わざるを得ない状況です。大学の自治の根幹を侵すものではないですが、今後、このような誘導については検討の必要があります。

《参考文献》
・松田浩「大学の『自治』と『決定』」法学教室413号、有斐閣、2015年

【斎藤一久】

305

━━━━ 第3部　事例で学ぶ教育法 ━━━━

Q62　株式会社と学校

株式会社による大学が誕生しましたが、新聞報道によれば、株式会社によって設立された一部の大学が文部科学大臣による改善勧告を受けたとされています。何が問題となっているのでしょうか。

A　【株式会社による学校設置】　日本で学校（学教法1条で定める学校、「1条学校」）を設置できるのは、国、地方公共団体および学校法人です（学教法2条）。2002年12月に構造改革特別区域法（以下「特区法」）が成立し、構造改革特別区域制度（特区制度）が発足し、この特区法12条により学校教育法2条の学校設置者の制限規制を受けず、学校法人を設立せずに、特例として株式会社による学校設置が可能となりました。この特区制度を利用して、2004年4月にLEC東京リーガルマインド大学（LEC大学）とデジタル・ハリウッド大学院大学が日本における最初の株式会社による学校として設置されました。

【株式会社立大学の認定】　もちろん特区において無条件で株式会社立大学が認められるわけではありません。特区法によれば主として以下のような条件が定められています。第1に、学校を設置することができる株式会社は、その特区に設置する学校において「地域の特性を生かした教育の実施の必要性、地域産業を担う人材の育成の必要性その他の特別の事情に対応するための教育又は研究を行うもの」として、次の要件をすべて満たすものでなければなりません。その要件とは、①適正な施設・設備、資金ならびに学校経営に必要な財産を有すること、②学校経営担当役員が経営上必要な知識または経験を有すること、③学校設置会社の経営担当役員が社会的信望を有すること、の3点です（12条2項）。第2に、学校設置会社は、その業務および財産の状況の記載した書類を作成し、その設置する学校に備えておくことです（同条3項）。第3に、当該学校に入学を希望する者その他関係人は業務状況書類等の閲覧または謄写の請求をなしうることです（同条4項）。第4に、当該学校は認定地方公共団体による学校評価を受ける必要があります（同条5項および6項。なお、大学など高等教育機関については2002年の学教法の改正により2004年以降定期的に認証評価機関の評価を受けることが義務づけられています）。第5に、認定地方公共団体は、経営悪化等で当該学校が破綻した場合には、就学者の転学のあっせんなどの措置を講ずることです（同条7項）。

306

━━━━━━━━━━━━━━━━ ＜大学ほか＞ ━━━━━━━━━━━━━━━━

【株式会社立大学の評価】　日本の株式会社立大学は、前述のように2004年4月に2校が開設しましたが、そのうちLEC大学は、開設時に設置審議会から留意事項を付されて以来2007年度まで毎年の設置計画履行状況調査でも、①シラバスの未作成、大学生と予備校生の未分化など教育課程・教育方法についての不備、②教育研究上の責任、管理運営への参画、勤務形態・給与など専任教員・教員組織に関する処遇上の問題性、③不十分な情報公開、④研究室や運動場、図書など施設・設備の不備、⑤経営基盤の脆弱さ、学校部門と他部門との未分化など経理・経営の問題性、⑥科目等履修生の異常な受け入れによる大学教育の支障の発生など、ほぼ全面的に留意事項が通知されていました。それにも関わらず十分な是正がなされなかったので、2007年2月に学校設置会社であるLEC社に対して、教育方法、教員組織の未整備、法令違反状態の解消などを求める、文部科学大臣による学校教育法15条1項に基づく改善勧告が出されました。同大学では大幅な改善を余儀なくされ、専門教員を確保できなくなった通信教育課程を開設する10か所の地方キャンパスでの学生募集を2008年度から停止し、2009年度以降の学生募集は本部のある千代田キャンパスに限定し、他のキャンパスは閉鎖に追い込まれました。LEC大学にとどまらず、他の株式会社立大学・大学院も留意事項が付されているものが多くみられます。また、株式会社立大学・大学院は私立学校と異なり、私学助成を受けることができないだけでなく、税法上の特典も受けられませんので、経営の難しさが浮き彫りになったように思われます。

　株式会社立大学については、当初から文部科学省も学校としての「公共性」に問題があるとの認識を示し、「非営利」ということが教育の基本であり、「営利追求」を鉄則とする株式会社による学校設立に疑問を呈していました。この「公共性」の十分な議論の深まりをまたずに、総合規制改革会議に押し切られた株式会社立大学については、さらなる議論を重ねる必要があります。

《参考文献》
・佐藤修司「規制緩和と教育行政—教育特区構想とは？」季刊教育法135号、2003年
・川口洋誉「教育特区における株式会社による学校設置と設置者の公共性——大学設置に焦点をあてて」季刊教育法157号、2008年

【金子征史】

ガイドブック教育法　新訂版

2015年12月15日　第1刷発行
2021年 2月10日　第2刷発行

編者	姉崎洋一　荒牧重人
	小川正人　金子征史
	喜多明人　戸波江二
	廣澤　明　吉岡直子
発行者	株式会社　三　省　堂
	代表者　瀧本多加志
印刷者	三省堂印刷株式会社
発行所	株式会社　三　省　堂

〒101-8371　東京都千代田区神田三崎町二丁目22番14号
電話　編集　(03) 3230-9411
　　　営業　(03) 3230-9412
https://www.sanseido.co.jp/

© Y. Anezaki, S. Aramaki, M. Ogawa, M. Kaneko
A. Kita, K. Tonami, A. Hirosawa, N. Yoshioka　2015　　　Printed in Japan

落丁本・乱丁本はお取替えいたします。　〈新訂ガイドブック教育法・320pp.〉
ISBN978-4-385-32313-8

本書を無断で複写複製することは、著作権法上の例外を除き、禁じられています。また、本書を請負業者等の第三者に依頼してスキャン等によってデジタル化することは、たとえ個人や家庭内での利用であっても一切認められておりません。